KB203707

히브리서

그리스도인을 위한
통독 주석 시리즈

히브리서

조재천

홍성사

그리스도인을 위한 통독 주석 시리즈를 펴내며

'주석'은 신학생이나 목회자 등 이른바 '전문직 종사자'들이 읽는 책이라는 인식이 있다. 시중에 나와 있는 주석서들은 신학 혹은 성서학 배경 없이 읽기에는 난해할 뿐 아니라 어렵게 읽었다 하더라도 성경 본문과 어떤 연관이 있는지 알 수 없는 경우가 많다. 왜냐하면 한글로 성경을 읽을 때 자연스럽게 떠오르는 질문이 아닌, 학자들의 논쟁을 주로 소개하기 때문이다. 한편 성경 강해집은 전문성과 정확성이 떨어지는 경우가 많아 참고서로 활용하기 힘들다. '그리스도인을 위한 통독 주석 시리즈'는 이러한 상황을 타개하기 위해 기획되었다. 성경을 진지하게 공부하려는 그리스도인이라면 누구나 쉽게 읽을 수 있도록 기획된 이 시리즈의 특징은 다음과 같다.

첫째, 학자들의 논쟁보다 본문 자체의 해설에 집중했다. 한국의 그리스도인들이 성경을 읽을 때 자연스럽게 떠오르는 질문들을 다루었다. 둘째, 단어 중심보다 문단 중심 주석으로 통독이 가능하다. 이는 본문의 흐름을 유지하면서 필요한 해설들을 수록하였기 때문이다. 셋째, 필요할 때마다 참고할 수 있도록 다양한 도표, 지도, 배경 글을 수록하였다. 넷째, 질문과 적용, 묵상을 돕는 글을 각 장 끝에 실음으로써 성경 공부 교재로 활용이 가능하며 개인 묵상에도 유용하다. 다섯째, 평이한 문체로 저술하되 최신의 학문적 성과를 본문 곳곳에 반영하였다.

'그리스도인을 위한 통독 주석 시리즈'는 한국의 독자를 가슴에 품은, 뜻 있는 학자들의 합류로 계속해서 쓰여질 것이다.

그리스도인을 위한 통독 주석 시리즈
편집위원장 김구원 (개신대학원대학교 교수)

그리스도인을 위한 통독 주석 시리즈 편집위원
구약: 김구원(개신대학원대학교), 기민석(침례신학대학교)
신약: 권연경(숭실대학교), 조재천(횃불트리니티신학대학원대학교)

들어가기 전에

'그리스도인을 위한 통독 주석 시리즈' 히브리서 편을 저술해 달라는 요청을 받았을 때 두 가지 느낌이 들었다. 하나는 성경주석 저술이 초보 학자가 감당하기 어려운 일이라는 부담감이었고, 다른 하나는 그럼에도 히브리서 주석을 써보고 싶은 열망이었다. 본격적인 연구주석이었다면 더 연구를 한 뒤 엄두를 냈을 것이지만 그간 히브리서에 대한 관심과 연구 결과로 그리스도인들의 성경통독을 돕는다는 주석의 목적을 만족시킬 수 있으리라 생각하고 감히 집필에 착수했다.

신학교에서 성경 관련 과목을 가르칠 때 거의 항상 마주치는 문제가 두 가지 있다. 하나는 원문 성경과 번역 성경 사이의 간격이고, 다른 하나는 정확하고도 감칠맛 나는 우리말로 쓴 참고서가 무척 적다는 사실이다. 신학교에서는 오랫동안 성경 원어 학습을 강조해 왔다. 그런데도 대다수 목회자들에게 원문 성경은 생소하고 어렵다. 한편 교회에서는 예전용, 개인용, 연구용 성경을 구별하지 않는다. 신자들은 교회가 '공인한' 한 종류의 번역 성경만을 평생 읽고 묵상한다. 실속 없이 껍데기만 남은 성경 원어 교육, 오래된 나무 등걸처럼 굳어진 우리말 성경 번역의 현실이 교회의 성숙을 지체하고 그리스도인들의 상상력과 용기를 제한한다고 하면 지나친 판단일까? 신학과 목회, 성경연구와 신앙 중 어느 하나가 다른 하나에 종속되기보다는 서로 자극하고 도전할 때 함께 성숙할 수 있다고 믿는다. 이 주석을 읽는 독자들이 그런 신학과 신앙의 역동성을 맛볼 수 있기를 바란다.

지금까지 신학 공부 여정에서 만났던 많은 형제자매들, 나를 가르치고 돌보아 주신 선생님들과 멘토들, 학회와 학교에서 학문적 자극과 도전을 주었던 선후배 동료 학자들에게 크고 작은 빚을 졌음을 이 책을 쓰면서 깨달았다. 먼저 이 주석을 쓰도록 추천해 준 그리스도 안의 동역자 김구원 박사에게 감사를 표한다. 탈고하기까지 기다리며 격려해 주신 홍성사에도 감사하다. 개신대학원대학교와 횃불트리니티신학대학원대학교의 학생들은 창의적인 질문과 신선한 통찰로 이 책에 기여했다. 부모님께서는 나의 첫 번째 저서 출판을 고대하며 기도해 주셨고, 아내와 세 아이들은 늘 '거기 있어 줌'으로 무한한 지지와 영감의 원천이 되어 주었다.

2016년 겨울 문턱
양재동 연구실에서

차례

서론

이 주석의 사용법

종교개혁 이래로 성경은 전문 신학자나 설교자들의 독점물이 될 수 없다. 모든 그리스도인은 성경을 읽고 깨우친 것을 살아내야 한다. 한국의 개신 교회는 개혁파 전통(the Reformed tradition)의 영향을 크게 받았고, 짧은 선교 역사에도 불구하고 많은 그리스도인들이 성경을 가까이 한다. 안타까운 것은 역설적이게도 성경을 소중히 여기는 만큼 잘못된 성경해석에 노출된다는 사실이다. 문맥과 상관없이 한 구절만 떼어서 묵상하고 적용하려 한다든지, 성경 저자가 의도하지 않았던 의미를 '영해'(靈解)라는 이름으로 주장하는가 하면, 성경이 명백히 가르치는 내용이라도 자신의 교파나 전통에 맞지 않으면 백안시한다. 한쪽으로 치우친 혹은 근시안적인 성경해석을 극복하는 방법이 성경 통독이다. 예를 들어 창세기 혹은 마태복음 등 성경 한 권을 앉은 자리에서 다 읽는 것이 좋다. 여의치 않다면 하나의 의미 단락이 맺어지는 데까지 읽어서 한 절, 한 절이 놓인 큰 문맥을 붙잡아야 한다.

이렇게 읽어 갈 독자를 염두에 두고 쓴 그리스도인을 위한 통독 주석 시리즈 《히브리서》는 서론, 본문 주석, 그리고 히브리서 번역 및 번역 주 이렇게 세 부분으로 이루어져 있다.

'서론'에서는 히브리서의 역사적·사상적 배경, 내용 흐름과 구조를 간명하게 소개한다.

'본문 주석'은 히브리서 본문을 주제에 따라 소단락으로 나누어 각 단락을 주석한다. 먼저 본문의 내용을 요약하는 제목을 제시한 후 그리스어 원문에서 번역한 새로운 우리말 번역을 본문으로 제시했다. 여기에는 두 가지 의도가 있다. 하나는 보다 정확한 번역을 전달한다는 의도이고, 다른 하나는 다른 번역(주로 《개역개정판》이겠지만)을 접한 독자들이 두 번역을 비교하면서 더 풍성하게 이해하고 묵상하도록 돕는다는 의도이다. 이 번역[私譯]을 기준으로 본문 주석이 이루어졌고, 절 단위가 아닌 한 의미로 묶여지는 단락을 기본 단위로 삼았다. 단락의 구조를 살피고 중요한 단어와 표현을 해설하며, 단락 전체를 아우르는 신학적·실천적 의미를 풀어내는 내용이 주석의 주된 부분을 이룬다. 본문 주석의 매 소단락 끝에는 '질문'과 '묵상' 내용이 나온다. '질문'은 본문 주석의 내용 중 중요한 것들을 복습하고 토론하는 데 도움을 주려는 것이고, '묵상'은 본문 주석의 내용을 생활에서 실천할 방도가 무엇일지 생각해 보도록 고안되었다.

마지막 부분인 '히브리서—번역과 번역 주'에서 제시한 히브리서 '번역'은 당연히 완벽하지 않다. 하지만 기존의 역본과 다르게 번역한 만큼 왜 그렇게 번역했는지 설명할 필요가 있다고 판단했다. '번역 주'는 두 가지 내용을 주로 다룬다. 하나는 그리스어 원문의 어휘와 어법 검토이다. 원문에서 직접 번역하다 보면 하나의 단어나 표현을 하나의 우리말로 옮기기 어려운 경우가 많다. 그런 경우 원문이 지니는 어원적 의미와 거기서 파생되어 다양한 용례에서 사용된 의미들을 검토해 보아야 한다. 번역 주의 또다른 기능은 우리말 역본 열 개와 영어 역본 아홉 개를 비교·대조하는 일이다. 기존 역본에 명백히 드러났거나 혹은 잠재된 여러 문제를 짚어 봄으로써 잘못된 번역이 낳은 잘못된 해석을 조금이라도 바로잡을 수 있을 것이다. 여러 역본을 함께 두고 보면 한 역본에서 제대로 파악되지 않던 의미와 느낌, 뉘앙스까지 포착할 수 있는 유익을 얻는다. 각기 다른 역본의 특성을 이해하고 비교하면서 읽으면 원문의 다채로운 의미에 가까워질 수 있기 때문이다. 번역 주에서 원어를 직접 해설할 때는 대다수 독자들을 고려해서 로마자 음역으로 표기했다. 히브리어나 그리스어를 접할 일이 없는 독자에게는 여전히 생소하겠지만 최소한 음독에는 용이할 것이다. 로마자 음역을 사용한 이유는 우리말 음역이 그리스어 알파벳 표기에서 로마자 음역보다 더 제한적이기 때문이다.

번역 주에는 다소 기술적이고 전문적인 내용이 담길 수밖에 없기에 번역 주와 본문 주석이 나란히 놓이면 자칫 성경 본문의 흐름을 놓칠 수 있다. 그래서 부득이 본문 주석에서 번역 주를 떼어 따로 두었다. 이렇게 떨어져 있는 본문 주석과 번역 주를 활용하는 방법은 두 가지다. 하나는 본문 주석 위주로 읽다가 중간중간 번역 주를 참조하라는 표시가 나올 때마다 독자의 필요에 따라 해당 번역 주를 찾아보는 방법이다. 또 하나는 역으로, 매 단락마다 번역 주를 먼저 읽은 다음, 앞으로 돌아와서 그 단락에 해당하는 본문 주석을 읽어 나가는 방법이다. 독자에 따라 둘 중 한 가지를 선택하면 된다.

히브리서의 특징

히브리서를 두고 "신약의 감추어진 두 개의 보석"[1] 중 하나라고 부르는 주석가가 있다. 또 열세 장 분량의 이 서신이 "1세기 기독교 문

---

1. "Two hidden treasures"; 나머지 하나는 야고보서이다. L. T. Johnson, *The New Testament: A Very Short Introduction* (Oxford: Oxford Univ. Press, 2010), 84.

헌 중 가장 고상하고 세련되었으면서도, 아마 가장 수수께끼 같은 (enigmatic) 책일 것이다"라고 평한 주석가도 있다.[2] 성경에서 어느 책이 귀하지 않으며, 은혜롭지 않거나 뛰어나지 않은 말씀이 있을까마는 히브리서는 그중에서도 독특하고 독보적인 개성을 지녔다. 다음과 같은 특징이 히브리서의 독특한 성격을 만든다.

첫째, '히브리서' 또는 '히브리인들에게 보낸 편지'(The Letter To the Hebrews)라는 제목에도 불구하고 편지보다는 설교문처럼 읽힌다.

둘째, 본문 어디에도 저자의 이름이 언급되지 않는다. 언제, 어디서 이 책을 썼는지 알 수 있는 단서도 거의 없다.

셋째, 누구에게 썼는지도 불분명하다. 유대 그리스도인이어야만 제대로 이해할 내용 중이 많지만 동시에 아주 헬라적인 성격도 띤다.

넷째, 히브리서의 그리스어 문장, 어휘, 수사법은 신약성경 중 가장 세련되고 복잡하다.

다섯째, 전체 흐름 파악이 쉽지 않다. 주석마다 '히브리서의 구조'를 해설하지만 대다수가 동의하는 한 가지 설명을 발견하기는 어렵다. 구조를 파악하기 어렵다 보니 중심 주제가 무엇인지도 의견이 분분하다.

여섯째, 기발하고 독특한 신학적 발상들이 있다. 히브리서는 온전한 인성과 온전한 신성을 지닌 분으로 예수 그리스도를 그려진다. 그분의 단 한 번의 죽음이 생명을 살리는 완전한 효력을 발생시켰다. 죄의 대속을 제의적 언어와 표현에 담아내는 것도 히브리서가 기여한 부분이다. 신자들이 천상의 성소로 나아갈 수 있게된 근거는 그리스도께서 먼저 그곳으로 길을 내셨기 때문이라고 하면서 그리스도의 부활보다는 승천을 강하게 부각시킨다. 옛 언약과 새 언약의 관계, 더 나아가 기록된 성경과 예수를 통한 계시와의 관

---

2. H. W. Attridge, *The Epistle to the Hebrews* (Hermeneia; Philadelphia: Fortress, 1989), 1.
3. Andrew Lincoln, *Hebrews: A Guide* (London: T&T Clark, 2006), 6.

계도 잘 드러나 있다. 어떤 이는 바울, 요한과 함께 히브리서 저자를 신약의 3대 신학자로 꼽는다.[3]

히브리서의 배경

(1) 저자

"히브리서를 누가 썼는지는 하나님만 아신다." 3세기 교부 오리게네스는 히브리서의 저자가 누구일까를 논의하다가 이런 좌절스러운 결론에 도달했다. 놀랍게도 이 고백은 지금까지도 히브리서를 연구하는 대다수 학자들이 반복하고 있다. 신약 27권 중에서도 히브리서는 특히 미궁에 싸여 있다.

히브리서를 언급한 가장 오래된 증거인 알렉산드리아의 교부 클레멘트(200년경)는 그의 스승 판타이누스(Pantaenus)의 견해를 따라 히브리서의 저자를 바울이라 여겼다. 하지만 히브리서의 그리스어 어휘나 구문은 다른 바울서신과 크게 다르다. 그래서 클레멘트는 바울이 아람어로 쓴 것을 누가가 그리스어로 번역했다고 생각했다. 3세기 중반의 교부 오리게네스는 바울이 직접 쓰지는 않았지만 사실상 바울의 사상을 담고 있다고 여겼다. 대부분의 동방 교부들도 바울 저작설을 받아들였다. 이런 상황을 반영해서 히브리서를 담고 있는 가장 오래된 필사본인 46번 파피루스(P46, 주후 200년경)에서 히브리서는 로마서에 바로 이어 위치하고 있다. 서방 교회는 바울 저작설에 더 회의적이었고 5세기가 되어서야 동방 교회의 견해를 받아들여 종교개혁 때까지 바울 저작설이 유지되었다.

그러나 히브리서를 바울 저작으로 보기 어려운 이유는 크게 네 가지이다. 첫째, 다른 바울서신과 달리 바울이라는 이름이나 바울의 개인신상과 관련된 어떤 정보도 발견되지 않는다. 둘째, 주님으로부터 직접 계시를 받았음을 강조하는 바울과 달리, 히브리서의 저자는 주님에 대해서 간접적으로(히 2:3) 전해 들었다. 셋째, 그리스어 어휘와 문체에서 바울서신과는 확연한 차이를 보인다. 넷째,

신학적 강조점이 다르다. 바울은 한 번도 예수를 대제사장으로 부른 적이 없고 승천보다는 부활, 혹은 대속적 죽음에 무게를 두었다. 백성이 피로써 깨끗게 되고 거룩하게 된다는 제의적 관념이 바울에게는 두드러지지 않는다. 바울이 거듭 강조했던 이신칭의, 그리스도와의 연합, 성령의 활동, 영과 육의 대조적 현실 등은 히브리서에서 찾아보기 힘들다.

　　종교개혁자들은 하나같이 바울 저작설에 의문을 제기했다. 칼뱅은 그의 히브리서 주석 첫 장에서 본서의 저자가 바울이 아님은 의심할 여지가 없다고 말했다. 틴데일은 히브리서 저자를 특정하지는 않았지만 디모데는 물론 바울과도 가까운 사도급 인물이었을 것이라고 추정했다. 마르틴 루터는 사도행전 18장 24, 28절을 근거로 아볼로가 히브리서의 저자라고 확신했다. 그 밖에 히브리서의 저자로 거론된 인물은 바나바, 누가, 실라, 빌립, 로마의 클레멘트, 브리스길라 등이다. 결론적으로 히브리서의 저자는 그 정체를 확정할 수 없다. 디모데를 알고 있었고 바울의 제자 혹은 동역자 그룹에 속했을 가능성이 높으며, 칠십인역에 조예가 깊으면서 플라톤적 세계관에도 익숙한 헬라계 유대인 출신의 그리스도인이었을 것이다.

(2) 독자

　　우리말 성경 중 상당수가 채택하고 있는 제목 '히브리서'는 그리스어로 "히브리인들에게"라는 뜻이다. 이 제목만 보자면 유대 그리스도인들이 독자라고 상정할 수 있다.[4] 하지만 성경의 대부분 책이 그렇듯 이 제목도 후대의 독자들 또는 필사자들이 붙인 것이다.[5] 그렇기 때문에 제목에 근거해서 독자를 특정하기는 어렵다.

---

4. 어떤 주석가들은 칠십인역 창 14:13에서 히브리어 "히브리인"('ibri)이 그리스어 "나그네"(peratēs)로 번역된 사실을 들어, 이 편지의 수신자들이 이 세상에서 나그네의 정체성을 지니고 살아가는 모든 그리스도인을 가리킬 수 있다고 제안한다. 하지만 히브리서 저자는 칠십인역 번역자의 표현 대신 '히브리인들'을 그대로 음역해서 썼기 때문에(hebraioi) 그 용례를 적용하기는 어렵다.
5. 2세기 말 알렉산드리아의 클레멘트와 3세기 초 테르툴리아누스.

게다가 일반적인 편지와 달리 히브리서의 저자는 수신자를 아예 언급하지도 않았다.

그렇다 하더라도 유대 그리스도인들을 독자로 상정할 때 히브리서의 내용이 가장 잘 납득이 되는 건 사실이다. 우선 구약성경을 떠나서 히브리서를 말하기는 어렵다. 인용된 구약성경의 양이 매우 많을 뿐 아니라 히브리서의 핵심 주제를 떠받치는 논리 속에 구약성경의 내용이 전제되어 있기 때문이다. 히브리서의 기독론은 기본적으로 구약 예언의 성취라는 구도에 자리잡고 있다. 특히 히브리서의 몇몇 구절이 이 책의 독자가 유대 그리스도인임을 뒷받침한다. "여러 부분으로 그리고 여러 방법으로 옛적 우리 조상들에게 예언자들을 통해 말씀하셨던 하나님이"(1:1)라는 말을 유대인이 아니라면 받아들이겠는가? "아브라함의 자손"(2:16)은 이사야 41장 8-9절에서 이스라엘을 가리키는 표현이었다. 8장 6절 이하에 나오는 새 언약의 가치와 기능은 옛 언약에 익숙해 있던 사람들, 즉 유대인들에게 가장 적실했을 것이다. 이렇게 본다면 주 독자가 유대 그리스도인이 아니라 이방인 그리스도인이라는 몇몇 학자들의 주장은 개연성이 낮다. 다만 히브리서 어디에서도 독자를 명시하지는 않기 때문에 단언해서는 안 된다. 유대인이긴 하되 문화적으로는 깊이 헬라화된 디아스포라일 가능성이 높다.

히브리서를 처음 받아 읽었던 이들은 어느 지역의 유대 그리스도인들이었을까? 가장 개연성이 높은 후보지는 로마이다. 13장 24절("이탈리아에서 온 이들이 여러분에게 안부를 전합니다")이 종종 근거로 제시된다. 이 구절의 의미는 저자가 로마 아닌 다른 지역에서 이 글을 쓰고 있었고, 그와 함께 있는 로마 출신의 기독교인들이 히브리서의 독자에게 안부을 전한다고 이해할 때 가장 자연스럽다. 로마 수신설을 지지하는 또다른 증거는 주후 95-96년 로마의 주교 클레멘트가 고린도교회에 보낸 편지인 클레멘트 1서인데, 성경 이후 문헌 중에서 처음으로 이 편지에 히브리서의 내용이 많이 인용되고 있다. 게다가 히브리서에서 자주 언급되는 박해와 고난의 상황이(6:10-

20; 10:32-39) 로마 교회의 역사적인 정황과도 잘 들어맞는다. 디모데라는 이름은 히브리서와 로마 교회를 연결해 주는 또 하나의 고리이다(히 13:23; 롬 16:21).

(3) 연대

로마의 클레멘트가 히브리서를 처음 언급했기 때문에 히브리서의 저술 연대는 일단 주후 95년 이전이다. 그렇다면 두 가지 증거를 더 검토해야 한다. 하나는 10장 32-34절에 있는 박해에 대한 언급이다. 히브리서의 설교자는 독자에게 "예전에" 당했던 고통스러운 일들과 그것들을 이겨 낸 사실을 기억하라고 권면한다. 그때 그들은 공공연한 모욕, 환난을 당하고 감옥에 갇히거나 재산을 몰수당했다. 1세기 로마에서 조직적이고도 공식적인 기독교 박해는 세 번 일어났다. 주후 80년대와 90년대 도미티아누스 치하에서, 주후 64년 이후 네로 치하에서, 그리고 주후 49년 클라우디우스 치하에서. 그중 히브리서 10장 32-34절 내용에 잘 들어맞는 박해는 클라우디우스 치하에서의 박해이다. 네로와 도미티아누스 때는 생명을 빼앗기는 일들이 있었지만 히브리서에는 독자들이 순교를 당했다는 언급을 찾아볼 수 없다. 브리스길라와 아굴라의 예에서처럼 로마의 유대인 그리스도인들은 재산을 그대로 두고 강제 추방 당했었다(행 18:2; Suet. *Claud.* 25.4).

두 번째 검토할 증거는 히브리서 7장 이후에 나오는 희생제의와 제사장 활동에 대한 언급이다. 그것을 묘사하는 동사 시제가 모두 현재 시제이기 때문에 아직 성전에서의 희생제의와 제사장 제도가 소멸되지 않았을 것이라는 추정이 가능하지만 이것은 어디까지나 간접적인 근거일 뿐이다. 히브리서의 관심은 성전이 아니라 성소이고 제의와 관련된 언급은 제2성전기가 아니라 구약성경의 내용에 기초하기 때문이다. 게다가 교부들의 문헌 중에는(로마의 클레멘트, 순교자 유스티니우스) 성전 소멸 이후에도 여전히 희생제의와 제사장에 대해 현재 시제로 서술하는 증거들이 있다. 그러나 만약 주후 70년 이후에 쓰여졌다면 이 책의 핵심 주제인 옛 언약과 새 언약의 관계를 설명하면서 옛 언약의 상징이 집약된 성전 멸망을 전혀 언급하지 않는 점은 납득하기 어렵다. 따라서 성전 멸망 이전, 클라우디우스 때의 박해를 경험한 후 아직 네로의 박해가 시작되기 전인 주후 60년대 초에 저술되었으리라 추정할 수 있다.

(4) 저술 동기

히브리서를 통독하다 보면 책 전반에 걸쳐 비슷한 내용의 명령법 문장들이 반복되는 것을 알게 된다. 이 '권면' 단락들을 골라서 나열해 놓으면 하나의 주제가 드러난다(2:1-3; 3:6, 12-14; 4:1, 11-13; 6:1-12; 10:26-31, 35-39; 12:3-17; 13:9). 배교의 위험을 경계하고 신실함을 유지하라는 것이 그 주제이다. 이 권면은 위에서 설명한 저자, 독자, 그리고 저술 연대에 비추어 볼 때 좀더 구체성을 띨 수 있다. 히브리서의 원독자가 60년대 초 로마의 유대 그리스도인들이었다고 상정하면, 저자의 저술 목적은 독자들이 다시 이전 신앙체계와 생활방식인 유대교로 복귀하지 말도록 경계하는 것이다. 단, 추정에 근거한 추정이 되지 않도록 유의해야 한다. 유대 그리스도인이 교회를 떠난다고 해서 곧바로 유대교에 귀의한다고 볼 수는 없다. 학자들에 따라서는 원시 영지주의나 헬라주의 철학에 기반한 이단적 교리가 문제였다고 지적하기도 한다.[6] 어쨌든 히브리서의 저술 동기는 기독교 신앙을 저버리지 말고 신실하게 믿고 살라는 권면이다. 신실한 삶은 참된 기독교 신앙의 이해 위에서 가능하다. 그래서 저자는 그리스도를 통한 하나님의 구속 사역이 절대적이고 보편적이고 영구하다는 사실을 자세히, 거듭해서 설명한다. 그리고 이 과정에서 예수 그리스도의 우월성과 대제사장적 직분이 부각된다. 하지만 히브리서의 기독론은 그 자체가 히브리서의 주제 혹은 저술 목적이라

---

6. T. W. Manson, "The Problem of the Epistle to the Hebrews," *Studies in the Gospels and Epistles* (Philadelphia: Westminster, 1962), 242-58.

기보다는 독자들이 처한 문제에 대해 보다 실질적인 응답을 주는 과정에서 필요했던 부차적인 부분이다.

사상적 정황

히브리서의 설교자는 구약성경을 기반으로 그리스도의 의미를 밝힌다. 하지만 구약성경과 복음, 즉 두 소재가 형성되고 계시된 내용과 형식을 그대로 받은 것은 아니다. 기독교 복음과 구약성경은 1세기의 특정한 정황 안에서 특정 전통을 통해 전해졌기 때문이다.

(1) 초기 교회의 전통

히브리서는 예수의 지상에서의 삶, 죽음과 승귀, 하나님 아들이라는 지위에 지대한 관심을 보인다. 히브리서 설교자가 열두 제자 혹은 다른 제자 동아리의 일원으로서 지상에서 예수를 목격했을 가능성은 거의 없다. 2장 3-4절에서 명백히 밝히듯이 "우리"가 확신하는 구원의 소식은 처음에 예수에게서 나왔지만 "들은 이들"을 경유해서 히브리서의 설교자와 청중에게 전해졌다. 히브리서에 거듭 나오는 용어 "고백"(3:1; 4:14; 10:23)은 설교자와 청중이 공유하는 그리스도에 관한 공적 진술을 의미한다. 즉 히브리서 설교자가 독창적인 그리스도 이해에 스스로 도달했다기보다 이미 초기 기독교 공동체에서 확립되고 통용되는 신앙고백에 의존했음을 알 수 있다.

뿐만 아니라 히브리서 설교자의 그리스도 이해는 여러 구약성경 해석에 토대를 두고 있는데, 특정 구절의 선택과 해석 또한 초기 교회에서 널리 보이던 것들이다. 예를 들어 히브리서 1장 13절에 인용된 시편 110편 1절은 예수 자신의 말씀을 포함하며(마 22:44), 신약 여러 곳에서(행 2:34; 계 3:21) 하나님 아들의 승귀하신 신적 지위를 표상하는 예언으로 여겨졌다. 히브리서 2장 5-8절에 언급된 시편 8편 역시 바울이 고린도전서 15장 25-27절에서 사용하면서 그리스도의 주재권을 설명했다. 그밖에도 히브리서와 바울서신에 나란히 나타나는 모티프는 그리스도의 선재하심(히 1:2, 3, 6; 고전 8:6; 빌 2:5, 6), 순종(히 5:8; 롬 5:19; 빌 2:8) 중보기도(히 7:25; 9:24; 롬 8:34), 새 언약의 우월성(히8:6-13; 고후 3:6-11), '언약'과 '유언'의 연관성(히 9:15-17; 갈 3:15-17), 하박국 2장 4절을 믿음의 맥락에서 인용하는 것(히 10:38; 갈 3:11; 롬 1:18), 가르침의 수준 차이를 우유와 단단한 음식물에 비유하는 것(히 5:12-14; 고전 3:2) 등이다. 히브리서 설교자는 이처럼 바울을 포함한 초기 기독교인들이 익숙하던 모티프를 사용해서 메시지를 확립하고 전달했다. 혹자는 사도행전 7장 스데반의 설교에 나타난 몇 가지 핵심 주제가 히브리서에서도 발견된다는 사실을 지적한다.[7]

(2) 구약성경

히브리서는 주요한 신학적 주제나 주장을 구약성경 인용으로 시작하거나 결말짓는다. 구약성경의 특정 단어나 표현의 주해가 히브리서에서 큰 부분을 차지한다. 설교자는 청중이 구약성경의 언어와 상징을 잘 안다고 전제하며, 때로는 상세한 설명 없이 성경 구절만을 연이어 인용하기도 한다. 하지만 이렇게 구약성경 구절을 선택하고 해석한 작업이 설교자의 독창성에 전적으로 기댄 결과는 아니다. 무엇보다 설교자가 사용하는 성경은 칠십인역임이 분명하다. 히브리서의 독특한 신학적 주제의 기저에는 종종 마소라 본문(히브리어)과 차이가 나는 칠십인역의 독특한 표현이 자리잡고 있다.

(3) 묵시 문학

히브리서는 묵시적 성격이 강하다. 천사를 비롯한 초월적 존재를 의식하면서 하늘과 땅의 공간적 이원론을 표방한다. 이러한 이원론의 기원은 중(中)플라톤주의 같은 그리스 사상만이 아니라

---

7. W. Manson, *The Epistel to the Hebrews, An Historical and Theological Reconsideration*(London: Hodder and Stoghton, 1951). 예를 들어, 스데반과 마찬가지로 히브리서 저자도 "손으로 지은 성소"의 유한성을 지적한다(히 9:11, 24).

1세기 팔레스타인 유대교(예를 들면 쿰란공동체)에서도 발견된다. 지상의 성소와 병행하는 천상의 예루살렘, 천상의 성소가 있다. 그것은 종말에 땅으로 내려올 것이다. 이 세상과 대조되는 "다가올 세계"(2:5), "다가올 세상"(6:5)은 예수 그리스도의 죽음과 부활, 승귀를 기점으로 작동하기 시작했다. 신자는 한편으로 이 땅에 발붙이고 살아가지만 다른 한편 이미 "시온산"에 나아왔고 그곳은 "살아 계신 하나님의 도성, 천상의 예루살렘"이다(12:22). 우주와 역사에 대한 묵시적 관점은 결코 히브리서의 독창적 사상은 아니다. 요한계시록 등 신약성경 곳곳에 묵시적 세계관이 표출된다. 신약의 묵시적 세계관은 주전 3세기부터 디아스포라와 팔레스타인 유대인들 사이에 널리 퍼져 있던 신학적·사상적 분위기 속에 연원이 있다.

(4) 제사장직과 제의에 대한 관념

히브리서는 신약성경 중 그리스도의 제사장직을 강력하게 논구한다. 히브리서가 제사장직과 제의를 묘사하는 부분을 구약, 특히 오경의 내용과 비교해 보면 일정한 차이와 변이가 발견된다. 예를 들어 십일조를 제사장에게 바친다고 말하는데(7:5) 이것은 민수기 18장 21절("내가 이스라엘의 십일조를 레위 자손에게 기업으로 다 주었다")와 상이하다. 속죄일 제의에 사용되는 "염소와 황소의 피"를 "암송아지의 재"와 연결하는데(9:13) 이것은 레위기 16장의 속죄일 제의 규정과 무관하다. 주석가들은 이러한 변이점들이 오경 자체가 아니라 그것을 해석하고 적용했던 1세기 유대교의 정황에서 비롯되었다고 설명한다.[8] 율법 혹은 언약을 제의법의 맥락에서 이해하고 심지어 율법을 희생제의에 종속적인 것으로 보는 관점(히 7-8장)도 1세기 유대교와 관련이 깊다. 히브리서가 유독 제사장직과 희생제의를 그리스도의 사역과 연결하는 것은 당대의 종교적·신학적 정황에서

---

8. W. Horbury, "The Aaronic Priesthood in the Epistle to the Hebrews," *JSNT* 19 (1983): 43-71.

보다 정확하게 규명될 수 있다.

(5) 쿰란공동체의 사상

　1947년부터 발굴되기 시작한 사해문서는 히브리서 이해에 빛을 비추어 준다. 사해문서와 히브리서에는 병행되는 용어나 개념이 나온다. 천사들의 지위나 활동에 대한 강조(1QS 11.8; 히 12:22), 구약성경의 해석 방식, 제사장적 메시야 사상 등이다. 그러나 히브리서 설교자가 사해 문서를 읽었거나, 쿰란공동체 사상에서 직접 영향을 받았을 가능성은 낮다. 같은 소재를 다루지만 두 문헌의 접근 방식이나 결론은 무척 다르기 때문이다. 쿰란공동체가 예루살렘의 제의나 제사장직에 불만을 표출하는 반면, 히브리서 설교자가 제기하는 문제는 제의와 제사장을 포함한 이스라엘의 종교 시스템 전체에 대한 비판이자 그 대안인 새 언약에 따른 천상의 제의이다. 쿰란에 나타난 두 메시아 사상—왕적 메시아와 제사장적 메시아—에 대해 히브리서 설교자는 언급이 없다. 다만 옛 언약에 기반한 제사장직의 무력함과 한계를 지적하며 온전한 제사장이신 그리스도를 내세운다.

　히브리서 7장에 등장하는 멜기세덱은 특히 쿰란과의 연관성 문제에서 뜨거운 감자이다. 아예 제목부터 《11Q멜기세덱》인 어느 문서는 멜기세덱을 뛰어난 천사로 묘사하면서 희년법과 특별한 관련성을 지니고 하나님의 백성을 구원하는 특별한 보호자로 묘사한다. 그러나 히브리는 멜기세덱이 천사가 아니라 아브라함과 조우했던 인물이라고 묘사하며, 창세기 13장과 시편 110편의 해석을 근거로 들 뿐이다. 분명한 것은 1세기 유대인들 사이에서 멜기세덱에 대한 관심이 컸다는 사실이다.

(6) 중플라톤주의와 필론

　마지막으로 자주 지적되는 히브리서의 사상적 배경은 주전 1세기 무렵부터 이집트를 중심으로 성행했던 중(中)플라톤주의(Middle Platonism)이다. 플라톤(주전 427-347)의 철학은 헬레니즘 시대

를 거치면서 다른 철학 사조와 융합되어 중플라톤주의라는 독자
적 사상으로 이집트에서 나타난다. 기본적으로 이원론적 우주관에
기초한 중플라톤주의에서 영구적이며 보이지 않는 이상계(理想界)와
잠정적이고 덧없는 물질계(物質界)는 서로 대조된다. 물질계에서 일
어나는 사건, 보이는 사물은 참되고 아름다운 이상계의 그림자이며
복사판이다. 참된 목표를 성취하기 위해서 인간은 물질계를 떠나
영혼의 고향인 하늘 위 세계에 들어가야 한다. 이런 세계관을 구약
성경과 접목시켜 이해하려고 했던 사람이 1세기 알렉산드리아의 유
대인 철학자 필론이었다(Philo Judaeus, 주전 20년경~주후50년경).

히브리서 설교자는 천상의 실재와 지상의 그림자를 언급
한다(8:2, 5; 10:1). 이스라엘의 성막은 모세가 시내산에서 본 천상 성
막(원본)의 복사본에 불과하다(9:24). 물질계의 모든 것은 흔들리고
변하지만 신자가 받을 하나님 나라는 흔들리지 않는다(12:2). 설교
자는 단언한다. "율법은 다가올 좋은 것들의 그림자를 지니고 있
고, 그것들의 형상 자체는 지니고 있지 못합니다"(10:1). 하지만 히브
리서 설교자의 이런 표현이 중플라톤주의와 필론의 세계관을 표현
한 것인지는 분명하지 않다. 구약의 제도, 사물, 인물은 한때, 부분
적으로 하나님의 구원 섭리를 전달하고 성취했다. 이제 그리스도를
통해 옛 언약의 방식보다 완전한 효력을 발휘하는 새 언약의 제도,
사물, 인물들이 나타났다. 중플라톤주의나 필론과 달리 히브리서
가 펼치는 천상-지상의 이원론에는 시간이라는 변수가 작용한다.
한편으로 천상 성소로 가는 길은 이미 열렸고 신자는 그리로 들어
가고 있다. 양심의 온전함은 신자들이 지금, 이곳에서 누리는 천상
의 현실이다. 이 점에서 히브리서는 보이지 않고 감각되지 않는 영
역에 천상계와 이상계를 한정하는 중플라톤주의와 대비된다. 다른
한편으로 히브리서에서 천상 세계로 들어가는 일은 종말이라는 특
정 역사상 시점과 관련되어 있다(12:27). 히브리서에서 묘사되는 참
되고 영구적인 천상의 현실은 중플라톤주의의 이상계와 등치시키
기는 어렵다. 개별 용어나 표현을 면밀히 비교해 보면 그 쓰임새와

함의가 완전히 다르거나 정반대가 되기도 한다. 히브리서 설교자가 중플라톤주의의 사상적 토양 위에서 그것의 언어와 심상을 사용하는 것은 분명하다. 다만 같은 언어, 비슷한 사고 유형을 사용해서 다르고 새로운 주제를 표현하고 있는 것이다.

(7) 명예-수치 문화

신약학 연구에서 오랫동안 논의된 명예-수치 문화 개념을 히브리서 연구에 본격 적용한 학자는 드실바(D. deSilva)이다.[9] 개인의 태도나 행동이 사회적 기준에 부응할 때 공개적으로 인정하는 것이 명예이고, 사회의 기대와 어긋나거나 그것에 미치지 못할 때 공개적 비난 및 비하를 받는 것이 수치이다. 이것은 고대 그리스-로마 사회의 중요한 작동 원리로서 사람들의 행동을 규정했다. 명예를 얻고 수치를 피하는 것, 손상된 명예를 회복하는 것, 합당한 사람에게 합당한 방법으로 명예와 수치를 표현 및 부여하는 것이 그리스-로마 사람들의 사회생활 원리였다.

이 모티프는 히브리서에서도 강력하게 나타난다. 예수를 믿노라는 신앙 고백 때문에 신자는 사회로부터 수치와 비난을 받았다. 히브리서 10장 33절에 따르면 "(신자들이) 공공연하게 모욕과 환난을 당했다". 히브리서의 청중은 그리스도를 주로 믿고 고백했지만 세상의 판단 기준과 관점에서 완전히 자유로울 수는 없었다. 설교자는 청중의 어려움과 고통을 알고 있었고 명예와 수치의 언어를 사용해서 청중과 공감한다. 나아가 신자가 세상에서 수치스러워하는 바로 그것이 하나님 앞에서는 명예롭게 여겨질 것이라고 가르친다. 또한 우리가 믿는 그리스도의 높아지심, 명예, 영광스러움을 힘주어 말하고 그 이름의 존귀함을 확인한다(1:3-4). 십자가 죽음은 분명 부끄러움으로 여겨졌다(12:2). 하지만 그리스도는 그 수치를

---

9. David deSilva, *Perseverance in Gratitude: A Socio-Rhetorical Commentary on the Epistle "to the Hebrews"*(Grand Rapids: Eerdmans, 2000).

28

개의치 않으시고 참으셔서 기쁨을 취하셨다. 그분은 도리어 "죽음의 고난을 통해 영광과 존귀의 관을 쓰셨다"(2:9). 11장에서 언급하는 신앙의 영웅들도 마찬가지다. 그들은 하나님의 인정, 하나님이 부여하실 명예를 바라면서 이 땅에서의 불편, 결핍, 고통 그리고 수치를 참고 견뎠다(11: 4, 5, 25-26, 36). 배교의 경고에서도 수치의 모티프는 전면에 부각된다. 신앙을 저버린 이들을 다시 새롭게 할 수 없는 이유는 그들이 하나님의 아들을 다시 십자가에 못 박고 "공개적으로 욕을 보였기" 때문이다(6:6). 신자는 그리스도께 수치를 유발하거나, 그리스도를 수치스럽게 여기지 말아야 한다. 도리어 그분을 명예롭게 드높이며 "영문 밖으로 나아가서 그분의 치욕을 당해야" 한다(13:13). 예수 때문에 당하는 수치는 우리를 하나님 앞에서 명예의 자리에 세울 것이다.

(8) 후견인-피후견인 관계

고대 그리스-로마 사회의 주요 운영 원리 중 하나는 후견인-피후견인(patron-client) 제도이다. 사회적·경제적으로 지위가 더 높은 사람이 낮은 사람에게 토지, 일자리, 금전적 혜택, 시민권 및 다른 권한을 제공하고 그 반대 급부로 사적 혹은 공적으로 명성과 지지를 받아 누렸다. 피후견인은 후견인에게 공공장소에서 예를 갖추고, 후견인이 필요로 하는 정보를 수집해서 전달하고 물리적 힘을 주기도 한다. 이것은 로마 제국이나 각 도시의 법률로 규정되지는 않았지만 확고한 사회적 관습으로서 강력한 효력을 지녔다. 후견인과 피후견인 사이에는 종종 중개인(broker)이 개입해서 새로운 후견 관계를 맺어 주기도 하고 기존의 관계를 조정하거나 강화시키기도 한다.

히브리서에는 후견인-피후견인 제도를 암시하는 진술과 묘사가 자주 등장한다. 모세와 선지자들은 후견인인 하나님과 피후견인인 이스라엘과 사이에서 중개인 역할을 수행했고, 그리스도께서는 그들보다 더 뛰어난 분으로 하나님과 그의 백성을 중재하신다(8:6; 9:15; 12:24). 신자들은 그리스도를 통해 하나님께 나아간다(4:14-

16; 19:19-22). 하지만 그리스도는 중개인일 뿐만 아니라 후견인인 하나님과 연합하셔서 피후견인인 신자들을 직접 붙드시고 도우신다 (2:14-18). 신자들은 그들의 후견인이신 하나님께 감사와 찬양을 드린다. 배교와 관련된 경고를 통해 설교자는 후견인에 대한 신뢰를 저버리지 말도록 가르친다(6:4-6). 후견인이 장차 베풀 호의와 선물, 보상을 기대하면서 참고 견디어 내는 것이 바로 믿음이며 신앙이라고 거듭 강조한다(6:12-18; 10:35, 36; 11:6, 26).

문예적 특징

(1) 장르

언급했다시피 히브리서는 저자와 독자의 신분을 전혀 언급하지 않는다. 저자와 독자 그리고 문안 인사는 고대 서신이 시작할 때 일반적으로 나타나는 요소인데, 히브리서는 이 요소를 완전히 누락한 채 곧바로 본론으로 들어간다. 흥미롭게도 책의 결말 부분에서 서신적 요소들이 나타난다. 안부 인사라든지, 축복, 기도 부탁, 천거의 말 등이 그것이다(13:18-25). 내용상으로도 이 책이 불특정 다수의 보편적 독자보다는 특정한 상황에 처한 독자를 위해 쓰여졌음이 명백하다. 그렇기 때문에 서신으로서의 성격을 완전히 배제할 수는 없다.

히브리서의 장르를 논할 때 고려해야 할 중요한 사항이 하나 있다. 그것은 13장 22절에 나오는 "권고의 말"이라는 용어이다. 많은 학자들은 이 용어가 히브리서의 장르를 가리킨다고 본다. 저술 동기에서 살펴보았다시피 히브리서 전반에 일정 간격으로 권면 단락이 반복해서 등장한다. 이 권고 단락들은 종종 구약성경을 인용하고 해설하는 강해 설교 형식을 띤다. 권고의 말은 글보다는 말로 전달하는 상황에 적절하다. 따라서 히브리서는 그리스도인 공동체가 예배하는 자리에서 선포되었던 설교였을 가능성이 높다.

이상의 내용을 종합해 보면 히브리서는 특정 공동체가 처한 특정 문제에 응답하려 설교 내용을 기초로 쓰여졌다. 그런데 그것을 보내면서 말미에 인사말, 부탁, 축복 기원 같은 개인적 느낌을 덧붙였다. 이런 상황을 염두에 두고서 이 책에서는 히브리서의 저자를 "설교자", 독자를 "청중"으로 부를 것이다.

(2) 구조

바울서신은 대개 전반부에 신학적 논증이, 후반부에 실천적 권고가 배치되어 한눈에 구조가 파악된다. 하지만 히브리서는 사뭇 다르다. 신약성경을 통독하면 바울서신에 이어 히브리서를 읽게 되는데 바울서신에 비해 히브리서의 흐름이 다르다는 걸 느낄 것이다. 히브리서의 전체 구조는 왜 한눈에 들어오지 않을까? 몇 가지 이유가 있다.

첫째, 성경 인용이 많기 때문이다. 1장의 경우에는 일고여덟 구절이 연달아 이어지고 거의 매 장마다 구약 인용이 나온다. 인용된 부분이 길고 게다가 자주 나오기 때문에 흐름을 파악하기가 아무래도 힘들다. 또 인용된 구절의 역할이 문맥마다 같지 않아서 어떤 유형을 설정하기가 어렵다. 예를 들어 어떤 경우에는 새로운 생각의 꼭지를 제시하지만, 다른 경우에는 이미 제시된 주제를 예증하거나 확언하는 기능을 갖는다. 단락 구분을 인용 부분 앞에서 지어야 할지 뒤에서 지어야 할지 애매해진다.

둘째, 바울서신처럼 히브리서도 '논증-권고'의 이중 구조가 나오지만 그 단위가 훨씬 작기 때문이다. 이를테면 1장 5-14절에서 아들의 뛰어나심이라는 신학적 요점을 논술하고 나서 그 결과인("그러므로") 실천적 권면이 제시된다(2:1-4). 여기까지 하나의 소단락이 끝난 셈이다. 그다음에 다른 신학적 논술이 펼쳐지는데 그 내용은 우리를 대표하는 맏형 혹은 대제사장으로서의 예수의 직분과 역할이다 (2:5-18). 그리고 나면 첫 단락처럼 "그러므로"라는 논리적 연결사를 필두로 실천적 권면을 제시한다(3:1). 여기까지 두 번째 논술-권면 구조가 끝나고 다시 세 번째 싸이클이 3장 2절부터 이어진다. 바로 앞에서 예수는 대제사장이라고 단정한 것과 대조적으로 이번에는 모세의 역할과 대비되는 하나님의 아들로 예수를 묘사한다(3:2-6상). 그리고 짧은 논술의 논리적 결과로 주어지는 권고는 3장 6하반절이다. 이처럼 하나의 의미단락으로 묶일 수 있는 논술-권면의 단위가 아주 작기 때문에 일일이 구분하기가 쉽지 않다. 흐름의 끊어짐과 이어짐을 감지하기가 어려운 요인이 하나 더 있다면 장과 절을 구분하는 숫자이다. 장절이 끝나는 지점에서 내용도 구분될 거라 기대한다면 히브리서의 흐름 파악에 실패하기 십상이다.

셋째, 히브리서의 구조는 선형 구조라기보다는 나선형 혹은 동심원적 구조이기 때문이다. 즉 복음서와 사도행전처럼 내러티브이거나, 바울서신처럼 논리적, 혹은 시간적 순서에 따라 발전되는 구조가 아니라, 하나의 요점으로 계속 되돌아오는 방식이다. 앞서 예를 든 세 개의 논술-권고 단락에서 세 단락 모두 권고의 내용은 비슷하기 때문에 하나의 주제를 중심에 두고 한 바퀴 도는 것처럼 느껴진다(2:1-4; 3:1; 3:6하). 국내에 드문 히브리서 전공자인 이풍인 박사는 로렌스 윌리스(L. Willis)를 인용하면서 히브리서가 헬레니즘 유대교과 초기 기독교 설교의 전형적인 구조를 따르고 있다고 주장한다. 설교에서 일종의 '논증 패턴'으로서 ① "예증"(exempla)이라 불리는 서술 혹은 성경 인용과 해석, ② 예증에 비추어 청중의 상황을 진단한 결론, ③ 흔히 "그러므로"로 시작하면서 명령과 실천 방향을 제시하는 권면, 이렇게 삼중 구조를 띤다는 것이다. 그는 이러한 삼중 구조 논증 유형을 갖춘 단락이 히브리서 안에 열세 개가 있다고 본다.[10]

히브리서에서 권고 단락 사이에 들어가 있는 논술 단락에는 심오하고 은혜로운 내용이 많다. 이른바 '믿음 장'으로 불리는 히

10. 이풍인, "히브리서의 설교자, 청중, 연대와 장르", 《개혁신학》 18(2005): 27-52; 《히브리서 강해—은혜와 책임》(서울: 킹덤북스, 2016); Lawrence Willis, "The Form of the Sermon in Hellenistic Judaism and Early Christianity," HTR 77 (1984): 277-99.

브리서 11장은 그 자체를 설교하고 공부하더라도 할 얘기가 많다. 하지만 히브리서 11장이 크게 보면 10장 19절부터 12장 13절까지 이어지는 하나의 큰 단락에 들어 있다는 점을 잊어서는 안 된다. 그리고 그 단락의 무게 중심은 12장 1-13절에 놓여야 한다. 징검다리처럼 떨어져 있는 권고 단락에 무게 중심을 두고 읽지 않으면 세차게 흐르는 시냇물에 휩쓸려 가기 십상이다. 개별 단락의 화려한 논술에 매몰되지 말고 책 전체를 관통하는 주제를 붙잡아야 한다.

　　　넷째, 바울이 종종 그렇듯 히브리서 저자도 본론을 진행하다가 관련된 주제나 개념이 나오면 그것을 다루다가 한참 후에 다시 주제로 돌아오곤 하기 때문이다. 일종의 부가 설명 혹은 부록 단락인데 대표적인 예가 히브리서 5장 11절-6장 20절이다. 5장 10절에서 저자는 처음으로 멜기세덱이라는 이름을 언급하지만 독자들의 "듣는 것이 둔하기 때문에" 멜기세덱에 관해서 할 수 있는 많은 말을 하지 못한다고 11절에서 밝힌다. 사실 멜기세덱에 대한 본격적인 서술은 7장 1절에 가서야 나온다. 따라서 5장 10절에서 7장 1절로 바로 넘어가야 내용의 흐름이 부드럽게 이어진다. 중간에 놓인 5장 11절-6장 내용은 독자들의 성숙하지 못한 모습을 지적하면서 그것을 가로막는 불신앙 혹은 배교에 대해 논하는 부분이다. 이와 같은 '부록 단락'들을 읽을 때는 그 내용을 살피면서도 큰 구도에서 흘러가는 주제를 놓치지 말아야 한다.

　　　다섯째, 앞서 장르에서 언급했듯 히브리서는 '권면의 말', 즉 일종의 긴 설교문이기 때문에 그 장르적 특성이 구조에도 영향을 미치기 때문이다. 대표적인 예가 3장 7절-4장 13절인데 마치 한 편의 설교처럼 구성되어 있다. 3장 7-11절은 성경 본문을 그대로 읽고, 12절부터는 그 본문의 중요한 단어나 문장을 차례차례 해설한다. 접속사 "그러므로"를 여러 번 사용해서 본문의 실천적 권면을 도출해 낸다. 4장 11절이 이 설교의 마지막 결론이며, 12-13절은 그 결론을 부연하는 보충 설명으로 볼 수 있다. 이처럼 설교 장르의 특성을 인지하고 히브리서를 그 특성에 맞게 분석할 필요가 있다.

　　이상은 히브리서의 구조를 파악하기 어려운 이유이자 구조를 파악하기 위한 일종의 열쇠이다. 이 내용들을 고려하여 아래 표와 같이 서언과 결말을 제외한 본론을 크게 세 개의 주제 단락으로 구분했다. 각 단락에는 논술과 권면이 번갈아 혹은 연속되어 배열된다. 첫 두 단락은 기독론적 논술이 강하지만 그러한 신학적 논의는 실천적 권면으로 이어질 때 온전하게 자리매김된다. 마지막 세 번째 단락은 실천적 권면이 주를 이루지만 중간중간 심오한 신학적 묵상과 논증이 섞여 있다(예를 들면 11:1-40).

I. 서언: 아들을 통한 계시	1:1-4
II. 예수 그리스도의 우월성	
논술: 아들은 천사보다 뛰어나시다	1:5-14
권면: 구원을 등한히 여기지 말라	2:1-4
논술: 예수는 신실한 대제사장이시다	2:5-18
III. 예수 그리스도는 모세 율법보다 뛰어나시다	
권면: 신실하신 아들 예수를 생각하라	3:1-6
권면: 약속을 믿고 신실하여라	3:7-4:13
권면: 대제사장 예수의 은혜의 보좌로 나아가라	4:14-5:10
권면: 믿음안에서 자라가라	5:11-6:20
논술: 멜기세덱과 같은 대제사장	7:1-28
논술: 새 언약에 따른 속죄 제사	8:1-10:18
IV. 믿음과 인내에 대한 호소	
권면: 소망을 굳게 잡으라	10:19-39
권면: 믿음의 증인들처럼 인내하라	11:1-12:13
권면: 실천을 위한 열세 가지 권면들	12:14-13:19
V. 축도와 끝 인사	13:20-25

【시편의 장절 번호 차이】

히브리서에는 시편이 자주 인용된다. 또 인용된 모든 구약성경은 칠십인역이다. 칠십인역 시편은 히브리어 본문과 장절 번호 표기가 다른 곳이 있다. 본 주석에서는 히브리서에 인용된 시편의 출처를 표기할 때 칠십인역의 장절 번호를 따르고 괄호 안에 히브리어 본문의 장절 번호를 표기했다. 우리말 구약성경은 히브리어 본문 표기와 같으므로 인용된 시편 본문을 찾을 때는 괄호 안의 장절 번호(히브리어 본문)를 보아야 한다. 이 표에는 나오지 않았지만 칠십인역의 절 번호가 히브리어보다 1씩 큰 경우는(예를 들어 시 8편) 칠십인역 번역자들이 히브리어 시편의 표제를 1절로 간주했기 때문이다. 또다른 장절 번호의 차이는 시 한 편을 둘로 나누거나 두 편의 시를 하나로 합쳤기 때문에 발생하는 경우다.

칠십인역	히브리어	차이
1-8편	1-8편	없음
9:1-21편	9편	히브리어 본문 시 두 편이 칠십인역에서 하나로 합쳐짐
9:22-39편	10편	
10-112편	11-113편	히브리어 본문 장 번호가 1씩 큼
113:1-8절	114편	히브리어 본문 시 두 편이 칠십인역에서 하나로 합쳐짐
113:9-26절	115편	
114편	116:1-9절	히브리어 본문 시 한 편이 칠십인역에서 둘로 나뉨
115편	116:10-19절	
116-145편	117-146편	히브리어 본문 장 번호가 1씩 큼
146편	147:1-11절	히브리어 본문 시 한 편이 칠십인역에서 둘로 나뉨
147편	147:12-20절	
148-150편	148-150편	없음

1

서언 — 하나님이 아들을 통해 말씀하시다

히 1:1-4

히브리서를 펼쳐 든 독자에게 첫 네 절은 편지라고 볼 만한 아무런 단서도 주지 않는다. 발신자, 수신자가 일절 언급되지 않고, 문안 인사도 없다. 그러나 일반적인 글이라면 예비적인 성격이 맨 앞에 나오기 마련이다. 히브리서의 첫 네 절이 주는 첫인상을 그려 보자.

1절부터 4절까지의 내용이 히브리서 전체의 서론이라고 보기에는 너무 짧은 것 같고 내용도 빈약해 보인다. 그럼에도 1-4절을 이 책의 '서언'이라 부를 수 있는 이유는 길지 않은 내용 안에 히브리서를 관통하는 생각의 줄기가 자리 잡고 있기 때문이다. 그 줄기는 크게 세 가닥으로 이루어진다. 첫째 가닥. "옛적"과 "이 마지막 때"가 기본 틀이 되고 그 안에 "예언자들/아들" 그리고 "조상들/우리"라는 두 가지 대비가 보인다. 이 대비는 히브리서 후반부에 등장할 '옛 언약/새 언약'의 대비를 예견한다. 둘째 가닥. 계시 사건이 담화의 중심에 자리 잡았다. 계시는 하나님이 자신의 성품과 뜻을 드러내시는 일인데, 말뿐 아니라 사건과 행동으로도 나타난다. 그중에서도 예수의 십자가 대속의 죽음과 부활-승천은 하나님이 자기 백성과 맺으시는 새 언약의 본질이다. 히브리서 설교자는 이 계시-사건(revelatory event)을 권면의 토대로 거듭 사용한다. 셋째 가닥. 이 첫 단락에서 설교자는 예수의 신원(身元, identity)에 주목한다. 계시자이기 이전에 그분은 이미 창조자로서 하나님의 본질의 모상(模像)이셨고, 속죄 사역 후에는 승천하셔서 하나님 보좌 우편에 앉으셨다. 승천 모티프는 히브리서 기독론의 핵심으로 신약성경 중 히브리서에서 가장 두드러진다.

　　　1-4절의 그리스어 원문은 하나의 문장이다. 관계대명사와 분사를 사용해서 길게 이어지는 방식이다(예를 들어 엡 1:3-14과 흡사하다). 우리말로는 이 문장을 적절한 길이의 여러 문장으로 나눌 수밖에 없지만, 원문에서 1-4절은 하나의 중심 생각을 담고 있다. 만약 이후 이 책에서 보게 되듯 두 개의 소단락으로 구분하더라도(1절-2상반절과 2하반절-4절), 후자에 무게 중심이 실려 있다. 첫 소단락(1절-2상반절)은 계시의 두 종류와 방식을 표현하는 대구문이다. 2하반절부터는 계시의 새로운 매개자로 소개된 "아들"을 설명하며, 이어지는 본론의 물꼬를 터준다. 4절에서 천사보다 뛰어난 "아들"의 위상을 전제함으로써 집중적인 기독론적 성찰로 5절부터 부드럽게 전환하고 있다.

계시의 두 종류와 방식 1:1-2상

1 여러 부분으로 그리고 여러 방법으로 옛적 우리 조상들에게 예언자들을 통해 말씀하셨던 하나님이 2상 이 마지막 때에 우리에게 아들을 통해 말씀하셨습니다.

히브리서는 '계시'라는 모티프로 시작한다. 계시는 하나님께서 자신의 존재와 뜻을 피조세계, 특히 인간에게 드러내시는 활동이다. "하나님이 말씀하신다"는 공통된 진술 안에 두 그룹에 속하는 요소들이 대비되면서 아래와 같은 대구 구조가 나타난다.

하나님은	
여러 부분으로 여러 모양으로	(단번에?) (한 가지 방법으로?)
옛적에	이 마지막 때에
우리 조상들에게	우리에게
예언자들을 통해	아들을 통해
말씀하셨다.	

이 대구를 통해 다음 두 가지를 알 수 있다. 첫째, '옛적 계시'와 '마지막 때 계시'는 계시의 때, 대상, 방식에서 다른 성격을 띠면서 일대일로 대응한다. 둘째, 두 계시 사건의 성격이 다르다고 해서 둘 중 하나만 참되다고 단정해서는 안 된다. 적어도 히브리서 1장의 맥락에서는 그렇다. 영원불변하시는 한 분 하나님께서 두 계시를 모두 주셨기 때문이다. 옛적에 계시하신 분도, 마지막 때에 계시하신 분도 하나님이시다. 옛적에도 마지막 때에도 같은 내용, 즉 인류 구원의 신적 경륜을 계시하셨다. 그렇다면 이 두 계시 사이의 관계는 어떤가? 다르면서도 같은 이 두 계시는 권위와 가치와 효용에 있어서 동등한가? 이 물음에 대한 답을 차근차근 짚어보자.

대구법은 히브리서 저자가 첫 문장을 쓰면서 상당한 공을 들였다는 증거다. 히브리서의 그리스어 문체는 신약성경 중에서 가장 세련되다. 정교한 수사적 기법이 적재적소에 놓여 있는데, 그것은 글로 읽을 때보다 낭독할 때 훨씬 실감난다. 앞서 논의했다시피 히브리서는 서신 이전에 설교이다. 설교자가 소리 내어 선포하는 동안 그 소리 또한 수사법의 한 작동 요소가 된다. 1절의 그리스어 원문은 듣는 이의 귀를 반복적으로 자극하는 효과를 낸다. 그리스어 철자 π(파이)에 해당하는 'ㅃ' 소리가 일곱 번 연이어 나오는데 우리말로 음역해 보면 다음과 같다. "뽈리메로스 까이 뽈리뜨로뽀스빨

라이 호 떼오스 랄레사스 또이스 빠뜨라신 엔 또이스 쁘로뻬따이
스."

　　신적 계시의 성격은 네 가지 측면에서 관찰된다. 첫째는 시
점이다. 하나는 "옛적"에 일어났고, 다른 하나는 "이 마지막 때에"
일어났다. 이 두 표현에 각각 대응하는 절대적 시각(時角)을 말하기
는 어렵다. 하지만 분명한 기준은 있다. 하나님의 아들의 성육신과
십자가 죽음이다. 태초부터 예수 이전의 시간 전체가 "옛적"에 해당
한다. 예수의 오심 이후 지금까지는 "이 마지막 때"에 포괄된다. "마
지막 때" 혹은 "말세"는 구약성경과 제2성전기 유대교에서 역사의
종말 혹은 하나님의 절대 구원이 이루어지는 때를 지칭하는 용어
이다.[1] 종말은 예수 그리스도의 첫 번째 오심과 함께 시작했다. 종
말의 가장 분명한 표지는 메시아의 오심과 활동이기 때문이다. 예
수를 종말의 메시아로 인정하지 않는다면 이 구분이 이해되지 않
을 것이다. 예수의 오심을 시대의 종말이자 인간 역사의 전환점으
로 믿는 사람은 이 시대를 "이 마지막 때"라고 부른다. 우리는 이미
종말을 살고 있다.

　　둘째, 신적 계시가 주어지는 대상이다. 하나는 "우리 조상
들"이고 다른 하나는 "우리"이다. 둘 다 1인칭 복수 대명사가 있으
므로 이 두 그룹은 긴밀히 연관되어 있다고 보아야 한다. 이것은 히
브리서의 설교자와 청중이 모두 유대인 출신임을 시사해 주기도 한
다. "우리 조상들"의 경우 주요 지시 대상은 아브라함으로부터 시작
하는 족장들이고 구약성경이 다루는 시대·사건과 관련된 이스라
엘 사람 전체를 포함한다.

　　셋째, 옛적 조상들에게 신적 계시는 "예언자들을 통해" 주

---

1. 마가복음 1:16에서 예수께서 사용하신 "때가 찼고" 역시 같은 맥락에서 나왔다. 사도행전 2장에서 베드
로가 요엘 2:28 이하를 인용하면서 성령 강림의 역사적 의미를 설명할 때도 같은 단어가 사용되었다. 신
약 시대 직전, 즉 기원전·후 무렵 유대인들 사이에는 종말적 기대가 끓어올랐다. 하나님이 인간 역사에
개입하셔서 새로운 시대를 여시리라는 기대였고, 그것은 유대인들의 구원, 만물의 회복 등과 관련되었
다. 그런 묵시적 종말론 사상의 중심에는 하나님의 뜻을 이 땅에 펼칠 대리자인 메시아 사상이 있었다.

어진 반면 마지막 때에는 "아들을 통해" 주어졌다. 여기서 예언자들은 구약성경에서 예언서로 분류된 책의 저자 혹은 사무엘처럼 예언자라고 불린 사람으로 한정되지 않는다. 히브리서 설교자가 인용한 구약성경 구절들은 오경, 역사서, 시편을 망라한다. 신약성경 다른 곳을 보아도 하나님의 계시 활동의 매개는 좁은 의미의 예언자들에 한정되지 않는다. 구약 전체가 예언자들을 통한 신적 계시의 결과이다. 아들, 즉 예수의 계시 활동 또한 포괄적으로 이해할 필요가 있다. 예수의 말씀과 행동 전체가 계시이다. 십자가에 매달려 죽으시고 부활, 승천하신 일은 계시의 핵심이다.

넷째, "여러 부분으로"와 "여러 방법으로"라는 두 부사 또한 흥미롭다. 우리말도 그렇지만 어순이 자유로운 그리스어에서는 문장을 시작하는 단어가 가장 강조되게 마련인데, 이 두 부사가 히브리서의 맨 앞에 나와 있다. 하나님께서 계시하시는 방식은 반복적이고 다양하다. 이 두 부사는 동의어가 아니다(번역 주 참조). 하나님께서는 많은 "예언자들"을 시대마다 보내셔서 그 시대에 필요한, 그 시대가 이해할 수 있는 하나님의 뜻을 드러내셨다. 한편 계시 방식의 다양성, 계시가 거듭 이루어졌다는 사실은 본질적인 한계와 약점이 있었음을 내비친다. 계시를 담당했던 예언자 각자가 언어와 능력에 한계를 지녔기 때문에 그 한계 안에서 계시가 이루어질 수밖에 없었으며 계시의 반복성은 사람들의 망각과 무감각을 반증하기 때문이다.

옛적 계시의 이러한 한계성을 극복하는 마지막 계시의 완전성에 대해 설교자는 아무 언급도 하지 않는다. 굳이 표현했다면 '단번에 그리고 한 가지 방법으로'라고 말했을지 모른다. '여러 번/단번에'의 대비는 히브리서 후반부에서 두고두고 강조될 모티프이다(히 9:23-10:18). 아들을 통한 계시는 여러 번 일어날 필요가 없으며, 여러 방법을 요구하지도 않는다. 한 번 십자가에서 죽으시고 부활하심으로 하나님의 뜻이 완전히 드러났다.

아들의 지위와 역할 1:2하-4

2하 하나님께서는 아들을 만물의 상속자로 정하셨을 뿐 아니라 그
분을 통하여 온 세상을 만들기까지 하셨습니다. 3 그는 그의 영광
의 광채이며 본질의 모상(模像)으로서, 만물을 그의 능력의 말씀
으로 지탱하십니다. 그리고 죄의 정결함을 이루시고 높은 곳에 계
신 존엄의 오른쪽에 앉으셨습니다. 4 그는 천사들보다 뛰어난 이
름을 물려받음으로써 그만큼 그들보다 더 위대하게 되셨습니다.

이제 2하반절-4절을 살펴볼 차례다. 여기에는 네 개의 요지가 담겨
있다. 첫째, 아들은 만물의 상속자이시며 만물의 창조자이시다. 둘
째, 아들은 하나님의 영광과 본질을 반영하시며 만물을 지지하신
다. 셋째, 아들은 죄의 정결함을 이루시고 승천하셨다. 넷째, 아들은
천사들보다 뛰어나시다. 이 네 가지는 독자적으로 성립하는 명제가
아니라 서로 밀접하게 연결되어 있다. 설교자가 아들의 지위와 역할
을 이 순서로, 이런 방식으로 제시한 이유도 있을 것이다.

먼저 '만물의 상속자요 창조자이신 아들'에 대해 살펴보자.
아들의 창조 활동에 대해서는 신약성경 다른 곳에서 언급된 적이
있다(고전 8:6; 골 1:16; 요 1:3).2 '만물의 상속자'라는 묘사는 다소 생소
하긴 하지만 일종의 우주적 주권 혹은 왕권을 에둘러 표현하는 제
유법(한 부분으로 전체를 표현)이라고 볼 수 있다. 만물을 상속해서 자기
소유로 인정받는다면 그것은 곧 '만물이 그에게 복종'하게(히 2:8; 빌
2:10; 엡 1:22; 마 28:18) 되는 상태일 것이기 때문이다.3 '상속하다'는 4절
에 또 나오는데 상속의 내용은 천사의 이름보다 더 '뛰어난 이름'이
다. 만약 2절과 4절이 같은 내용을 말하고 있다면 아들의 만물 상

---

2. 학자들은 이 사상의 기원을 구약과 제2성전기 유대문헌들(잠 8:22-31; 시락서 24:1-12; 솔로몬의 지
혜서 8:3-6)에서 '신적 지혜'를 의인화해서 천지 창조의 동역자로 묘사한 기록들에서 찾기도 한다. P.
O'Brien, *The Letter to the Hebrews*(PNTC; Grand Rapids: Eerdmans, 2010), 53.

속행위는 곧 만물 구원행위와 맞물려 있다고 보아야 한다. 만물을 구원하심으로 만물의 주가 되시고 다스리시며 그리하여 상속하신 것이다. 결과적으로 온 세계의 주권자로서 등극하는 한 사건을 말하는 것이고, 예수에게 그것을 적용하면 부활-승천 사건이다.

두 번째와 세 번째 요지를 표현하는 긴 문장(3절)은 구문이 특이하다. 아들이 담당하는 두 역할 즉 '하나님의 본질 반영'과 '만물 지지활동'은 모두 현재분사로 표현되었다. 반면 죄를 정결하게 하는 활동은 과거(아오리스트)분사에 담겨 있다. 또 이 세 분사를 이끄는 주동사는 "승천하셨다"(아오리스트)이다. 그리스어 구문론에서 현재분사는 주동사와 같은 시간을 표현하고, 과거(아오리스트)분사는 주동사보다 한 시제 앞선 시간을 표현한다. 죄를 씻는 일, 다시 말해 십자가의 죽음은 분명히 부활과 승천 이전에 일어났다. 하나님의 영광을 발하는 활동, 만물을 지지하는 활동은 부활-승천과 동시에 혹은 그 결과로 자연스럽게 수행될 수 있었다. 교리적으로만 논하자면 그러한 활동들은 특정한 시점에 제한되지 않으며 영원히 행해지는 신적 활동이므로 아들의 선재(先在) 사상 안에서 이해할 수도 있다. 그러나 본문의 문맥, 특히 구문의 특징을 고려할 때 그 두 활동은 그리스도 승천 사건의 여러 양상으로 나타난다.

만물을 지지 혹은 지탱하는 일을 성령이 아니라 아들에게 귀속시킨 것은 신약성경에서 드물긴 하지만 골로새서 1장 17절(만물이 그 안에 함께 섬), 1장 20절(만물이 그를 통해 하나님과 화목하게 됨), 에베소서 1장 10절(만물이 그리스도 안에서 통일됨)에서도 나타난다. 그리고 이 지탱의 수단은 창조 때와 마찬가지로 '능력의 말씀'이다. 부활·승천하신 예수께서 만물을 그분의 말씀으로 지탱하신다는 선언의 구체적 의미는 무엇일까? 그리고 그것이 우리에게 주는 실제적인 함의

---

3. 굳이 구약에서 '상속자 지명'의 근거를 찾는다면 창세기 17:5(모든 민족의 조상이 됨), 시편 2:8(하나님의 아들로 지명됨) 등을 들 수 있겠다. O'Brien, *Hebrews*, 51-52 참조.

는 무엇일까? 앞서 언급한 골로새서와 에베소서 본문이 참고가 된다. '만물'은 눈에 보이는 물질적 존재, 이를테면 동식물, 무생물, 천체 등이 아니라 눈에 보이지 않는 영적 현실을 염두에 둔 표현이다. 특히 "왕권들, 주권들, 통치자들, 권세들"로 명명된 악한 영적 존재들이 지시 대상이다(골 1:16; 엡 6:12 참고). 히브리서의 경우 1장 전반에 걸쳐 아들과의 비교 혹은 잠재적인 경쟁 대상으로 천사들을 상정한다. 아들은 물리적 세계를 초월한 천사들보다도 뛰어나시다. 천사들은 아들에 의해 다스려지고 그에게 종속된다. 이런 상태를 "만물을 지탱한다"로 표현한 것이다. 물론 우주의 운행, 피조 세계의 유지와 보존과 같은 창조주 고유의 권한이 배제될 필요는 없다. 특히 신자들을 붙드시고 위로하시고 세우시는 목회적 돌봄이야말로 승천하신 하나님 아들의 주된 사역이다(히 2:14-18). 그분의 능력의 말씀으로 지탱되는 대상에는 우리 자신도 포함된다.

"천사보다 뛰어난 이름"을 거론하는 4절은 1-3절의 결론이자 5절로 넘어가기 위한 다리 역할을 한다. 이 '이름'이 구체적으로 무엇일까? 구약의 하나님 이름인 '야웨'(YHWH)라는 제안도 있지만,[4] 5장 이하와 보다 잘 어울리는 대답은 "아들"(ho huios)이다. 아들이라는 이름은 천사들보다 위대해지는 조건이 아니라 이미 그러한 사태를 확증·선언하는 것이었다. 따라서 부활-승천이라는 한 시점에 예수께서 비로소 아들이 되신 것이 아니다. 태초부터 아들이신 분이 십자가와 부활-승천을 통해 공표되셨다.

종합하자면 2하반절-4절의 아들에 관한 네 가지 묘사는 그분의 선재와 주권이라는 영구적인 속성, 십자가-부활-승천이라는 역사 내 사건의 맥락이 배경이다. "만물, 영광, 능력, 존엄, 더 뛰어남" 등의 단어는 추상명사다. 하지만 그 안에는 우리의 일상, 성

---

4. 보컴(R. Bauckham, "The Divinity of Jesus Christ in the Epistle to the Hebrews" in *The Epistle to the Hebrews and Christian Theology*[ed. R. Bauckham et al.; Grand Rapids: Eerdmans, 2009], 21-22)은 시편 110:1과 빌립보서 2:9-11을 근거로 이렇게 주장한다.

격, 경험이 다 들어 있다. 우리도 '만물' 속 일부이고, 만물을 붙드시는 능력의 말씀은 우리가 날마다 듣고 경험하는 바로 그 말씀이다.

질문

1. 히브리서의 첫 네 절이 한 문장이라는 사실은 왜 중요합니까?
2. '하나님의 아들이 말씀하심'과 '하나님이 아들을 통해 말씀하심'은 무엇이 다릅니까?
3. 하나님과 하나님의 아들에 대한 여러 설명과 묘사는 두 분의 관계 이해에 어떤 도움을 줍니까?
4. "이 마지막 때"는 언제입니까? 이 말을 오용하거나 남용하는 경우가 있다면 얘기해 봅시다.

묵상

우리를 포함한 "만물을 지탱"하기 위해 하나님의 아들이 사용하는 "능력의 말씀"은 단지 들어야 할 어떤 것이 아닙니다. 말씀은 예수의 인격이자 능력이며 활동이기 때문입니다. 우리는 말씀을 체험하거나 느낄 수 있으며 볼 수 있습니다.

2

아들은 천사보다 뛰어나시다

히 1:5-14

아들의 정체는 이미 2하반절-4절에서 드러났다. 그중에서도 마지막 4절에서 내비쳤던 모티프인 '천사보다 뛰어남'을 확장하고 반복하는 것이 5-14절의 내용이다. 그런데 확장과 반복의 방식이 특이하다. 철학적 논증 대신 일곱 개의 성경 구절을 연속적으로 인용하고 있는 것이다. 이유가 무엇일까? 아마 1-4절과 관련 있을 것이다.[1] 설교자는 옛적에 조상들에게 여러 번, 여러 방식으로 주어졌던 하나님의 말씀으로부터 아들에 관한 증언을 이끌어 낸다. 구약에서 일곱 구절이나 인용되었다는 점보다 중요한 것은 구약의 주요 세 부분을 따라[2] 모세의 율법(신 32:43; 히 1:6), 예언자 나단의 신탁(삼하 7:14; 히 1:5하), 시편(시 2:45; 102편; 104편; 110편)이 골고루 사용되었다는 점이다.

　5-14절이 1-4절과 연결되지만 그렇다고 동어 반복은 아니

---

1. Craig R. Koester, *Hebrews*(Anchor Bible 36; New Haven: Yale University Press, 2001), 197.

2. 구약성경 구조에 대한 전통적인(즉 유대인들의) 분류법은 '오경/예언서/성문서'라는 삼분법이다. 이 분류에 따르면 기독교인들이 역사서로 취급하는 사무엘서의 경우 예언서에 속한다.

다. 구약에서 인용된 일곱 개의 구절은 "조상들에게"가 아니라 "아들에게" 하신 말씀으로 해석된다. 이 일곱 말씀은 하나님의 아들 예수 그리스도의 빛 아래에서 비로소 온전한 의미가 밝혀진다. 히브리서 설교자와 청중에게 (구약)성경은 그리스도를 증거하는 책이었다.

하나님의 아들을 바라보는 관점에 따라 이 단락은 다시 세 개의 소단락으로 나뉜다.

유일무이한 아들의 지위	5절
아들이 소유한 왕권과 창조의 능력	6-12절
하나님 우편으로 승귀하신 아들	13-14절

각 단락에 반복되어 나타나는 특이한 도입구가 있다. "하나님께서 천사 중 누구에게 ~라고 말씀하신 적이 있습니까?"는 5절에서 두 번 사용되고 13절에서 다시 나타난다. 반면, 6-12절에는 "천사들에 관해서는……"과 "아들에 관해서는……"이 대조된다. 즉 도입구 형식을 기준으로 볼 때 5-14절은 일종의 a-b-a 구조를 띤다.

유일무이한 아들의 지위 1:5

5 그분이 천사 중 누구에게

"너는 내 아들이다. 내가 오늘 너를 낳았다."

하고 말씀하신 적이 있습니까? 또

"나는 그의 아버지가 되고 그는 내 아들이 되리라."

하고 말씀하신 적이 있습니까?

5절에 인용된 두 성경 구절, 즉 시편 2편 7절과 사무엘하 7장 14절이 신약에서 얼마나 중요한지는 두말할 나위가 없다. 두 구절은 원문맥에서 다윗과 그의 자손들에게 주신 말씀이다. 예언자 나단을 통해 다윗에게 전달된 신탁에 따르면 다윗의 왕위는 영원할 것이다. 또 그의 후손들은 하나님의 아들로 입양되었으며 신적 권위를 부여받고 이스라엘을 통치하도록 허락받았다. 시편 2편은 다윗 가문에서 새로운 왕이 등극할 때 그의 대관식에서 낭송되던 시였다. 이처럼 두 구절은 다윗 왕조의 정통성과 이를 통해 이스라엘의 선민적 지위를 천명한다.

그런데 이 두 구절이 히브리서 1장 5절에서 통합되면서 그 대상이 다윗의 아들에서 '하나님의 아들', 즉 예수 그리스도로 전환된다.[3] 우리는 복음서와 바울서신 그리고 요한계시록의 선재적이고도 고양된 기독론에 익숙하다. 1세기 그리스도인들, 특히 히브리서의 독자들처럼 유대인 출신이거나 유대사상에 지배를 받았던 사람들에게 이 전환은 당연한 것이 아니었다. 일종의 신학적 도발일 수 있는 이 전환에 대해 히브리서 저자는 왜 아무런 설명도 하지 않는 걸까? 학자들은 두 가지 가능성을 상정한다.[4]

우선 증언집(testimonia) 가설이다. 초대 그리스도인들이 구약성경에서 그리스도를 직접 예언하거나 간접적으로 암시한 구절을 추려서 '구약성경 인용 모음집'을 만들었고 그것이 예배와 신앙교육에 널리 사용되었다는 가설이다. 현재 '증언집'이 전해지지는 않지만 그러한 자료를 신약성경 저자들이 사용했을 가능성은 있다. 신약성경과 초대 교부들의 문헌을 종합해 보면 일정한 구약 구절들을 서로 다른 저자들이 반복해서 같은 기능으로 인용한다. 이 현상을 잘 설명해 주는 것이 증언집의 존재이다.[5] 하지만 이것은 하나의

---

3. 1장 어디에도 "예수" 혹은 "그리스도"가 언급되지 않았다. 저자의 의도일 가능성이 있다. 놀랍게도 저자가 지시하는 "아들"의 또 다른 호칭은 "주님"(10절)과 "하나님"(8절)이다. 그렇다면 "예수"와 "그리스도" 호칭의 부재는 고양된 기독론 혹은 고등 기독론을 치밀하게 구성한 결과일 수 있다.

4. Koester, *Hebrews*, 198; H. W. Attridge, *The Epistle to the Hebrews*(Hermeneia; Philadelphia: Fortress, 1989), 50.

가설이다. 따라서 다른 가능성도 생각해야 한다.

　　제2성전기 유대교에는 메시아 사상, 보다 일반적으로는 묵시 사상, 종말 사상이 퍼져 있었다. 그런 사상을 정당화하고 표현하는 일련의 성경 구절이 유대인에게 잘 알려져 있었다. 사해사본 등 여러 문헌에서 그 증거를 찾을 수 있다.[6] 히브리서 저자와 독자들이 유대인이었다면 당시 유대교 전통에 친숙했을 테고, 저자가 구약성경을 메시아적으로 해석하여 인용할 때 굳이 근거를 댈 필요를 느끼지 못했을 것이다. 이 두 가지 설명 모두 일리 있고 개연성도 있다. 단, 1-4절과 5-14절을 절묘하게 대응시키는 데서 알 수 있듯이 증언집이든 유대교 전통이든 히브리서 저자는 그것을 기계적으로 끌어 쓰지는 않았다. 히브리서의 주제와 신학에 딱 들어맞는 성경 인용, 배열, 해설이 곁들여졌다.

　　이 두 구절을 인용하기에 앞서 히브리서 저자는 "천사 중 누구에게"로 문장을 시작했다. 그리스도를 말하면서 왜 천사를 비교 대상으로 삼았을까? 그리스도의 뛰어나심을 설명하기 위해 꼭 천사가 등장할 필요는 없지 않은가?

　　구약성경 신학의 중심 요소 중 하나인 시내산 언약에서는 천사와[7] 모세, 레위 지파 제사장의 역할이 두드러진다. 이들 세 존재는 히브리서 1-9장에서 하나씩 그리스도와 비교되며, 모두 열등한 것으로 판명난다. 시내산 언약은 히브리서가 인용한 예레미야 31장 33절에 의하면 '옛 언약'이다. 그리고 히브리서 후반부는 이 옛

---

5. 증언집이 만들어져 널리 사용되었을 근거는 이러하다. 예수께서 생전에 제자들을 가르칠 때 구약성경을 적극 사용하신 것으로 보이며 제자들은 그 구절들을 각별한 관심을 가지고 가르치고 묵상하였을 가능성이다. 또 제자들이 부활을 목격하고 성령을 체험했을 때 이전에는 무심하게 흘렸던 특정한 구절들이 새롭게 다가왔을 것도 예상된다. 실제적인 필요도 있었다. 순회 전도가 주된 목회의 방식이다 보니 전도자들이 떠나고 나면 가르침을 기록할 필요가 있었다. 사도들이 하나둘 세상을 떠나면서 기록의 필요는 더 절실했을 터이고 증언집은 사도적 가르침을 뒷받침하는 중요한 자료였을 것이다. 1세기 말부터 교회 안팎에서 발흥하는 이단적 가르침에 대응하기 위해 통일된, 권위 있는 성경 해석이 요청되었고 증언집의 활용도는 더 높아졌을 것이다.

6. 4QTest.; 4QFlor.

언약 비판을 중심으로 서술된다. 천사는 옛 언약의 한 요소이며 따라서 새 언약의 주인공이신 예수 그리스도와 비교되어야 했다. 구약성경 내에서 천사는 부분적으로 신적 속성과 능력을 지니지만 어디까지나 하나님의 전령, 종으로서 종속적인 지위에 있다. 그런데 히브리서 독자 중에 유대교 신앙, 즉 전통적인 구약성경의 유일신관으로 돌아가려는 사람들이 있었던 것 같다. 그들은 예수 그리스도의 신성을 의심하면서 그리스도를 천사 중 하나로 치부하려 했을 것이다. 1장 5-14절은 그런 오해에 대한 효과적인 반박이 된다.

한편 사해 공동체 문서들과 알렉산드리아 유대교 문헌들은 천사를 메시아적 존재로 상정하거나 메시아보다 뛰어난 중보적 존재로 그리기도 한다. 일부 그리스도인들이 이러한 대중 사상에 휩쓸리고 있었다면 저자는 각별한 경계심을 가지고 천사가 그리스도보다 열등함을 역설하고자 했을 것이다. 이 비교는 딱딱한 논쟁이나 사변이 아니라 교회 밖 사상의 영향을 받아 혼란스러워하는 교우들을 깨우치고 다독이려는 목회적 응답이었다.

1세기 그리스도인들의 외적 상황을 우리가 다 이해할 수는 없다. 따라서 성경 자체를 면밀히 관찰하고 내적 논리로 설명할 필요가 있다. 실제로 문맥은 생각보다 많은 답을 준다. 1장에 바로 이어지는 2장 1-4절의 논의에 따르면 아들을 통해 주어진 복음의 계시는 천사를 통해 주어진 모세 율법보다 엄중하다. 2장 5-9절에서 저자는 그리스도를 "천사보다 잠시 낮추어진 존재"로 묘사한다. 후반부인 12장 22-24절에서 신자들이 "천만 천사들"이 거하는 하늘 예루살렘으로 들어갈 것이라고 선포한다. 이처럼 히브리서의 중요한 지점마다 천사는 하나님의 임재나 사역의 주인공으로 묘사된다. 그 천사들이 1장 5-14절에서 그리스도와 비교된다. 그들은 아들보

---

7. 히브리서 2:2에도 나오지만 시내산 언약 체결 시 하나님에게서 모세에게 율법이 직접 전달된 것이 아니라 천사가 그것을 매개하였다는 전승은 제2성전기 유대교에서 하나의 확립된 이해였다. 행 7:38, 53; 희년서 1:27, 29; 2:1; 요세푸스, 《유대고대사》 15권. 136.

다 확연히 열등하다. 1장의 기독론은 1장 이후 히브리서의 주요 논지들을 내다보면서 그 논지의 기초를 세우는 선제적 논증의 성격을 띤다.

그렇다면 앞서 인용된 두 성경 구절(시 2:7; 삼하 7:14)을 어떻게 이해해야 할까? 먼저 시편 2편 7절 속의 두 문장, 즉 "너는 내 아들이라"와 "오늘 내가 너를 낳았다"는 같은 의미의 반복일 수 있다. 혹은 "오늘 내가 너를 낳았기 때문에 너는 내 아들이다"나 "네가 내 아들이라는 사실을 통해 내가 너를 낳았다는 사실이 증명된다"와 같이 논리적 관계를 생각해 볼 수도 있다.

사무엘하 7장 14절도 시편 2편 7절의 반복으로 보는 것이 무난하다. 시편 2편 7절에서 말하지 않은 새로운 내용을 사무엘하 7장 14절에서 찾을 필요는 없다. 예를 들어 사무엘하 말씀은 예수께서 아들로 입양되신 사실을 예언한 것이 아니다. 그리스도께서는 태초부터 아들이셨고 아들이 아니신 적이 한순간도 없었다. 이 개념과 사무엘하 7장 14절은 충돌하지 않는다. 미래시제인 "되리라"(esomai, estai)와 시편 2편 7장의 "오늘날"(sēmeron)은 영원한 아들 되심이 인간의 역사적 시공간 안에 드러나 보인 특정한 사건, 즉 성육신, 수세(受洗), 십자가와 부활-승천 등을 지칭한다.

결국 두 구절의 요체는 아들이 하나님과 누리는 고유한 관계, 그 관계로 인한 고유한 아들로서의 지위이다. 이 요체는 6절 이하와 다시 연결된다. 5절의 아들 됨은 6절에서 "처음 나신 분"으로 설명되고 시편 2편과 사무엘하 7장에서 왕위 계승자로서의 아들의 지위가 6절과 9절에서 모티프가 된다. 즉 6절 이하에서 왕 되심은 창조주 되심과 함께 아들의 역할을 규정하며, 이는 천사의 역할과 대비를 이룬다.

천사에 대비되는 아들의 지위와 능력 1:6-12

6 그런데 그분이 또다시 그 처음 나신 분을 세상에 이끌어 들이

실 때

　　　"하나님의 천사들은 모두 그에게 경배하여라."

하고 말씀하십니다. 7 또 천사들에 관해서는

　　　"그는 자기 천사들을 바람처럼 만들고 자기의 예배자
　　　들을 타오르는 불처럼 만든다."

라고 합니다. 8 그러나 아들에 관해서는 이런 말씀이 있습니다.

　　　"오, 하나님! 당신의 왕좌는 영원무궁하며 당신의 왕국
　　　의 홀은 올곧음의 홀입니다.

　　　9 당신은 정의를 사랑하시고 불의를 미워하셨습니다.
　　　그러므로 하나님, 곧 당신의 하나님은 당신의 동료들을
　　　제쳐 놓고
　　　기쁨의 기름을 당신에게 바르셨습니다."

10 또 이런 말씀이 있습니다.

　　　"주님, 당신은 태초에 땅의 기초를 놓으셨으며 하늘도
　　　당신 손의 작품입니다.

　　　11 그것들은 사라져 가도 당신께서는 그대로 계십니다.
　　　그것들은 다 옷처럼 낡을 것입니다.

　　　12 당신께서는 그것들을 외투처럼 말아 치우시고 그것
　　　들은 옷처럼 변할 것입니다.

　　　그러나 당신은 한결같으시고 당신의 햇수는 끝이 없을
　　　것입니다."

6-12절은 아들로서의 힘, 활동, 지위를 묘사한다. 이 단락은 다시 6-7절, 8-9절, 10-12절로 구별된다. 하지만 8하반절, 즉 시편 45편 6하반절은 6-7절과도 연결되고 8-9절의 나머지 부분과도 관련된다. 일종의 교집합이다. 6절과 7절은 천사들을 직접 언급한다는 점에서 공통된다. 6절에 인용된 칠십인역 신명기 32장 43절은 아들을 경배하라고 천사들에게 명령을 내린다. 그리고 다음 절에서 시편 104편 4절(히브리어 성경 103:4)이 이어지면서 천사들의 덧없음을 지

적한다. 그들과 정반대로 영원불변의 존재를 지닌 분이 아들이심을 천명하기 위해 저자는 칠십인역 시편 44편 7(히브리 성경 45:6)상반절을 인용한다. 이 세 구절은 'A는 B에게 경배하라—A는 유한하다—B는 무한하다'의 논리 구조를 만드는데, 뒤의 두 시편은 맨 앞 신명기 말씀의 근거를 대는 형국이다. 천사들은 덧없는 존재이기 때문에 영원하신 아들께 경배함이 마땅하다.

6절에 신명기 말씀이 인용되기에 앞서 저자가 덧붙이는 부분을 그냥 지나칠 수 없다. "또다시"(6절)라는 부사는 분명 아들의 출현이 최초가 아닌 두 번째임을 시사한다. 아들을 "세상에 이끌어 들이는" 하나님의 행동은 미래시제로 표현되었다. 뿐만 아니라 "세상"으로 번역될 수 있는 여러 단어 중에 굳이 "오이쿠메네"(oikoumenē)를 썼다는 점도 의미심장하다. 같은 단어가 2장 5절에서 "장차 올 세상"(tēn oikoumenēn tēn mellousan)이라는 명백한 종말론적 용어를 표현하는 데에도 쓰였다. 이 두 가지 관찰을 종합하면 신명기 32장 43절은 아들의 첫 번째 오심인 성육신이 아니라 두 번째 오심, 즉 재림의 정황에서 이해할 수 있다. 어떤 주석가들은 "또다시"를 아들의 오심에 붙이지 않고 하나님의 말씀하심에 붙이면서(번역 주 참조) 아들이 이끌려 들어가는 "세상" 역시 이 세상이 아닌 '장차 올 세상' 또는 천상세계로 이해한다. 그렇게 되면 이 구절은 재림이 아니라 승천 사건이 그 배경이 된다. 본문의 전후 맥락에 더 어울리는 해석은 후자이지만 문법적으로는 부자연스럽다.

또 하나 중요한 단어는 "처음 나신 분"(prōtotokos, 6절)이다(번역 주 참조). 이전까지 '아들'로만 부르던 분을 여기서는 그렇게 부르고 있다. 이 용어는 본래 구약성경에서 우선적 상속권을 가진 맏아들(신 21:17; 대하 21:3; 시 89:27)을 가리키며, 거기에는 인류 중에서 이스라엘 민족에게 부여된 "맏아들"로서의 지위도 포함된다(출 4:22). 원래 이 단어는 사람만이 아니라 동식물을 포함하여 모든 처음 난 것(初胎生)을 지칭했다. 특히 출애굽 시 열 번째 재앙과 유월절의 맥락에서 모든 "처음 난 것"은 하나님의 소유이며, 그것을 구속하기 위해서는 그것의 목숨을 대신하는 다른 희생이 필요하다고 가르친다. 멀리 갈 것도 없이 히브리서 11장 28절에도 초태생과 유월절의 이런 관계를 언급하면서 "모든 맏아들과 맏배를" 구원한 모세의 행동을 믿음의 행동으로 묘사한다. 그런데 이 단어가 신약에 와서는 그리스도에게 적용되어 그분이 "처음 난 자"로서 창조주(골 1:15)이시며 부활주(골 1:18; 롬 8:29; 계 1:5)라고 선포하기에 이른다.[8]

　　7절에 인용된 시편 104편 4절은 칠십인역 본문이며 이것은 히브리어 본문과 무척 다르다. 히브리어로는 "[주 하나님은] 바람을 사신으로 삼으시고 불꽃을 사역자로 삼으신다"이지만 이것의 그리스어 번역은 목적어(바람, 불꽃)와 목적보어(사신, 사역자)가 뒤바뀌어 있다. 천사가 바람처럼 되고 시종들이 불꽃처럼 변한다는 말은 영속하지 않고 금방 소멸된다는 뜻이다. 그리스어 '프네우마'(pneuma)는 히브리어 '루아흐'(ruah)처럼 '바람, 공기, 숨'이라는 뜻과 '영'이라는 뜻을 다 가진다. 히브리서 저자에게 칠십인역 시편 104편 4절은 천사들의 유한성을 웅변한다. 반대로 아들에 대해서 시편 44편 7상반절은 이렇게 선포한다. "당신의 왕좌는 영원합니다!"

　　8절과 9절에는 칠십인역 시편 44편 7-8(히브리 성경 본문 45:6-7)절이 인용되었다. 이 말씀은 아들의 영원성만이 아니라 그분의 세 가지 주요 성품을 역설한다. 아들은 올곧으시며 정의를 사랑하시며 불의를 미워하신다. 이 세 가지 성품과 그 성품에서 우러나오는 덕스러운 행동이 아버지로 하여금 아들에게 '기쁨의 기름'을 바르게 했다. 여기서 기름은 메시아적 위임의 상징일 수 있지만 거기에 국한될 필요는 없다. 축제나 잔치에 참여하기 전 단장하며 머리에 기름을 바르곤 했으니 말이다(시 23:5; 사 61:3). 아들이 올곧으시고 정의를 추구하셔서 그 보상으로 기쁨의 기름부음을 받았다는 사실은

---

8. 비슷한 신학적 함의를 지니는 단어로 "첫 열매"(aparchē, 고전 15:20, 23; 16:15; 롬 16:5; 약 1:18; 계 14:4)가 있다.

그분을 천사와 구별시켜서 천사 위에 뛰어나도록 만든다.[9]

　　이제 이 단락의 마지막 조각인 10-12절을 생각해 보자. 여기에 인용된 시편 102편 25-27절의 원 문맥에서 "주"는 분명 이스라엘의 야웨 하나님이다. 히브리서 저자는 야웨를 향한 이 시를 아들에게로 전환한다. 그래서 이 시에서 노래하는 "주님"의 모든 속성, 즉 창조의 능력, 존재의 불변성과 영구성은 모두 예수 그리스도에게 귀속된다. 앞의 두 조각(6-7절, 8-9절)에서 이미 짚었던 아들의 영원불변성을 재확인하면서 하나의 새로운 역할, 즉 창조활동의 주체로서의 역할을 더한다.

　　종합해 보자. 1장 6-12절에서 설교자는 하나님과의 관계에 대한 5절의 선포 위에 아들의 지위와 역할을 더 구체적으로 설명한다. 여기에 사용된 일곱 개의 연속된 성경 구절은 무작위로 뭉뚱그린 것이 아니라 정연한 논리의 틀 안에 분명한 주제를 전달하고 있다. 특히 시편에서 인용한 말씀들은 히브리서 저자와 독자에게 교리적 정합성을 넘어선 풍성한 영적 상상력을 불어 넣는다. 삼위 하나님의 존재를 남김없이 묘사할 수 있는 인간의 언어와 논리는 없다. 부족하나마 그 용도에 가장 걸맞은 언어는 시와 찬미일 것이다. 높임 받으신 하나님의 아들에 대한 묵상이 깊어질수록 설교자는 점점 고조되었던 것일까? 마지막 두 절에는 보다 강렬한 감정이 담긴 수사의문문이 연이어 등장한다.

하나님 우편에 승귀(承貴)하신 아들 1:13-14

13 하나님께서 천사 중 누구에게

　　　"내가 네 원수들을 네 발의 발등상으로 삼을 때까지 여

---

9. 개역개정에서 "동류"로 번역된 그리스어 '메토코이'(metochoi)는 천사들을 가리키지만 반드시 그런 건 아니다. 히 3:1, 3:14, 6:4, 12:8에서 이 단어는 그리스도가 가져오신 구원에 함께 참여하는 신자들의 호칭으로 사용되었다. 우리는 예수와 함께 하늘의 부르심을 받은 "동참자, 공유자"이다.

기 내 오른쪽에 앉아라."

하고 말씀하신 적이 있습니까? **14** 그들 모두는 예배하는 영들로서 구원을 상속받게 될 이들을 섬기라고 보내지지 않습니까?

13-14절은 5절부터 시작된 큰 단락의 결론에 해당한다. 도입과 전개에서 그러했듯이 결론에서도 성경 인용이 출발점이다. 결론과 서론은 밀접한 관련을 가지기 마련이다. 5절에서 한 번 나왔던 "천사 중 누구에게 ~라고 말씀하신 적이 있는가?"라는 도입구문이 다시 등장한다. 비록 이 부분이 소결론이기는 하나 책 전체의 결론은 아니기 때문에 이어지는 부분과의 완전한 단절을 기대해서는 안 된다. 14절은 1장의 결론이면서도 2장과 나머지 히브리서 후반부의 주제까지 암시하고 있다.

13절에 여섯 번째로 인용된 구절은 시편 110편 1절이다. 시편 2편과 함께 대표적인 제왕시(royal psalm)에 속한다. 지금까지 인용된 구약성경과 마찬가지로 원래의 적용 대상이 아니라 하나님의 아들에게 직접 적용된다. 이 시가 원래 헌사되었던 대상인 "너"는 다윗의 후손인 유다 왕들이었다. 히브리서의 맥락에서 그 대상은 만유의 왕이신 예수 그리스도가 된다. 시편 110편 1절은 히브리서에서만 다섯 번 인용 혹은 암시되었고, 신약성경 전체로 보면 13회나 사용되었는데,**10** 이 시편이 사용된 신약 본문들은 하나같이 승귀하신 그리스도를 부각시킨다. "하나님 우편에 앉으심"이 승천을 지시한다면, "원수가 그의 발등상이 됨"은 죽음의 권세를 굴복시킨 부활 자체, 혹은 부활의 결과로 확보된 그리스도의 승리이다. 여기서 그 승리는 미래시제로 표현되었지만("~할 때까지") 사탄의 패배는 기정사실이다.

1장은 천사들의 기능과 지위를 요약하는 두 번째 수사의문문으로 마무리된다. 수사의문문은 보통 이전에 제시된 주장을 부연하거나 확증한다. 지금까지 천사보다 뛰어나신 아들의 지위를 주장했고, 이제 마지막으로 가장 확실한 근거를 내민다. 천사들은 하나님의 아들을 '경배'하는 한편, 그 아들을 통해 구원을 상속받을 우리 신자들을 '섬긴다.'[11] 천사들의 일차적 임무는 하나님을 예배하는 일인데, 앞서 6절에서 천사들은 아들에게 경배하라고 명령받음으로써 아들의 지위가 하나님에 버금가는 위치임이 밝혀졌다. 그런데 여기서 왜 갑자기 이제껏 아무 언급도 하지 않았던 '구원의 상속자들'을 거론할까? '구원의 상속자들'은 히브리서 초두에 나온 '만물의 상속자'(2절)와 대구를 이룬다. 즉 이들과 하나님의 아들 사이에는 모종의 관련성이 있다. 명확하게 설명하지는 않았지만 그들이 상속받을 구원은 자력으로 이룩한 것이 아니라 "죄를 정결케 함"(3절)을 통해 아들이 이루신 구원이고, 그들은 그 구원을 말 그대로 아무 공로 없이 물려받는다. 그래서 그들은 하나님의 아들에 종속된다. 그들의 구원에 대해 하나님의 아들에게 경배를 드려야 하기 때문이다. 그렇다면 천사들이 '구원의 상속자들'을 섬긴다. 수사의문문으로 설교자는 다음 세 가지를 확증하는 셈이다. ① 천사들은 자신들이 섬겨야 할 '구원의 상속자들'보다 낮은 지위에 놓인다. ② '구원의 상속자들'은 하나님의 아들이 누리는 지위와 능력을 부분적으로 공유하지만 그분에게 종속된다. ③ 그 결과 하나님의 아들과 천사들의 지위와 능력의 차이는 더 두드러진다.

'구원의 상속자들'에 대한 언급을 통해 설교자는 곧 이어

---

10. 이 중 직접인용은 막 12:36와 그 병행구절, 행 2:33-36 그리고 히 1:13에 나타나고 나머지 본문에서는 인유된다(막 14:62과 그 병행구절; 막 16:19; 눅 5:31; 7:55-56; 롬 8:34; 고전 15:25; 엡 1:20-22; 2:6; 골 3:1; 히 1:3; 8:1; 10:12-13; 12:2; 벧전 3:22; 계 3:21). 이형일, 《메시아에서 선재적 아들로》(서울: 새물결플러스, 2015), 257-58. 이형일은 여기에 더하여 초대 교부 문헌과 신약 외경에서 3번의 직접 인용과 다섯 군데의 인유 구절들을 언급한다. 이 연구는 초기 그리스도인들이 이른 시기부터 예수를 메시아일 뿐 아니라 선재하시는 하나님의 아들로 인정하고 예배하였음을 논증하며 그러한 신앙의 핵심 증거로 시편 2:7과 110:1이 신약성경에서 사용되는 방식을 든다.

11. 전자는 "레이투르기아"(leiturgia), 즉 예배 혹은 제의에서 신에게 바치는 경외의 행동을 말하고 후자는 "디아코니아"(diakonia), 즉 대인 관계에서 다른 사람에게 시중을 들거나 신체적 도움을 주는 행동을 말한다. '디아코니아'의 기원과 쓰임새에 대한 자세한 논의는 번역 주, 그리고 킷텔(G. Kittel) 편, 《신약성서 신학사전》(요단출판사, 2010)의 "διακονία" 항목 참조. 천사들이 성도들을 섬긴다는 사상은 토빗서, 필로 등 제2성전기 유대문헌에 이미 나타난다. Attridge, *Hebrews*, 62, n. 149 참조.

나올 2장의 논의를 살짝 내비친다. 2장은 우리가 왜, 어떻게 '예수의 형제자매들'로 불리게 되었는지 독특한 가르침을 담고 있다. 더욱이 '상속하다'라는 동사는 히브리서 여러 곳에서 신실함의 주제와도 밀접하게 관련되는 중요한 단어이다(히 6:17; 9:15; 11:7-8). 14절에서 풍겨 나오는 희망과 뿌듯함을 간직하면서 계속되는 설교자의 권면에 귀 기울여 보자.

질문

1. 천사를 하나님의 아들의 비교 상대로 삼은 이유가 무엇일까요?
2. 여기에 인용된 구약성경 말씀들의 원래 출처를 찾아가서 각 구절을 둘러싸고 있는 큰 단락의 대략적인 내용의 흐름을 살펴봅시다.
3. 인용된 일곱 말씀들의 순서가 중요할까요? 만약 일곱 구절들의 순서를 바꾸면 설교자가 전달하고자 하는 주제를 이해하는 데 문제가 생길까요?
4. 1장에 성경 인용이 많은 반면 인용된 구절 하나하나에 대한 설명이 적은 이유가 무엇일까요?

묵상

일곱 말씀을 하나씩 낭독(암송)하면서 그것에 어울리는 찬송 한 편씩을 불러봅시다.

3
권면 1 — 구원을 등한히 여기지 말라

히 2:1-4

1 그러므로 우리는 들은 것을 더욱 유념하여 그것으로부터 흘러 떠내려가지 않도록 합시다. 2 천사들을 통하여 하신 말씀이 유효하고, 모든 범죄와 불순종이 정당한 보응을 받았는데 3 하물며 우리가 이렇듯 고귀한 구원을 소홀히 하면 어떻게 보응을 피할 수 있겠습니까? 이 구원은 처음에 주께서 말씀하셨고 그것을 들은 이들이 우리에게 확증해 주었습니다. 4 하나님께서는 당신의 뜻에 따라 표적과 기사와 갖가지 능력과 성령께서 나누어 주시는 것들로써 함께 증언하셨습니다.

성경에서 언뜻 보면 중요해 보이지 않지만 읽을수록 심오한 뜻을 내보이는 말이 있는데 그중 하나가 "그러므로"다. 인과관계를 표현하는 이 접속사를 만났을 때 먼저 할 일은 "그러므로"가 가리키는 원인과 결과의 정확한 범위를 찾는 일이다. 원인은 대개 바로 앞 문장에 나타나지만 종종 그 이전까지 생각해야 할 때가 있다. 여기서는 1장 전체가 "그러므로"의 이유라고 볼 수 있다. 즉 "그러므로"는 "아

들은 천사보다 우월하시며 그 아들을 통해 하나님이 우리에게 말씀하였으므로”의 줄임말이다.[1]

2장 1절은 히브리서 설교자가 1장 내내 아껴 두었다가 비로소 내뱉은 간절한 주장이자 메시지이다. 이제껏 한 번도 사용하지 않던 ‘~하도록 합시다’라는 당부와 권고의 말투가 나타난다. 앞서 히브리서의 장르를 설명했지만 이 책의 장르 자체가 ‘권면의 말’(13:22)이다. 즉 히브리서의 궁극적 목적은 ‘권면’이다. 2장 1-4절은 그 목적을 이루는 첫 번째 지점이다. 이 단락을 필두로 앞으로 네 번 더(3:7-4:13; 6:4-8; 10:26-31; 12:25-29) 이른바 ‘경고 단락’이 나올 것이다.[2] 이 첫 번째 권고에서 설교자는 “들은 것”을 더욱 명심하자고, 그래서 그것으로부터 “흘러 떠내려가지 말자”고 호소한다(번역 주 참조). 2-4절은 이 두 가지 요점에 대한 상세한 설명이다.

먼저 설교자는 청중이 들었던 말씀의 내용을 한 단어로 “이렇듯 고귀한 구원”이라고 표현한다. 다음으로 구원에 관한 말씀의 전달 과정을 묘사함으로써 그 가치를 확인한다. 3하반절-4절에 따르면 세 혹은 네 주체가[3] 이 구원 말씀의 전달 과정에 관여했다. ① 처음에 주께서 말씀하셨다. ② 그것을 들은 이들이 ‘우리’에게

---

1. 이처럼 1장과 2장의 관계가 매우 밀접하기 때문에, 독서의 편의를 위해 후대에 붙여진 장, 절 구분을 때로는 무시할 필요가 있다. ‘2장’이라는 표시는 ‘1장’으로부터 끊어진, 새롭고 다른 내용이라는 뜻이 결코 아니다. 만약 우리가 장, 절 표시를 다시 붙일 수 있다면 지금의 2:1-4를 1:15-18이라고 하고 2:5부터 2장을 시작할 수도 있을 것이다. 그 정도로 2:1-4과 1장의 관계는 밀접하다. 전자를 위해 후자가 존재한다고 말해도 과언이 아니다.
2. 경고 단락의 범위에 대해 주석가들마다 약간의 이견을 보인다. 이 책은 양용의, 《히브리서 어떻게 읽을 것인가》(서울: 성서유니온, 2014), 73을 따랐다.
3. 어떤 사람들은 여기에서 삼위일체 하나님의 조화로운 협업을 발견하기도 한다. 성자 하나님의 가르침이 전파되는 과정에서 성부 하나님이 이적과 기사를 일으키시고 성령 하나님은 신자들에게 나누어 주신 은사가 발휘되도록 하신다. 하지만 삼위일체 하나님의 사역을 논할 때 항상 양태론(modalism)의 위험을 염두에 두어야 한다. 요한복음이 명백하게 밝히듯이 예수께서는 아버지로부터 받은 말씀을 제자들에게 가르치신 것이기 때문에(히 1:2 참조) 복음 말씀의 기원을 성자 하나님에게 독점적으로 둘 수는 없다. 마찬가지로 사도들이 행한 기적에 대해서 성령 하나님만의 단독 사역의 결과라기보다는 성령과 성부, 성자 하나님의 동시적인 협업으로 이해해야 한다.

확증하였다. ③ 하나님께서 표적, 기사, 성령의 은사로써 함께 증언하였다. ①은 예수 그리스도의 지상사역 동안의 가르침 사역을 가리키고, ②와 ③은 예수의 승천 후 첫 제자들이 그분의 가르침을 전파하던 과정에서 신적 능력이 함께 나타나던 일을 가리킨다. 구원말씀의 기원이 주님께 있다는 사실, 그것을 직접 들은 자들이 전달의 매개자가 되었다는 사실, 하나님의 직접적이고 초자연적인 활동이 동반되었다는 사실을 통해 구원 말씀의 가치와 권위가 증명된 것이다.

　　2절과 3상반절의 문장에는 독특한 수사법이 가미되어 있다. 이 수사법은 본래 유대 랍비들의 전통적인 성경해석 기법 중 '콜 바호머'라고 부른 것인데 "작은 것에서 큰 것"(a minori ad maius) 논법이라고도 한다.[4] 상식적이며 사소한 어떤 사실을 먼저 제시하고 그것에 기초해서 그와 유사하면서도 더 중대한 내용을 주장하는 방식이다. "천사들을 통해 하신 말씀"은 시내산에서 주어진 율법, 즉 모세오경 전체를 가리킨다. 율법이 이스라엘에게 전해지는 과정에서 모세가 개입되긴 했지만 제2성전기의 유대인들은 하나님과 모세 사이에 천사가 중개했다고 여겼다.[5] 천사가 중재한 율법의 말씀을 위반하면 그에 상응하는 형벌이 내려졌다. 천사보다 위대하신 하나님의 아들이 중재하신 구원의 말씀을 위반한다면 얼마나 더 큰 형벌이 내려지겠는가?

　　구원의 말씀을 '소홀히 함'은 2장 1절의 '유념함'과 대비된다. 구체적으로 어떻게 하는 것이 유념하는 것이고, 소홀히 하는 것일까? 딱 부러지게 답하기 어려운 물음이다. 율법의 위반 여부는 비교적 구별이 용이하다. '구원의 말씀'은 율법과 달리 어떤 행동이나

---

4. 탈무드 b. Sanh. 7:11. 랍비 힐렐은 콜 바호머를 포함한 일곱 가지의 성경 해석 원리를 설명한다. 후에 랍비 이슈마엘은 이것을 열세 가지로 확장했다. 우리말로 번역된 랍비들의 성경해석에 대한 개관으로 마이클 카츠 & 게르숀 슈바르츠,《모세오경 미드라쉬의 랍비들의 설교》, 이환진 옮김(서울: 한국기독교연구소, 2008)가 있다.

5. 2장 각주 7번 참조.

불이행으로 규정되기 어렵다. 복음이 요구하는 순종, 신실함이 생각과 의지, 마음을 포함한 전 존재에 관련되기 때문이다. 여기에 설교자는 구원의 말씀을 읽고, 기억하고, 소중히 여기는 마음의 자세를 특히 강조하고 있다.

　　이 단락은 짧기도 하거니와 1장 31절까지 장엄한 성경 구절의 낭송과 2장 5절부터 나오는 흥미로운 신학적 설명 사이에 끼어 있어서 일종의 '막간' 같은 분위기가 난다. 하지만 히브리서를 처음부터 끝까지 여러 번 읽고 나면 생각이 달라진다. 2장 1-4절과 다른 네 개의 '경고 단락'이야말로 히브리서의 진수요, 핵심이다. 설교자는 이 말을 하고 싶어서, 청중의 영적 생명을 좌우하는 실천적이자 목회적인 권면을 주고 싶어서 앞뒤로 그렇게 긴 '교리적' 혹은 '신학적' 설명을 하는 것이다. 우리는 그 반대의 관점으로 히브리서를 읽어서는 안 된다. 물론 예수 그리스도의 성품과 지위와 능력, 그분이 우리를 위해 하신 대속의 사역에 관한 설교자의 묵상은 참으로 깊고 풍성하다. 하지만 그 모든 묵상의 구슬을 꿰는 실은 2장 1-4절과 같은 경고의 말씀들이다. 설교자는 질풍노도처럼 외치다가 이 부분에 와서 말의 속도를 늦추고, 청중을 똑바로 바라보면서, 아마 낮은 톤으로, 또렷하게 말할 것이다. "우리가 이렇듯 고귀한 구원을 소홀히 하면 어떻게 보응을 피할 수 있겠습니까?"

질문

1. 1절 첫 단어 "그러므로"를 풀어서 써봅시다.
2. "흘러 떠내려감"이라고 표현된 상황을 경험한 적이 있습니까? 무엇이 우리를 복음에서 흘러 떠내려가게 합니까?
3. 구원의 말씀이 우리에게 전해지기까지 과정을 이해하고 기억하는 것이 왜 중요합니까? 3하반절-4절에 묘사된 그런 과정이 우리에게도 일어났습니까?

묵상

신앙생활을 하면서 하나님으로부터, 사람으로부터 '경고'를 받았던 (혹은 주었던) 적이 있었나 헤아려 봅시다. 요즘은 격려와 위로, 칭찬을 경고보다 더 높이 평가합니다. 하지만 경고는 격려와 위로의 상대 개념이 아니라 그것의 한 형태, 한 방법일 수 있습니다. 경고가 격려처럼 작동하려면 튼튼한 신뢰가 형성되어 있어야 합니다.

4

예수는 신실한 대제사장이시다

히 2:5-18

2장 5-18절까지는 하나의 단락이다. 설교자는 다시 '아들'에 주목한다. 이미 1장 5절 이하에서 천사를 비교 대상으로 삼아 아들의 지위와 기능을 설명한 바 있다. 여기서는 같은 기독론이지만 무척 다른 각도에서 전개된다. 1장이 초시간적·천상적 관점을 주로 표방했다면 2장에서는 역사적·구원론적 관점이 지배적이다. 인간 역사에 아들이 들어오셔서 하신 일과 그 일의 완성으로서 종말에 하실 일이 주된 내용이다.

2장 5-18절은 내용에 따라 다시 두 개의 소단락으로 나뉜다. 5-10절까지는 시편 8편 5-7절을 기본 말씀으로 본문에 대한 주석을 통해 그리스도를 조명하고 있고, 11-18절은 시편 22편과 이사야 8장을 인용하면서 그리스도의 성육신과 십자가 고난이 신자들에게 가져온 실제적 결과를 정리한다.

잠깐 낮아지셨다가 영광과 존귀로
관 쓰신 예수 2:5-10

5 우리가 언급하고 있는 다가올 세계를 그분께서는 천사들 아래에 두지 않으셨습니다. 6 누군가 어디에서 다음과 같이 증언했습니다.

"사람이 무엇이길래 그를 기억하십니까?

사람의 아들이 무엇이길래 그를 돌아보십니까?

7 천사들보다 잠깐 낮추셨다가 영광과 존귀의 관을 씌워 주시고

8 만물을 그의 발 아래 두셨습니다."

하나님께서는 만물을 그의 아래에 두시면서 그의 아래에 들지 않은 것이 아무것도 없게 하셨습니다. 하지만 지금 우리가 보기에는 아직 만물이 그의 아래에 들지는 않았습니다. 9 그러나 우리는 "천사들보다 잠깐 낮아지셨다가" 죽음의 고난을 통해 "영광과 존귀의 관을 쓰신" 예수를 보고 있습니다. 그렇게 하신 목적은 그분이 하나님의 은혜로써 모든 이들을 위해 죽음을 맛보기 위해서였습니다. 10 이처럼 하나님께서, 만물이 그분을 위하고 그분을 통해 존재하는 그 하나님께서, 그분의 많은 자녀들을 영광으로 이끄시는 분, 즉 그들의 구원의 선도자이신 분을 고난으로써 완전하게 만드신 것은 당연한 일이었습니다.

히브리서의 설교자는 강해 설교의 귀재다. 1장에서 구약 일곱 구절을 몰아치듯이 인용한 것도 부족하여 다시 성경을 펼치면서 이번에는 한 구절씩 조곤조곤 파고 들어간다. 다만 우리가 기억할 점 하나는 히브리서 설교자와 청중이 읽는 구약성경은 칠십인역, 즉 히브리어에서 그리스어로 번역된 성경이라는 사실이다. 이 단락에서 읽은 시편 8편의 중요한 착안점들도 그리스어 본문에서 짚어 낸 것들이다. 이 소단락의 키워드인 "잠깐"이라는 부사를 생각해 보자(7절, 9절). 히브리 시편 8편 6절에서 부사 '머아트'(məʾat)는 '조금, 약간'이

라는 의미이다. 반면 이 부사를 번역한 그리스어 '브라퀴 티'(*brachy ti*)는 정도나 양뿐 아니라 시간의 길이도 표현할 수 있다("잠깐 동안"). 그래서 역본에 따라 "조금"이라고 옮기기도 하고 "잠깐"이라고 번역하기도 했다(번역 주 참조). 히브리서 설교자는 후자를 의도했을 가능성이 높지만 둘 다를 염두에 두고 중의적으로 말했을 수도 있다.

5절은 시편 8편을 도입하려는 일종의 도입문이다. 5절에 처음 나오는 동사 "아래에 두다"가 시편 인용 구절은 물론 8-9절의 해설에서도 여러 번 등장하면서 연결 고리 역할을 한다. 천사 아래가 아니라 그리스도 아래에 만물이 복종할 것이다. 이 말을 하는 첫째 이유는 천사보다 뛰어나시다는 1장에서의 결론을 확인하는 차원이다. 하지만 아들의 우주적 주권을 거론하는 이유가 천사와의 비교를 위해서만은 아니다. "다가올 세계", 그것은 과거와 현재가 다 말해 줄 수 없는 종말의 현실이다. 종말이라는 단어는 늘 호기심으로 차오르게 한다. 다가올 세계는 어떤 세상일까? 결국 아들의 승귀는 우리의 운명에 대한 대답이 될 것이다.

8하반절부터 9상반절까지 설교자는 그리스도의 승귀를 바라보는 신자의 관점을 설명한다. 5절에서 내세운 것처럼 여기에서 핵심어는 "그리스도 아래 만물의 복종"이다. 그리스도의 승귀는 두 가지 결과를 낳았다. 하나는 '영광과 존귀로 관 씌움'(7절)이고 다른 하나는 '만물의 복종'(8절)이다. "우리가 보기에" 두 번째는 아직 완성되지 않았다. 그렇다고 낙심할 일은 아니다. 두 가지 이유 때문이다. 먼저 설교자가 "우리가 보기에는"이라는 단서를 달았다는 사실에 유의해야 한다. 우리의 사고 체계, 인식 체계는 3차원의 공간과 선형의 시간 축에 갇혀 있다. 우리가 '볼' 수 있는 것이 하나님이 지으신 세계의 전부가 아님은 물론이다. 구원 경륜과 그 성취도 마찬가지다. 우리는 우리의 인식체계의 틀로 규정한 "지금"이라는 기준에 비추어 만물이 그리스도 아래 복종하는 현실을 "아직" 보지 못한다. 그러나 하나님의 인식 체계로 '볼' 때, 그 일은 이미 일어나고 있을지 모른다. 하나님을 믿는다는 것은 우리의 '봄'의 한계를 인정하고 하나님의 말씀의 확실성을 받아들임을 의미한다. 종말을 기다리는 우리가 낙담할 필요가 없는 두 번째 이유는 우리가 첫째 것의 성취를 이미 목격하고 있기 때문이다. 이미 성취된 것을 보면서 우리는 아직 완성되지 않은 것이 완성되고야 말 것이라는 확신을 얻는다. 이것은 신약성경 전반에서 볼 수 있는 '이미 그러나 아직'의 종말론과 일맥상통한다.

10절은 5-9절과 11-18절을 맺어 주는 다리와 같아서 양편의 생각을 다 담아 낸다. 이를 위해 여러 의미를 품은 핵심 주제 두 가지 등장하는데 그것은 '아들이 받으신 고난'과 '완전케 되심'이다. 먼저 고난의 주제를 살펴보자. 우선 "죽음의 고난"(9절)은 "잠깐 천사보다 낮아지심"(9절)의 연장선상에 있다. 성육신이 그리스도의 본질을 단지 암묵적으로 내비쳤다면 고난은 그것을 뚜렷하게 드러냈다. 다른 한편, 고난은 예수의 개인사의 한 장면이 아니다. 그것은 우주적인 함의를 가지며, 인류의 전 역사를 관통한다. 우리의 운명과 직결되는 사건이다. 고난은 세 가지 각도에서 조명된다.

첫째, 예수께서는 "고난을 통해" 영광과 존귀의 관을 쓰셨다(9절). 다른 말로, 고난을 통해 그분은 완전케 되셨다(10절). 어차피 그분은 완전케 될 운명이었는데 어쩌다 고난을 받게 되었다는 의미가 아니라 고난 때문에, 고난으로써 완전케 되었다는 의미이다.[1] 죄인이 받아야 마땅한 것을 대신했다는 대속적 의미와 별도로 고난 자체가 그리스도의 승귀와 통합된 한 요소였다. 죽음을 소멸의 한 양상으로 파악하고 신적 속성의 대척점에 놓았던 헬레니즘의 세계관으로는 이해할 수 없고 인정할 수 없는 진술이다. 하지만 죽음이 영광을 품고 있고, 고난이 존귀를 잉태한다는 역설은 구약을 관통

---

1. 존슨은 영광으로 들어가는 필수적 수단으로서 고통 개념이 특이하긴 하지만 신약의 다른 곳에서 예수께는 물론(눅 24:26; 행 17:3; 벧전 1:11), 그분을 따르는 제자들에게도(롬 8:18; 빌 3:10; 벧전 4:13) 이미 적용되고 있다고 지적한다. L. T. Johnson, *Hebrews: A Commentary*(NTL; Louisville: WJK, 2012), 97.

하고 있다.

둘째, 그리스도의 고난은 자기 충족적, 자기 만족적이지 않고 대리적이며 대속적이었다. "모든 이들을 위해" 그분은 죽음을 맛보셨다(9절). "많은 자녀들을 영광으로 이끄심"(10절)도 고난의 결과였다.

셋째, 하나님 아들의 고난, 그로 인한 완전케 되심은 '우리를 위할' 뿐 아니라 '우리에 앞서' 이루어졌다. 10절에서 예수는 하나님 자녀들을 이끄시는 "구원의 선도자"(archēhos)라고 불린다. 어원상 이 단어는 '시작'과 '통솔'이라는 두 가지 의미를 가진다. 하지만 자녀들을 영광으로 '이끄시는' 동작은 다스리고 거느리는 통치자보다는 앞서가는 선도자, 안내자의 모습을 떠올리게 한다. 그분이 먼저 통과하신 고난과 영광의 전 과정은 우리가 따라야 할 모범이자 선례가 된다(히 6:20 참조). 고난 중에 있는 그리스도인들에게 이 깨달음은 큰 힘이 될 것이다. 고난을 피해야 할 어떤 것, 혹은 하나님의 저주의 결과가 아니라 신앙 여정에 통합된 한 부분이라고 이해함으로써 고난 중에도 하나님을 찬양하며, 오히려 고난을 자처할 수 있는 신실함으로 자라 갈 수 있기 때문이다.

지금까지 살펴본 고난의 이유 혹은 결과는 그리스도의 '완전케 되심'에 많은 것을 말해 준다. '완전함' 또는 '온전함'을 의미하는 단어(teleioō)는 히브리서에서 열다섯 번 정도 사용될 정도로(2:10; 5:9, 14; 6:1; 7:19, 28; 8:5; 9:6, 9, 11; 10:1, 14; 11:40; 12:2, 23) 중요하다.[2] 우리말에서도 이 단어는 그리 낯설거나 난해한 단어가 아니다. 여기에 함정이 있다. 번역된 우리말이 평이하고 단순하더라도 원어의 의미는 아주 다르거나 훨씬 복잡하고 넓을 수가 있다.

여기서 '완전하다'로 번역한 그리스어 '텔레이오스'(teleios)

---

2. 히브리서에서 '완전함'에 대한 본격적인 연구로 D. Peterson, *Hebrews and Perfection: An Examination of the Concept of Perfection in the "Epistle to the Hebrews"*(SNTSMS 47; Cambridge: Cambridge University Press, 1982)가 있다.

와 그 동계어(同系語)들은 유대 사회를 포함한 1세기 지중해 연안의 생활 현장에서 지금 우리가 아는 뜻과 아주 다른, 다양한 뜻을 지녔다.[3] 첫째, 신약에도 나오지만(고전 13:10; 히 5:14) 이 단어는 종종 신체적·정서적 '장성함, 성숙함'을 뜻했다. 일부 헬레니즘 유대교 문헌에서는 삶의 끝에 다다름, 즉 죽음에 대한 우회적 표현이었다(4마카비 7:15). 두 의미를 염두에 둘 때, 사람은 나이가 들면 대개 자연스럽게 '텔레이오스'하게 된다.

둘째, 그리스 문화에서 이 단어는 흔히 도덕적 완전함, 즉 지극히 선하고 균형잡힌 생각이나 행동을 의미했다. 이 상태는 자연스럽게 이루어지는 게 아니라 부단한 훈련과 성찰을 통해 소수의 철인(哲人)들만이 도달할 수 있는 경지이다.

셋째, 그리스 사람들의 종교 문화에서 이 단어는 신비종교에의 입문 과정을 다 마치고 정회원이 되는 것을 의미했다. 아마 이 의미의 영향을 받아서 헬레니즘 유대인들 사이에서 하나님과의 친밀한 관계가 '텔레이오스'한 상태라고 여겨졌을지 모른다.

넷째, 히브리서의 설교자와 청중에게 특히 익숙했을 칠십인역의 용례에 주목할 필요가 있다. 헬레니즘 문화와 마찬가지로 칠십인역에서도 '텔레이오스'는 탁월한 도덕성을 가리키거나(창 6:9; 왕상 15:3), 흠이 없는 제물의 상태를 표현했다(출 12:5). 그런데 칠십인역에서만 발견되는 특별한 쓰임이 있는데 제사장 직분의 위임을 표현할 때 사용되는 "그들의 손을 채운다/완전하게 한다"는 관용 구문이다(출 29:9-35; 레 4:5; 7:27; 8:21-33; 16:32; 21:10; 민 3:3). 이 구절을 우리말 성경에서 찾으면 "제사장으로 위임받다"로 나오지만 그리스어에는 '텔레이오스'의 동사형 '텔레이오오'(완전하게 하다)가 사용되었다. 즉 목적어 '손'과 결합해서 제사장 위임을 뜻하는 일종의 전문 용어가 되는 셈인데, 이 마지막 용례가 특히 중요한 이유는 히브리서

---

3. 아래 각 의미를 띠는 고대 문헌에서의 용례들에 대해서는 Johnson, *Hebrews*, 96과 Attridge, *Hebrews*, 85-86을 참조할 것.

에서 그리스도는 레위 지파 후손들이 수행했던 제사장 직분과 정면으로 대비되는 천상의 제사장직을 수행하는 분으로 묘사되기 때문이다.

다시 히브리서 2장 10절 본문으로 돌아와서, 그리스도께서 "완전하게 되셨다"는 의미를 반추해 보자. 분명 신체적·정서적 의미의 성장, 성숙 혹은 죽음의 의미는 아니다. 도덕적 탁월성이 적합하겠다는 생각도 들지만 되짚어 보면 그것도 아니다. 고난받기 전 예수의 도덕성에 결함이 있었다고 생각하기도 어렵거니와(히 4:15), 철학자들이 목표로 삼았던 도덕적 성숙을 하나님의 아들이 죽음의 고난을 받으면서까지 이룩하고자 하셨을까? 그리스 신비종교의 개념을 가지고 들어오는 건 더 어색하다. 따라서 마지막 칠십인역의 용례를 염두에 두면 다음과 같이 이해할 수 있다. 죽음의 고난으로써 그리스도께서는 인간의 죄를 대속하신 제사장 사역을 '완전하게' 수행하셨다. 여기서 '완전함'은 그의 '직분에 꼭 들어맞는, 적합한, 자격과 능력을 충족시키는 상태'를 뜻한다.

신자들이 들어간, 들어가게 될 '영광'은 히브리서 후반부(7장-12장)의 주요 주제이다. 하늘의 성소로 표현되는 하나님의 임재가 바로 그것이다. 같은 맥락에서 설교자는 하나님의 임재 안에 있는 신자들의 상태를 묘사할 때 아들에게 사용했던 '온전함'이라는 용어를 거듭 사용할 것이다. 여기서는 우선 성육신하신 그리스도와 그를 믿는 신자 간의 관계에 집중하며 다음 소단락이 넘어가 보자.

형제들과 같아지셔서 형제들을 구원하신 대제사장 2:11-18

11 거룩하게 하시는 분과 거룩하게 된 이들이 모두 하나로부터 나왔습니다. 그러한 까닭에 그들을 형제라고 부르기를 부끄러워하지 않으십니다. 12 그분은 이렇게 말씀하십니다.

"내가 당신의 이름을 내 형제들에게 선포하고

회중 가운데서 당신을 찬미하겠습니다."

13 또

"나는 그분을 신뢰하리라."

하시고

"보소서, 나 그리고 하나님께서 나에게 주신 하나님의
자녀들입니다."

하고 말씀하십니다. 14 자녀들이 피와 살을 가지고 있기 때문에 그
분도 몸소 그것을 함께 가지셨습니다. 그것은 죽음을 통해서 죽
음의 권능을 가진 자 곧 마귀를 파멸시키기 위해서였습니다. 15 또
누구든 죽음의 공포 때문에 평생 종살이에 얽매여 있는 이들을
풀어 주시기 위해서였습니다. 16 그분께서는 분명 천사들이 아니
라 아브라함의 씨를 돌보시기 때문입니다. 17 그렇기 때문에 그분
께서는 모든 점에서 형제들과 같아지셔야 했습니다. 그럼으로써
하나님께 제사드리는 일을 위한 자비롭고 신실한 대제사장이 되
어 백성의 죄를 속량하려 하셨습니다. 18 그분 자신이 유혹을 받으
시고 고난을 겪으셨기 때문에 유혹받는 이들을 도와주실 수 있
습니다

이 단락의 중심은 '그리스도의 형제됨'과 '죽음으로부터의 해방'이
다. 11-13절이 전자를, 14-18절이 후자를 각각 설명한다. 히브리서
를 시작할 때 설교자가 제시했던 '신적 계시의 놀라움'은 이제 한 바
퀴를 빙 돌아 그 절정에 다다랐다. 그 두 주제는 하나님이 아들을
통해 우리에게 하신 말씀의 고갱이이다. 이 단락을 1-2장의 결론이
라고 보아도 좋다. 여기에는 히브리서 나머지 부분(3-13장)의 주제가
압축되어 있기도 하다.

"거룩하게 하시는 분" 예수와 "거룩하게 된" 우리는 한 아
버지를 모신 형제자매이다(11절). 피조물끼리의 혈연으로 맺어진 가
족 관계는 창조주-피조물의 관계를 유비적으로만 반영한다. 이 유
비가 반영하는 현실을 두 가지만 짚어 보자. 첫째, 그리스도의 죽음

의 고난이 우리에게 가져온 변화를 설교자는 "거룩함"이라고 규정한다. 우리는 히브리서 설교자가 이 책의 중심부에서(5-10장) 그리스도의 사역과 우리의 구원을 이스라엘의 제의에 근거해서 설명하고 있다는 사실을 명심해야 한다. 레위기에서 거룩함은 "하나님을 위해 구별됨, 하나님께만 속함"이다. 도덕적인 선을 포함할 수 있지만 그 둘이 동의어는 아니다. 오히려 히브리서에서 거룩함은 구원 또는 구원의 본질적 결과이다. 따라서 '영광'과 다르지 않다. 그러므로 11절을 "구원하신 분과 구원받은 이들"로 이해해도 무방하다. 둘째, "하나로부터 나옴"(11절)은 공통된 창조주 혹은 창조의 기원을 지닌다는 의미이거나, 부모나 조상이 같다는 뜻이다(번역 주 참조). 설교자가 전자를 의미했을 가능성은 낮다. 1장에서 거듭해서 그리스도는 창조주로서 묘사되기 때문이다. 후자의 경우에는 공통의 한 조상을 가리킬 것인데, 가장 유력한 후보자는 아브라함일 것이다. 곧바로 이어지는 16절에서 설교자는 신자들, 즉 "거룩하게 된 자들"을 "아브라함의 씨"라고 부른다(히 11:12 참조). 히브리서에서 예수를 아브라함과 직접 연관시킨 적은 없지만 유대적 배경이 강했던 히브리서의 청중에게 그 점은 익숙한 내용이었을 것이다(마 1:1-16).[4]

성경에 근거하여 성경이 말씀하는 바를 대언하겠다는 설교 철학이 12-13절에서 다시 한 번 확인된다. 여기 인용된 시편 22편 22절과 이사야 8장 17하-18절은 11절의 선언에 대한 권위 있는 논거 역할을 한다. 신자들을 형제라고 기꺼이 부르시는 그리스도의 음성을 저자는 시편과 이사야서에서 듣는다. 이 관찰은 12절의 '에클레시아'를 '교회'로 번역할 때든 '회중'으로 번역할 때든 모두 유효하다(번역 주 참조). 설교자는 시편 저자의 목소리를 듣고 있는 게 아니다. 이사야서도 마찬가지다. 원문맥에서는 예언자 이사야가 이스라엘을 향해 말하고 있으나, 여기서는 문맥상 그리스도께서 하나님

---

4. Johnson, *Hebrews*, 97-98.

께 말하는 진술로 해석된다.

14절에는 놀라운 역설이 있다. 그분은 죽음을 통해 죽음의 권능을 무력화시키셨다. 죽기 위해서는 먼저 죽을 만한 존재가 되어야 한다. 그분은 본래 죽을 수 없는 분, 영존하시는 분이기에 마귀로부터 어떤 위협도 느끼실 이유가 없다. 하지만 인간은 다르다. 인간 실존의 요체는 '죽음의 공포에 매인 종살이'다. 죽음의 뿌리는 죄이며(17하), 죄의 계기는 시험이다(18하). 그리스도는 죄를 제외하고 나머지 두 측면에서 형제들과 '같아지셨다'(17, 18상). 죄 없으신 분께서 시험을 받으시고 그 시험의 절정으로서 죽음의 고통을 당하신 것이다. 자신께서 죽음으로 죽음을 죽이셨을 뿐 아니라 인류 전체를 죽음의 종살이에서 해방하셨다. 우리가 그리스도의 승리와 해방에 동참할 수 있는 이유는 그리스도께서 우리의 피와 살에 동참하셨기 때문이다. 우리와 그리스도 사이의 '형제됨'은 이렇게 양방향으로 작동한다.

16-18절에는 신앙적 정체성 면에서 중요한 의미를 갖는 세 단어가 등장한다. "아브라함의 씨", "대제사장", "돌보심" 또는 "도우심"이다. 첫째 단어 "아브라함의 씨"는 창세기 12장 이하의 배경에서 이삭을 가리킨다. 갈라디아서 3장 6-29절과 로마서 4장 1-25절을 읽고 나면 히브리서 저자가 왜 이 단어를 사용했는지 납득할 수 있다. 바울의 통찰에 더해진 히브리서 저자의 독창적인 발상은 천사를 신자와 대비시키는 점이다. 다가올 세계의 주인공이 그리스도라는 사실이 밝혀진 상황에서 천사는 이제 신자들에게까지 우월한 자리를 내주어야 한다(이 점은 이미 1장 14절에 밝혀졌다). 신자들은 그리스도의 형제자매이고 하나님의 자녀들이기 때문에 천사들의 섬김을 받는다. 둘째 단어 "대제사장"에 대해서는 4장 14절 이후에 본격적인 설명이 나올 것이다. 셋째 단어 "도우심"은 대제사장과 백성의 관계를 암시한다. 대제사장 자신이 백성과 같은 처지, 같은 경험을 겪으면서 백성의 연약함을 이해하고 공감할 수 있었다. 그것이 대제사장으로서의 "자비로움과 신실함"의 기초가 된다. 히브리

서를 읽고 묵상할 때 2장 16-18절로 수시로 돌아와 머물 필요가 있다. 우리를 돌보시고, 특히 유혹받을 때에 우리를 능히 도우시는 아들의 손길이 언제나 감싸고 계심을 늘 기억하자.

질문

1. 예수는 우리의 죄를 속량하시기 위해 대신 죽으셔서 구원의 '근원'이 되셨습니다. 다른 한편 그분은 우리를 "영광으로 이끄시는" 구원의 "선도자"입니다(2:10). 예수의 이 두 가지 역할을 우리는 어떻게 경험합니까?

2. 예수께서는 우리를 당신의 형제, 자매라고 부르십니다. 예수님을 '형제'로 생각한 적이 있습니까? 그렇다면 우리의 신앙은 어떻게 달라질까요?

3. 예수께서는 "죽음의 공포 때문에 평생 종살이에 얽매여 있는 이들을 풀어 주셨습니다". 죽음의 공포는 우리를 죄의 종이 되도록 몰아갑니다. 예수께서는 그 종살이에서 우리를 풀어 주셨습니다. 이것을 증명하는 구체적인 사례를 들어 봅시다.

묵상

기독교인이 죽음의 존재 자체를 자각하지 못하는 것이 문제라는 말이 있습니다. 죽음이 의미가 없다면 부활도 의미를 얻기 어렵기 때문입니다. 죽음의 공포를 망각한 시대는 죄를 제어하기가 더 어려워지기도 합니다. 성경적 '죽음관'은 죽음의 공포에 사로잡히지 않으면서도 죽음의 현실과 그 무서움을 충분히 이해하고 인정하는 것입니다.

5
권면 2 ─ 신실하신 아들 예수를 생각하라

히 3:1-6

1 그러므로 하늘에 속한 부르심을 함께 받은 거룩한 형제 여러분, 우리 고백의 사도이며 대제사장이신 예수를 깊이 생각하십시오. 2 그는 자기를 세우신 분에게 신실하셨는데 마치 모세가 "하나님의 온 집에 신실"했던 것과 같습니다. 3 그러나 그분은 모세보다 더 큰 영광을 받을 만합니다. 마치 집을 지은 이가 집보다 더 존귀한 것처럼 말입니다. 4 어떤 집이든 누군가에 의해 지어졌듯이 만물을 지으신 분은 하나님이십니다. 5 모세는 하나님께서 장차 말씀하실 것을 증언하려고 일꾼으로서 신실했고 6 그리스도께서는 그분의 집을 맡은 아들로서 신실하십니다. 우리가 담대함 그리고 그 소망에 대한 긍지를 굳게 지니는 한 우리는 하나님의 집입니다.

많은 주석가들이 이 단락을 '모세보다 우월하신 예수'로 이름 붙인다. 모세가 전면에 등장해서 예수와 비교되면서 결국 예수의 덕스러운 인격과 행동이 드높여지기 때문이다. 그래서 이 단락은 1, 2장에서 "천사보다 우월하신 예수"를 힘주어 말했던 것의 연장으로 볼 수도 있다. 하지만 천사와 비교할 때와는 다른 독특한 구조와 생각의 흐름이 여기에 발견된다. 이 단락의 초점은 예수의 뛰어나심, 높으심 자체가 아니다. 또 모세와 예수가 반대편에서 서로 마주하고 대립하기보다는 한 방향으로 함께 어깨를 건 모양새다. 모세도 예수도 모두 하나님의 집을 위해 신실했다.

첫 문장은 이 단락의 도입문이다. 설교자는 청중을 "하늘에 속한 부르심을 함께 받은 거룩한 형제"로 부른다. 앞서 2장에서 그리스도께서 신자들을 그의 "형제"로 여겨주심이 얼마나 중요한지 힘주어 설파했다. "거룩한 형제"(2:11)라는 부름을 듣는 청중은 신자들끼리의 호칭을 넘어 그리스도의 자비와 임재를 느꼈을 것이다. 우리를 서로 형제 되게 하고 우리와 그리스도가 서로 형제 되게 하는 공통의 속성이 "하늘의 부르심"이다. 이것은 "하나님의 부르심"이며, "하늘로부터의 부르심"이기도 하다. 2장(10절, 영광으로 이끄심)과 이 책의 후반부에서 히브리서 저자가 내세울 중심 아이디어인 "천상의 성소"(8:5; 9:23)를 염두에 둔다면 "하늘의 부르심"은 곧 "하늘을 향해 나아오라는 부르심"이 된다.

다음으로 예수를 소개하면서 두 개의 흥미로운 칭호를 붙인다. 하나는 "대제사장"이고 다른 하나는 "사도"이다. 앞에서 이미 예수를 "대제사장"이라고 소개했었다(2:17). "사도"는 신약 여러 곳에서 예수의 열두 제자와 초대교회 지도자들에게 흔히 붙여졌지만 예수에게는 한 번도 붙여진 적이 없다. 동일한 분을 사도로, 대제사장으로 부른 이유는 이 둘이 연관되면서도 구별되기 때문이다. 하나님으로부터 보냄 받지 않고서는 대제사장이 될 수 없다. 대제사장직은 보냄 받은 분의 궁극적 역할이었다. 사도직과 대제사장직은 역사적 측면에서만 구별될 뿐 신학적 측면에서는 하나이고 구분이 불가능한 연속선상에 있다.

한편 이 두 호칭이 "우리의 고백"과 속격으로 묶여 있다는 사실도 눈에 띈다. "고백"은 사도신경처럼 우리가 믿는 바에 대해 공적으로 하는 진술을 뜻한다(번역 주 참조). 이 호칭들을 우리말답게 표현해 본다면, "사도이시며 대제사장이라고 우리가 고백하는 예수" 혹은 "우리의 신앙고백을 가능하게 하시려고 하나님께 보냄 받아서 우리 대신 자신을 희생제물로 삼아 하나님께 제사드리신 예수"라고 말할 수도 있다. 그런 예수를 "깊이 생각하라"는 권면은 명상이나 성경공부를 권하는 것이 아니라 그분의 성품과 행동을 우리 것으로 삼으라는 말이다. 이처럼 그리스도를 신앙생활의 모범으로 제시하는 논법은 빌립보서 2장과 유사하다. 공동체의 분쟁과 다툼의 주인공들에게 바울이 주는 충고는 "너희 안에 이 마음, 곧 그리스도 예수의 마음을 품으라"였다.

다음으로 1절의 도입문에 이어지는 2-6절은 크게 한 덩어리로 볼 수 있다. 이것을 다시 더 작게 나누면 다음과 같은 도식이 드러난다.

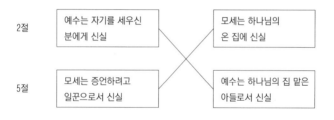

이른바 '교차대구'인데 이 네 진술의 배치에 다음과 같은 특징이 보인다. ① 예수로 시작하여 모세를 언급하고, 다시 모세를 언급한 다음 예수를 묘사한다(a-b-b'-a'). ② 네 진술 모두 서술어는 '신실함'이다. ③ 2절의 두 진술은 신실함의 대상을 말하고, 5절은 신실함의 주체가 어떤 직분을 수행했는지 말한다. ④ 2절과 5절의 두 번째 진술은 공히 "하나님의 집"과 관련된다.

2절과 5절뿐 아니라 나머지 문장도 제 나름의 역할을 한다. 3절과 4절은 2절에 대한 부연설명으로 모세와 예수 사이의 위계 혹은 우열 관계를 분명히 밝힌다. 모세가 신실했던 "하나님의 집"(2하)과 모세 자신까지도 하나님이 지으셨다. 그런데 1장 2절과

10절에서 밝혔듯이 하나님의 만물 창조 사역에 하나님의 아들 예수께서 동참하셨기 때문에 모세와 이스라엘과 만물은 다 예수께 속한다고 말할 수 있다.

이 단락에서 "영광"보다 더 중요한 요점은 "모세처럼 예수께서도 신실하셨음"이다. 모세의 신실함의 근거는 무엇인가? 설교자는 아론과 미리암이 모세의 권위에 도전했을 때 하나님께서 모세를 변호하시면서 주신 말씀을 제시한다. "내가 모세에게 나의 온 집을 맡겼다"(민 12:7). 아울러 모세의 신실함이 구체적으로 드러난 행동을 지목하는데, 그것은 "하나님께서 장차 말씀하실 것을 증언하는 일"이었다(5절). 이 표현이 구체적으로 가리키는 사건은 출애굽기 24장 15절부터 31장 18절에 기록된 성막과 제사장, 제사제도의 신탁을 받은 일이다. 이와 같은 모세의 신실함은 예수의 신실함을 이해하는 기초가 된다. 영광과 달리 신실함은 비교 항목이라기보다 공통 자질이다.

아들의 신실함은 크게 두 가지 양상으로 기술된다. 첫째는 "자기를 세우신 분을 향한" 신실이다. 둘째는 "집을 맡은 아들"로서의 신실이다. 그렇다고 이 둘이 별개의 행동을 가리키는 것은 아니다. 성부 하나님을 향한 아들의 신실함은 성육신부터 십자가까지 전 생애에 점철되었다. 그것은 하나님의 집, 곧 거룩한 백성을 향한 신실한 자비의 표출이기도 했다.

6절은 5절을 보충한다. "하나님의 집 맡은 아들"의 신실함은 우리에게 중요하다. 왜냐하면 예수께서 관할하시는 그 집은 우리 자신, 즉 신자 공동체이기 때문이다. 그래서 우리를 주관하시는 분의 신실하심에 부응하여 우리도 그 "소망에 대한 긍지를 굳게 지녀야" 한다. 6하반절은 이 단락의 착지점이자 다음 단락의 구름판이다. 조건 접속사 'eanper'("~하는 한에 있어서")는 하나님의 집으로서의 우리의 신분이 불변하거나 당연한 법칙이 아님을 밝힌다. '하나님의 집이 됨'은 쉬운 말로 '구원'일 텐데 구원이 우리의 마음가짐이나 행동에 근거를 둘 리는 없다. 이 문장은 구원에 대한 공로주의적·조건부적 이해를 배제하면서도 손에 쥔 티켓으로 구원을 대상화시키는 정적(靜的) 구원론 역시 경계한다. 히브리서의 구원론은 늘 종말론과 잇닿아 있다. 믿음만이 아니라 소망이 구원을 가능하게 한다. 궁극적 소망은 하늘 성소에 나아가 하나님을 뵙고 예배하는 것이다. 그 소망은 생각 속에만 있지 않고 용기 있는 증언(parrēsia)과 자신감(kauchēma) 넘치는 행동으로 일상생활에서 드러날 것이다.

하나님의 집은 정지된 사진이 아니라 계속되는 움직임 속에 있다. 우리는 매일 그날의 결단을 촉구받는다. 구원의 은총은 새로운 차원으로 더 깊은 울림으로 계속 체험되어야 한다. 히브리서의 설교자는 다시 한 번 성경에 귀 기울이도록 청중을 부른다. 이번에는 시편 95편이다.

질문

1. 예수를 우리의 "사도"라고 부를 때 그 칭호가 뜻하는 바가 무엇입니까?
2. 히브리서와 구약성경에 비추어 볼 때 모세는 어떤 점에서 신실합니까?
3. "하나님의 집"이 건물을 뜻하지 않는다면 우리는 어떤 의미에서 하나님의 집입니까?

묵상

"예수를 깊이 생각하라"(1절)는 권면은 명상가가 되라거나, 예수에 관한 지식을 많이 쌓으라는 의미가 아닙니다. 철저한 '예수주의자'가 되라는 말입니다. 예수의 가치관, 예수의 생활방식, 예수께 보여 주신 행동을 우리의 것으로 재해석해 내야 합니다.

6
권면 3 ─ 약속을 믿고 신실하라

히 3:7-4:13

우리는 지금까지 '권면의 말'로 일컬어지는 히브리서의 각 부분에서 설교의 원형 혹은 패턴을 볼 수 있었다.(히 1:5-2:4: 2:5-3:6) 히브리서 3장 7절-4장 13절은 설교로서의 특성을 가장 잘 드러내는 단락이다. 설교자는 본문 말씀을 낭독하고(칠십인역 시 94:7하-11/히브리어 시 95:7하-11), 한 구절 한 구절 그 의미를 해설하면서 청중의 정황에 걸맞은 권면을 제시한다. 앞서 1, 2장에도 성경이 수차례 인용되지만 여기만큼 긴 분량이 한꺼번에 인용되지는 않았다.

　　본래 시편 95편의 배경은 이스라엘의 출애굽 정황이다. 옛적 조상들이 광야에서 겪었던 일들은 왕정 시대 이스라엘 백성의 현실에 여전히 적용되어야 할 하나님의 가르침이었다. 설교자는 출애굽 공동체의 정황과 왕국기 이스라엘의 정황으로부터 이 시를 취하여 히브리서 청중들의 정황으로 끌고 들어온다. 마치 쿰란공동체가 성경을 자신들의 시대에 적용하듯, 히브리서 설교자는 시편 95편과 그것이 다루는 출애굽 공동체 이야기를 신약 교회의 이야기로 변환시킨다.

이 단락 전체가 기본적으로 시편 95편 7하-11절의 주해이
다 보니 간략하나마 시편 95편을 살펴볼 필요가 있겠다. 이 시는
'제왕시'로 통칭되는 일군의 시편(시편 93-100편) 중 하나다. 일반적으
로 제왕시는 다윗 왕권을 하나님의 이름으로 정당화한다. 하지만
이 시에는 이스라엘의 왕에 대한 일말의 언급도 없다. 대신 하나님
을 왕으로 부르며 그분께 경배한다(3절). 이 시가 지어지고 불린 정
황은 무엇이었을까? 정확하게 밝히기는 힘들지만 이스라엘의 주요
절기에 예루살렘에 순례 온 회중이 예전(禮典)의 일부로 불렀을 가
능성이 제기된다(특히 2절과 6절).[1] 특이하게도 7하-11절은 전반부와
구별되는 '신탁'(神託)이다. "우리"가 하나님을 "그"로 지칭하며 노래
하다가 갑자기 8절부터 "나"로 지칭되는 하나님이 "너희"를 향해
말씀하시는 것이다. 이 부분의 소재는 출애굽하여 광야를 방랑하
던 조상들의 불신앙과 그에 대한 하나님의 처분이다. 가슴 아픈 실
패의 역사를 후손들은 두고두고 노래하였다. 조상들의 불신앙을 본
받지 않기 위해서였다. 그들은 자신들의 결단의 언어로 이 메시지
를 표현하는 대신, 예나 지금이나 살아 계셔서 그의 백성을 감찰하
시는 하나님의 직접적 선포로 표현했다.

　　　다시 히브리서로 돌아오자. 출애굽 세대의 불신앙을 반면
교사로 삼는다는 점에서 히브리서 설교자는 시편 95편의 시인과
같은 마음이다. 하지만 출애굽 이야기를 소재로 설교하려면 출애굽
기를 읽어야 하지 않을까? 설교자는 왜 광야 세대 이야기의 원자료

---

1. 시편 50편과 81편, 95편이 비슷한 구조와 주제를 가진 '절기시'(festal psalms)로 분류된다. Frank-
Lothar Hossfeld and Erich Zenger, *Psalms 2: A Commentary on Psalms 51-100*(ed. Klaus
Baltzer; trans. Linda M. Maloney; Hermeneia; Minneapolis: Fortress, 2005), 459.
2. 실제로 시편95:7하-11에는 출애굽기 15:23; 17:7, 신명기 16:6, 민수기 14:21-23가 직접 인용되었다.
3. 구약 내에서 성경 내의 성경 해석을 다룬 권위 있는 연구서로 Michael Fishbane, *Biblical Interpreta-
tion in Ancient Israel*(Oxford: Oxford Univ. Press, 1985)을 보라.
4. 유사한 예가 마가복음 12:36, 사도행전 4:25; 28:25에 나타나고, 성경의 영감성에 대한 확언은 디모데
후서 3:16, 베드로후서 1:21은 물론 교부들의 글(*1 Clem.* 13:1; 16:2)과 심지어 랍비 문헌(*m. Sotah*
9:6)에서도 발견된다. Koester, *Hebrews*, 254.

라 할 출애굽기, 민수기, 신명기 본문 대신[2] 시편 95편을 사용했을까? 시편 95편은 모세오경의 인용이자, 일종의 주석이요 해설이다. 학자들은 이를 "성경 내의 성경 해석"이라 부른다.[3] 히브리서 저자는 이것을 성령의 말씀이라고 전제한다(7절).[4] 모세오경이 하나님의 말씀이듯 몇백 년 후 이스라엘의 정황에 거듭 들려진 말씀의 '해석' 또한 하나님의 말씀이다. 하나님의 말씀으로서 해석의 권위를 원본문보다 못하다고 여길 이유가 없다. 히브리서 저자는 자신이 말하고자 하는 신학적 메시지의 요체를 시편 95편에서 발견했다. 특히 "오늘"과 "안식"이라는 두 단어를 통해서 이스라엘의 역사와 종말을 동시에 조망한다. 그 두 단어를 묵상하면서 설교자는 소망으로서의 구원에 일치하는 일상의 삶을 역설한다.

이 긴 단락은 세부적 내용 흐름에 따라 세 개의 소단락으로 나누어 검토하고자 한다.

권면을 위한 성경 인용(시편 95:7하-11)	3:7-11
권면 하나 : 확신을 끝까지 붙잡으라	3:12-19
권면 둘 : 안식에 들어가기를 힘쓰라	4:1-13

권면을 위한 성경 인용 3:7-11

3:7 그러므로 성령께서 다음과 같이 말씀하시는 것과 같습니다.
"오늘 여러분이 그분의 음성을 듣는다면,
8 '너희가 거역했던 것처럼 광야에서 시험받을 때처럼
너희 마음을 완고하게 가지지 말라.
9 거기에서 너희 조상들은 사십 년간 내가 한 일을 보고서도
나를 떠보며 시험했다.

10 그래서 나는 그 세대에게 화가 나서 말했다.
〈언제나 마음이 길을 잃고 헤매는 자들, 그들
은 내 길을 알아보지 못했다.〉
11 그래서 나는 분노하여 맹세했다.
〈그들은 내 쉼에 들지 못하리라.〉'"

7상반절은 이야기를 전환함과 동시에, 성경 말씀을 인용하기 앞서
청중을 준비시키는 도입부다. 2장 1절에서 처음 나왔던 것처럼 "그
러므로"를 곰곰이 새겨 볼 필요가 있다. 설교자는 지금 3장 6절에
서 에둘러 주었던 명령—"우리는 하나님의 집이 되기 위해 담대함과 소망의 자
부심을 견지해야 한다"—에 뭔가를 덧붙이려고 한다. 3장 6절만이 아니
라 3장 1-6절 전체를 염두에 두었을 수도 있다. 사도요 대제사장이
신 예수의 신실함, 그것과 대비되는 모세의 신실함이 그 단락의 내
용이었다. 그래서 모세와 관련된 광야 세대 이야기를 하려는지도 모
른다. 시 95편 7하-11절은 광야 세대의 불신앙을 심판하는 하나님
의 음성을 들려준다.

　　　히브리서 설교자는 지금 인용하려는 시편 95편을 다윗이
지었다는 사실을 안다(히 4:7). 그런데도 시인의 이름은 일언반구도
없이 "성령께서" 직접 말씀하신 신탁이라고 표현한다. 게다가 동사
마저 현재 시제이다. 이런 표현이 설교자의 계시관(啓示觀)을 드러낸
다. 성경의 기원은 하나님께 있다(히 1:1). 지금 이 순간에서도 하나님
은 기록된 성경을 읽는 우리에게 말씀하고 계신다.

　　　7하반절부터 시작하는 인용문은 두 가지 흥미로운 성격을
띤다. 첫째, 원문인 시편 95편 7하반절(칠십인역 94:7하)의 히브리어 본
문은 조건문이 아니라 기원문 혹은 완곡한 명령문일 가능성이 높다
(번역 주 참조). 이것이 그리스어로 번역되면서 조건문처럼 변했는데,
문제는 조건절("만약 ~한다면")만 있고 결과절("그러면 ~할 것이다")이 없다
는 점이다. 8절은 7절의 결과절이 아니라 7절이 도입하고 있는 인용
문 속의 인용문이다. 둘째, 히브리서의 청중(그리고 오늘의 독자)은 시편

에서 인용된 말씀을 들으면서도 7하반절을 시편 저자가 아니라 히브리서 설교자의 말로 듣는다. 같은 단어라도 청중에 따라 다르게 받아들였다.

	"오늘"	"너희"	"그분의 음성"
칠십인역 시 94:7하	고대 이스라엘 왕국 시대 어느 절기	이스라엘 백성	광야 여정의 기록을 통한 하나님의 경고
히브리서 3:7하	1세기 말	유대계 그리스도인	시편을 통한 성령의 경고

위 표의 세 단어 중에서 특히 "오늘"이라는 부사가 시편의 원독자와 히브리서의 청중을 잇는 연결고리이다. 히브리서 설교자는 "오늘"이 시편 당시의 시간에 한정되지 않는다는 점을 유난히 강조한다(3:13-14; 4:7-8). 히브리서의 시간도 "오늘"이고, 장차 하나님의 완전한 안식이 도래할 때도 "오늘"이다. 21세기 독자의 입장에서도 여전히 참 안식을 갈망하며 경건과 신앙을 지키고자 애쓰는 "오늘"을 우리는 살고 있다.

8절은 인용문 속의 인용문이다. 즉 시편 95편 저자가 하나님의 경고를 직접화법으로 전달하고 있다. 시편 95편 8절을 우리말 성경에서 찾아 읽으면 히브리서 3장 8절과 차이가 나는 걸 발견할 것이다. 히브리어 원문에는 두 개의 지명―'므리바'와 '맛사'―이 시편에 나온다. 이 두 지명은 광야에서 목마름 때문에 하나님을 원망하고 시험하던 장소이다(출 17장 1절에 따르면 본래 지명은 '르비딤'이다). 칠십인역 번역자는 그 둘의 어원을 살려서 "광야에서 시험받을 때"와 "거역했을 때"로 각각 번역했다. 그 번역이 그대로 히브리서에 인용되었기 때문에 히브리어 본문을 대본으로 삼아 번역한 우리말 시편 95편 8절과 히브리서에 인용되는 본문이 서로 차이가 나는 것이다. 칠십인역의 번역이 오히려 시편 95편 원저자의 의도를 더 잘 드러내는 측면이 있다. 이 구절의 핵심 교훈은 하나님 백성이 완고함과 반항심을 버려야 한다는 것이다.

9-10절도 같은 맥락에서 이해할 수 있다.

히브리어 시편 95:9-10; 칠십인역 시편 94:9-10	그때에 너희 조상들이 내가 행한 일을 보고서도 나를 시험하고 조사하였도다 **내가 사십 년 동안 그 세대로 말미암아 근심하여…**
히브리서 3:9-10	거기서 너희 열조가 나를 시험하여 증험하고 사십 년 동안 나의 행사를 보았느니라 **그러므로 내가 이 세대에게 노하여…**

이번에는 히브리어 본문과 칠십인역 본문이 일치한다. 히브리서에는 "그러므로"가 "사십 년 동안" 다음에 위치하면서 부사구와 앞 문장을 연결시킨다. 설교자는 이스라엘의 반역과 하나님의 진노 사이의 인과관계를 더 분명하게 표현한 셈이다. '사십 년'을 하나님 편에서 보자면 반역의 세대를 향한 진노와 심판의 시간이었다(시편). 반면 사십 년간 선조들은 하나님을 떠보며 시험했다(히브리서). 즉 사십 년은 이스라엘을 향한 하나님의 신실하심과, 하나님을 향한 이스라엘의 불신실함이 극명하게 대조된 기간이었다. 그토록 긴 기간 동안 수많은 기회를 저버린 백성에게 가나안 입성을 불허하신 하나님의 결정은 정당했다.

하나님의 진노와 심판의 음성(10-11절)은 민수기 14장의 상황을 기초로 재구성된 두 마디 말씀이다. 민수기 14장에서 이스라엘은 약속의 땅 입성을 눈앞에 두고 있었다. 그런데 정탐군들의 보고를 듣고 낙담하고 원망했다. 돌이키라고 권고하시는 하나님의 음성을 그들은 듣지 않았다. 그래서 엄중한 맹세의 판결이 내려졌다. "그들은 내 쉼에 들지 못하리라." 우리도 시편 95편의 청중과 함께 엎드려서 이 하나님의 음성을(시 95:6) 듣는다. 그 음성을 녹취하여 받아쓴 것 같은 생생함과 간절함이 8-11절에서 울려 나온다. 자신의 백성을 향한 하나님의 섭섭함과 안타까움, 절절한 사랑이 이 신탁 속에 느껴진다. 시편 95편은 비록 다윗이라는 한 인간이 지은 시였지만 세대마다 그 시를 통해 성령께서 말씀하신다. 그 말씀을 듣고 나서 "그렇다면 어떻게 살 것인가?"라고 우리는 물어야 하고 성경 저자가 주는 경고를 마음에 새겨야 한다.

첫째 권면: 확신을 끝까지 붙잡으라 3:12-19

12 형제들이여, 여러분 중에 믿지 않는 악한 마음을 품고 살아 계신 하나님을 저버리는 사람이 없도록 조심하십시오. 13 날마다 "오늘"이라고 부르는 그 하루 동안 여러분은 서로 권면하여 죄의 속임수에 넘어가 완고해지는 사람이 없도록 하십시오. 14 왜냐하면 우리는 그리스도를 함께 가진 자들이 되었기 때문입니다. 처음에 가졌던 마음가짐을 끝까지 굳건히 지니는 한 그렇습니다. 15 성경에 이런 말씀이 있습니다.

"오늘 너희가 그분의 소리를 들을 때,

거역했던 것처럼 너희 마음을 완고하게 가지지 말라."

16 누가 듣고도 거역했습니까? 모두 모세의 인도로 이집트에서 나온 그 사람들이 아닙니까? 17 또 하나님께서 사십 년 동안 누구에게 진노하셨습니까? 죄를 지은 사람들이 아닙니까? 그들은 시체가 되어 광야에 쓰러졌습니다. 18 또 하나님이 누구에게 그분의 안식에 들어오지 못하리라고 맹세했습니까? 순종하지 않은 그 사람들이 아닙니까? 19 그래서 그들이 들어가지 못한 이유가 신실하지 않았기 때문이었음을 우리는 알게 됩니다.

이 소단락(3:12-19)은 바로 앞에서 봉독한 말씀(시 95:7-11)에 대한 주해의 첫 부분이다. 이어서 두 번째 주해가 나올 것이다(4:1-13). 먼저 이 소단락 안에서 내용의 흐름을 조심스럽게 살필 필요가 있다. 크게 두 부분으로 구분되는데, 첫 세 절은 권면이고 다음 네 절은 그 권면에 대한 이유 혹은 근거가 된다.

| 3:12-14 | 권면: 믿지 않는 마음을 품지 않도록 끝까지 조심하라 |
| 3:15-19 | 논거: ① 누가 거역했는가?
② 누구에게 진노하셨는가?
③ 누가 안식에 못 들어갔는가? |

12-14절에 표명된 시편 95편 7-11절에 대한 묵상의 결과는 아주 단순하면서도 엄중하다. 이스라엘의 선조들은 믿지 않았고, 그래서 하나님을 저버렸다. 그들처럼 되지 않기 위한 실제적인 방안 한 가지는 이것이다. "오늘"이라 부르는 이 하루 동안 신자들은 서로 권면해야 한다. 마음이 완고해지지 않기 위해서, 형제자매를 거울로 삼아 신뢰 위에서 서로를 경고하고 책망하며 격려해야 한다. 마음의 굳어짐의 원인은 죄다. 종류, 경중과 무관하게 죄는 결국 신자의 마음을 굳게 만든다. 거창한 철학이나 교리적 오류에서 불신앙이 생긴다고 생각하기 쉽다. 하지만 그런 경우보다 더 자주 일상의 사소해 보이는 죄의 뿌리가 불신앙이라는 열매를 맺는다. 물론 죄와 불신앙의 메커니즘은 일방적이기보다는 나선형 순환 관계가 있다. 죄가 불신앙을 조장하고 불신앙은 죄를 묵과하며 확대 재생산한다.

14절에서 설교자는 형제자매가 서로 권면할 수 있는, 권면해야 하는 이유를 제시한다. 우리는 "그리스도의 공유자(共有者, partakers)들"이기 때문이다. 번역 주에서 해설하듯이 'metochos'는 여러 의미를 가진다. 저자는 이미 3장의 첫 문장에서 설교자는 청중을 "하늘에 속한 부르심의 metochoi"라고 불렀다. "천상의 부르심"이 여기서는 "그리스도"로 치환된 셈이다. '그리스도를 소유함'을 풀어서 표현하면 '장차 우리가 이르게 될 하늘을 바라보며 그리스도의 영광에 우리도 동참하리라는 소망을 품는 것'이다. 신자들은 같은 그리스도, 같은 소망을 공유한 사람들이다. 그래서 서로를 죄로부터 지켜 주어야 할 의무와 자격이 있다.

설교를 듣는 청중의 마음속에 의문이 떠오른다. '정말 우리가 하나님을 저버릴 사람들로 보입니까? 우리는 다 신앙고백을 했고 주 예수의 이름으로 세례를 받았습니다. 아까 설교자께서 우리를 거룩한 형제자매들이라고 부르지 않았습니까?' 설교를 독백이 아닌 대화의 한 방식으로 이해하는 설교자라면 청중의 눈빛에 어린 의문과 놀라움을 읽어 내고 거기에 민감하게 반응할 줄 안다. 16-18절은 히브리서의 설교자가 시편 95편 본문으로 돌아가서 청중과 교감하며 묻고 답하는 과정을 보여 준다.

16절	문: 누가 하나님의 말씀을 듣고 **거역했는**가?
	답: 모세의 인도를 받았던 이스라엘이었다.
17절	문: 하나님의 진노가 누구에게 어떻게 **나타났는**가?
	답: 죄 지은 자들은 광야에서 시체가 되어 쓰러져야 했다.
18절	문: 그들은 하나님의 안식에 **왜 못 들어갔는**가?
	답: 순종하지 않음, 신실하지 않음 때문이었다.

수사 의문문 세 가지에 대답이 짝을 이루며 이어진다. 질문의 시제가 과거형인 이유는 인용한 원본문(시 95편)에 충실하기 위해서였다. 질문에 맞추려니 응답 또한 과거 시제일 수밖에 없다. 이것은 모두 성경으로부터 추출된 일종의 '역사적 진술'인 셈인데 설교자는 세 역사적 진술의 결론을 이렇게 내린다. "그들이 들어가지 못한 이유는 신실하지 않았기 때문이었습니다"(19절).

설교자가 인용한 구약 본문은 여기에 멈췄다. 하지만 청중은 그럴 필요가 없다. 아니 그러지 말아야 했다. '우리 자신이 광야 세대일 수 있다'는 도전에 응답해야 했다. 시편 95편과 출애굽기 이야기는 박제된 역사 이야기가 아니었다. 자신들의 현재와 미래에 관한 경고였다. 그들은 다시 질문해야 했다. 다른 누구도 아닌 자신들에게 던지는 질문이었다. 답은 명백했고 이번에는 주어를 "우리"로 내세워야 했다. 히브리서에는 기록되지 않았지만 16-18절을 들은 청중이 마음속으로 던졌을 법한, 우리가 지금도 던져야 할 질문과 대답은 아래와 같았을 것이다.

문: 누가 하나님의 말씀을 듣고 거역하는가?
답: 하나님의 은혜로 구원받아 죄의 노예상태로부터 인도받아 나온 우리일 수 있다.
문: 하나님의 진노는 누구에게 어떻게 나타날 것인가?
답: 우리도 죄를 짓는다면 죄에 대한 보응으로 죽게 될 것이다.
문: 혹 우리가 하나님의 안식에 들어가지 못할 것인가?
답: 그렇다. 불순종하고 불신실한 백성은 하나님의 안식에 들어가지 못하리라고 맹세하신 하나님, 그분은 지금도 살아 계시기 때문이다.

둘째 권면: 안식에 들어가기를 힘쓰라 4:1-13

1 그러므로 그의 쉼으로 들어갈 약속이 아직 남아 있는 동안 여러분 중 누가 거기에 닿지 못한다고 여겨지지 않도록 조심합시다. 2 사실 그들에게나 우리에게나 마찬가지로 복음이 전해졌습니다. 하지만 들은 말씀이 그들에게 아무런 득이 되지 못했습니다. 믿음으로 그 말씀을 들은 이들과 결합되지 못했기 때문입니다. 3 이미 믿고 있는 우리는 쉼에 들어갑니다. 그것은 하나님께서 "그래서 나는 분노하여 맹세했다. '그들은 내 쉼에 들지 못하리라.'" 하고 말씀하신 그대로입니다. 물론 그분의 일은 세상의 창조 때부터 다 이루어져 있었습니다. 4 일곱째 날에 대해서 어디에선가 이렇게 말씀하셨습니다.

"하나님께서 일곱째 날에 그의 모든 일로부터 쉬셨다."

5 그런데 여기에서는 다시 "그들은 내 쉼에 들지 못하리라" 합니다. 6 어떤 이들이 그리로 들어갈 기회는 아직 남아 있는 반면, 일찍이 복음이 전해졌던 이들은 들어가지 못했는데 그 이유는 불순종 때문입니다. 7 다시 그분은 어떤 날을 "오늘"이라고 정하시고 오랜 세월이 지난 뒤에 앞서 인용한 것처럼 다윗을 통해 말씀하셨습니다.

"오늘 여러분이 그분의 음성을 들을 때, '너희 마음을 완고하게 가지지 말라.'"

8 만약 여호수아가 그들을 쉬게 했다면 하나님께서 그 후에 다른 날에 관해 말씀하지 않으셨을 것입니다. 9 그러므로 하나님의 백성에게는 아직 안식이 남아 있습니다. 10 그의 쉼에 든 사람은 하나님께서 자신의 일로부터 쉬셨던 것처럼 그도 역시 자기의 일로부터 쉬었습니다. 11 그러므로 저 쉼에 들기를 힘씁시다. 아무도 똑같은 불순종의 본을 따르다가 넘어지지 않도록 해야 합니다. 12 왜냐하면 하나님의 말씀은 살아 있고 활동력이 있으며 양쪽에 날이 선 어떤 칼보다 예리하기 때문입니다. 그래서 사람 속을 꿰찔러 혼과 영, 관절과 골수를 갈라 마음의 생각과 의도를 분별해 냅니다. 13 그분 앞에 보이지 않는 피조물은 없고 그분 눈에는 모든 것이 벌거벗겨지고 항복한 채 드러나 있습니다. 그분께 우리의 결산을 해드려야 합니다.

3장 7절에서 시작한 강해설교는 4장으로 넘어온다. 여기서 장절 구분은 편의상 장치일 뿐 큰 의미가 없다. 그래서 3장 12-19절의 결론—'끝까지 신실하라'(19절)—은 4장의 결론도 된다. 4장에서 설교자는 그 "끝"이 언제인지, "신실"해지려면 구체적으로 어떻게 해야 하는지를 더 상세하게 설명하려고 한다.

먼저 '안식'이라는 단어가 주목받는다. '안식'은 그 의미의 빛깔을 자유자재로 바꾸는, 하나님의 구원 섭리와 하나님 백성의 삶을 다채롭게 보여 주는 유리알 같은 단어다. 만약 이 단어를 어근을 따라 '멈추다, 쉬다'라는 의미를 강조하면 행위에 대한 규정이 될 것이다. 그런데 이 단어는 어떤 장소(안식처)나 시간(안식일)을 뜻할 수도 있다. 궁극적으로 안식은 종말에 누릴 구원의 상태를 표현한다.[5] 안식의 복합적인 의미를 이해하려면 그것이 논의되는 시간축이 어디인가를 확인해야 한다. 성경의 증거들로부터 설교자는 아래와 같이 적어도 다섯 개의 시간축을 설정하고 그 위에서 안식을 설명한다.

안식이 일어나는 때	안식의 주체	성경적 근거
태초	하나님	창 2:2
(이스라엘의) 과거	출애굽 세대	민 14:30; 32:11; 신 1:35
(이스라엘의) 현재	다윗과 그의 동시대 이스라엘인들	시 95:11
('우리'의) 현재	"믿는 우리들"	히 3:11; 4:3, 5
종말	"믿는 우리들"	(계 19:1-9; 21-22장)

1절에서 설교자는 이전 단락의 결론을 청중의 현실로 가져오려고 한다. "그러므로 그의 쉼으로 들어갈 약속이 아직 남아 있는 동안 여러분 중 누가 거기에 닿지 못한다고 여겨지지 않도록 조심합시다." 4장을 포함한 이 단락(3:7-4:13)의 출발점은 출애굽 세대의 광야 여정 이야기(시 95:7하-11)였다. 결론적으로 하나님은 "그들이 내 쉼에 들지 못하리라" 맹세하셨는데(시 95:11), 여기서 "내 쉼"은 약속의 땅 가나안에의 정착이다(신 12:10; 25:19; 수 1:13, 15; 21:44; 22:4; 23:1). 하나님은 가나안 땅이 그들의 소유가 되리라고 약속하셨고 그것은 그들에게 "복음"이었다. 하지만 대부분의 출애굽 세대는 그 복음을 성취

---

5. 안식 개념의 여러 속성에 대한 논의는 Attridge, *Hebrews*, 126-28을 참조.

하지 못했다. 불신앙과 신실하지 못함 때문이었다. 복음을 듣고 잠시 자신의 것으로 받아들였다고 해서 최종적인 구원에 이르는 것은 아니다. 끝까지 신실함이 복음에 합당한 믿음이요, 구원에 이르게 하는 믿음이다.

조상들의 실패는 오늘을 위한 반면교사가 될 수 있지만 때로 두려움과 좌절의 이유도 된다. '그분들이 못한 일을 우리가 어떻게 할 수 있을까? 결국 그들처럼 우리도 실패하지 않을까?' 이런 두려움에 응답하듯 설교자는 회중에게 "이미 믿고 있는 우리는 쉼에 들어갑니다"라고 확언한다(3상반절). 3중반절에서 한 번 더 심판의 선언(시 95:11)을 인용하면서 신앙과 불신앙의 결과가 얼마나 다른가를 강조한다.

부사 '카이토이'(kaitoi)를 사용한 3하반절의 전환은 다소 파격적이다(번역 주 참조). 이제껏 시편 95편을 중심으로 출애굽과 광야 여정을 다루어 오다가 여기서 창세기 2장 2절을 인용하면서 태초의 창조와 안식을 거론하기 때문이다. 시편 95편과 창세기 2장 사이의 연결고리 하나를 꼽으라면 '쉼'이다. 하나님이 이스라엘에게 주시려고 했던 쉼, 그것은 하나님께서 친히 쉬셨던 태초의 쉼(창 2:2)의 반영이다. 사실 하나님은 아무 피곤함이나 고통, 두려움도 없는 분이시다. 천지창조라는 대과업을 마치신 후라 할지라도 하나님이 쉬지 않으면 안 될 피로를 느끼셨다고 상상하기 어렵다. 하나님이 쉬셨다는 사실은 쉼이 단지 어떤 것으로부터의 도피 혹은 중단이 아님을 말해 준다. 존재의 잠재성을 완전히 누리는 상태, 즉 완성의 상태가 쉼이다. 그래서 안식의 약속은 복음이다. 역사적 사건인 가나안 정착은 물론 종말에 누리게 될 '안식'조차도 창조 기사의 빛 아래에서 이해될 수 있다. 태초는 종말과 잇닿아 있다. 종말은 태초로의 회귀 혹은 태초의 회복과 완성이다. 이런 관점은 성경 전체의 신학을 이해하는 데 중요한 틀이기도 하다.

10절도 같은 내용을 전제한다. "그분의 일"은 천지와 그중의 모든 피조물(1:10) 또는 그것들을 만드는 일을 가리킨다. "하나님께서 자신의 일을 쉬심"은 신자들이 들어갈 쉼의 선례이자 모범이다. 태초의 안식은 역사를 초월하여, 정확히 말하면 역사의 시간을 관통하면서 지속된다. 즉 과거나 현재의 누구에게나 열려 있다. 열려 있다는 것은 맛볼 수 있고 누릴 수 있다는 뜻이다. 옛적 광야 이스라엘에게도, 다윗 시대의 이스라엘에게도, 히브리서의 청중들에게도, 그리고 지금 히브리서를 읽는 우리에게도 하나님의 안식은 열려 있다. 그래서 설교자는 안식을 미래의 일이 아닌 기정사실인 것처럼 말한다(10하).

이 초월적 시간 개념은 "오늘"이라는 부사에 담겨 있다. 설교자는 시편 9편 1절을 다시 인용하면서 저자 다윗이 "오늘"을 이 시에 사용한 것이 우연이 아님을 역설한다(7절). 다윗의 "오늘"은 곧 히브리서 설교자와 청중의 "오늘"이다. 따라서 시편 95편에서 전제된 영적 상황과 히브리서의 영적 상황 사이에는 근본적 차이가 없다. 그때나 지금이나 "안식에 들어갈 약속", "안식할 때"가 아직 우리에게 남아 있다. 히브리서의 구원신학은 '이미 그러나 아직' 위에 펼쳐진다는 면에서 신약성경 전체의 구원신학과 일맥상통한다.

'아직 남아 있는 쉼'을 설명하기 위해서 설교자는 다시 시편 95편과 광야 방랑 이야기로 돌아간다. 그들은 하나님의 심판대로 가나안 입성에 실패했다. 그런데 놀랍게도 그 실패의 주요 책임자로 여호수아가 지목된다. "만약 여호수아가 그들을 쉬게 했더라면"(8절). 두 가지 의문이 떠오른다. 첫째, 이집트에서 이스라엘을 인도한 지도자는 모세였고, 이후 광야 여정에서도 모세의 지도력은 유지되었다. 모세는 분명 자신과 자신의 세대가 가나안에 들어갈 수 있으리라고 바랐고 또 믿었다. 하지만 모세를 포함한 출애굽 1세대는 그들의 불순종 때문에 다 광야에서 "엎드러졌다". 왜 히브리서 설교자는 이스라엘의 실패에 대한 1차 책임자로 모세를 지명하지 않는가? 둘째, 모세와 대조적으로 그의 후계자 여호수아는 광야에서 나서 자란 사람들을(제2, 3세대) 가나안으로 이끌고 들어가는 데 성공했다. 안식을 맛본 셈이다(수 21:43; 22:4). 그렇다면 8절의 내용과 다르지 않은가?

이 두 물음에 답하려면 여호수아가 이스라엘을 인도해 들였던 가나안이 궁극적 안식처가 아니었다고 말할 수밖에 없다.[6] 특정한 장소나 물리적 환경이 아닌 다른 차원의 안식을 상정해야 한다. 3하반절부터 7절까지 창 2장 2절을 토대로 설명했던 태초의 안식 그리고 그것의 완전한 실현으로서의 종말의 안식 개념을 여기에서도 견지해야 한다.

태초의 안식은 종말의 안식과 연결되어 있다. "쉼에 들어갈 약속"(1절)이라든지 "안식이 아직 남아 있다"(9절), "저 쉼에 들어가기를 힘쓰라"(11상)와 같은 표현은 쉼의 미래성, 종말성을 암시한다. '그분 앞에 모든 것이 드러날 것'이라든지 우리가 그분께 '결산을 해드려야' 한다든지 하는 가르침(13절)도 종말론과 관련이 있다. 구원이 역사 속 현실이면서 동시에 미래의 전망이라고 말하는 말씀은 많다. 그러나 히브리서 설교자가 다른 신약성경보다 더 분명하고 큰 목소리로 말하고 있는 점은 "이미" 얻은 안식이 "아직" 얻지 못한 안식을 보장해 주지 못한다는 사실이다. 이집트의 종살이에서 해방되고도 40년 광야 여정을 통과해야 했던 이스라엘처럼 우리도 해방과 구원 이후의 여정에서 불순종과 불신앙의 도전에 노출되어 있다. 우리 중 "거기에 닿지 못한다고 여겨질까" 두려워하고(1절), 불순종의 "본을 따르다가 넘어지지 않도록" 힘써야 한다(11절).

"하나님의 말씀은 살았고 운동력이 있어"(개역개정)로 시작하는 4장 12-13절은 즐겨 암송하는 구절이다. 하지만 이 구절의 보다 넓은 문맥을 생각하지 않는 경우가 종종 있다. 주옥같은 많은 암

---

6. 즉 여호수아가 지상의 안식을 성취했을지 모르지만 진정한 안식, 천상의 안식은 그렇게 하지 못했다. 그것은 예수 그리스도께서 비로소 성취하셨다는 것이다. 이러한 대조 구조 때문에 몇몇 주석가들은 여기서 '여호수아-예수' 모형론이 작동한다고 생각한다('여호수아'의 그리스어식 표기는 '예수'이다). 양용의, 《히브리서 어떻게 읽을 것인가》, 129; F. F. Bruce, *The Epistle to the Hebrews*(NICNT, Grand Rapids: Eerdmans, 1990), 108-109; Attridge, *Hebrews*, 130. 하지만 이런 견해는 보편적 지지를 받지 못한다. Cockerill, *Hebrews*, 209.

송 요설이 그렇듯 이 말씀도 문맥의 빛 아래에서 이해하면 의미가 더 풍성해질 것이다. 12-13절은 11절까지의 내용, 즉 출애굽했지만 광야에서 불신앙에 빠져서 안식에 들지 못한 실패한 신자들의 이야기를 결론짓는다. 결론은 '하나님 앞에서'(coram Deo) 아무것도 감추거나 꾸밀 수 없는 절대 진실이다. 우리는 종종 자신의 모습조차 알지 못하거나 알고 싶어 하지 않는다. "불순종의 본"에 빠지는 모습을 알지만 다른 이들에게 감추려 한다. 세상 모든 사람에게 감출 수 있어도 한 분, 하나님의 말씀 앞에서는 어떤 것도 감출 수 없다. 그 말씀은 날선 칼(군인의 검이라기보다 집도의의 메스 같은)과 같아서 우리 마음의 생각의 결과 의도의 방향까지 분별해 내시기 때문이다. 그분께 우리의 삶을 결산해 드릴 날이 반드시 온다. 그 결산의 날이 오늘이 될 수 있다.

질문

1. 시편 95편의 출애굽과 광야 여정 이야기에서 "쉼"은 가나안에 들어가 정착하는 상태를 가리킵니다. 시편 95편의 쉼과 창세기 2장 2절의 쉼, 우리 앞에 아직 남아 있는 쉼은 어떤 관계가 있습니까?

2. 3장 7하반절에서 "오늘"이라는 단어가 처음 나왔고, 3장 13절과 4장 7절에 다시 나옵니다. "오늘"은 광야 세대와 히브리서의 그리스도인들 그리고 우리를 어떻게 연결시킵니까?

3. "모세의 인도를 받아 이집트에서 나온 사람들"이 불순종했습니다. 이 사실이 왜 충격적일까요? 출애굽 경험을 구원의 경험이라고 말할 수 있다면 광야 여정의 기간과 가나안 입성은 각각 우리에게 무엇을 뜻합니까?

4. 4장 12절에서 첫 단어 "왜냐하면"을 중요하게 생각하고 구절을 암송한다면 어떤 의미의 차이가 있을까요?

묵상

광야 여정의 이야기에 따르면 쉼은 어떤 장소에 들어간 결과가 아니라 모든 대적을 제압한 결과였습니다. 가나안 땅이라서 무조건 쉼을 누릴 수 있었던 것이 아니라 하나님께서 모든 대적을 이기게 하시고 끊임없이 돌보셨기 때문에 쉴 수 있었습니다. 물질적 조건과 환경 그 자체가 쉼을 주지 못합니다. 하나님 없는 가나안 땅은 광야만큼이나 불안하고 고단합니다. 안식의 근원은 오직 하나님이십니다.

권면 4 — 대제사장 예수의 은혜의 보좌로 나아가라

히 4:14-5:10

4장 14절의 첫 부분은 4장 1-13절과는 별 상관 없는 듯하다. 13절까지 설교자는 안식에 들어가기를 힘쓰라고, 말씀의 엄중한 분별력을 명심하라고 권면하다가 갑자기 14절에서는 우리의 연약함을 동정하시는 대제사장 예수를 바라보라고 한다. 13절과 14절 사이에 "그러므로"라는 접속사가 왜 있는지 궁금해진다. 단락 간 연결이 어색할 때 이해를 돕는 방법은 직전 단락을 건너뛰어 더 앞선 단락들을 살펴보는 것이다. 아니나 다를까 1장 1절-3장 6절, 특히 2장 17절과 3장 1절에서 거듭 사용되었던 단어들이 4장 14-16절에서 거의 유사한 주제를 전달하면서 다시 나온다. '하나님의 아들', '예수', '대제사장', '시험', '죄', '자비-긍휼-은혜' 등이다. 3장 6절에서 4장 14절로 바로 연결하더라도 큰 무리가 없어 보인다. 그렇다면 3장 7절-4장 13절은 일종의 부연설명으로 볼 수 있다. 2장 5절-3장 6절에서 주된 관심사는 예수 그리스도의 대제사장적 성품과 직분이었다. 이어지는 3장 7절은 시편 95편을 통해 '안식'이라는 주제를 설명했다. 그러다가 4장 14절에 다시 본 주제인 대제사장직 논의로 돌아왔다.

이 단락은 내용상 두 소단락으로 나뉜다. 4장 14-16절은 방금 설명한 대로 2장 말미에서 3장 6절까지 짚어 오던 예수의 대제사장직 주제를 요약하는 단락이고, 5장 1-10절은 그 내용을 받아 예수의 대제사장직의 첫 번째 특징인 공감과 동정, 대표성을 설명한다.

은혜의 보좌로 나아가자 4:14-16

14 그러나 우리에게는 한 큰 대제사장, 즉 하늘에 오르신 예수 하나님의 아들이 계십니다. 그러니 이 고백을 굳게 지켜 나갑시다. 15 그분은 우리의 연약한 부분들을 공감할 수 없는 대제사장이 아닌, 모든 면에서 우리와 같아지심에 따라 유혹을 받으신 대제사장입니다. 다만 그분은 죄는 짓지 않으셨습니다. 16 그러므로 확신을 가지고 은혜의 보좌로 나아갑시다. 그러면 자비를 얻고 은혜를 받아 적시에 도우심을 입을 수 있을 것입니다.

4장 14상반절에는 1장 1절-3장 6절에서 여러 번 반복되고 강조되었던 "아들", "하늘 위로 올라감" 등의 표현이 등장한다. 특히 "대제사장"은 4장 14절부터 시작하는 단락을 2장 17절과 3장 1절에 직접 연결시키는 징검다리 역할을 한다. 2장 17절에서 이미 "아들"을 가리켜 "자비롭고 신실한 대제사장"이라고 불렀고 3장 1절에서는 그 대제사장을 "예수"라고 명명했다. 3장 1절은 히브리서에서 "예수"라는 이름을 처음으로 거명한 지점이다. 그때 "대제사장"이라는 칭호를 예수에게 붙였었는데, 여기서 두 번째 예수라는 이름을 언급하면서 다시 그 칭호를 연결시킨다. "대제사장"(archiereus) 뒤에 형용사 "큰"(megan)을 군이 더한 이유는 아마 승천(昇天)이라는 초월적인 사건을 기억했기 때문일 것이다. 4장 14하반절의 "고백" 또한 3장 1절에서 사용된 것과 같은 단어이다. 3장 1절에서 설명했듯이 초대교회 신자들은 "예수는 대제사장이시다"라는 선포를 자신들의 신앙고백에 포함시켰을 것이다. 여기서 설교자는 예수의 대제사장 되심을 우리의 "고백"의 일부라고 다시 한 번 확정하면서 그 고백을 지키자고 권면한다.

하지만 아들의 초월성과 '크심'만으로는 우리의 고백이 완전할 수 없다. 그렇게 되면 예수는 가까이 하기에 너무 먼 분으로 남는다. 대제사장은 외계인이나 외국인이 아니라 백성 중 하나이어야 한다(5:1). 줄곧 하늘에만 머물러 계신 분이 땅에 발 붙이고 살아가는 존재들을 대신하고 대표할 수 있을까? 크고 위대하신 대제사장은 연약한 자를 동정하신다. 하지만 어떻게? 그분이 우리와 "함께 느끼시는" 그 연약한 부분들은 무엇을 말하는가? 4장 15절을 이해하기 위해서 이 단어의 뜻을 세심하게 살펴볼 필요가 있겠다.

표준국어대사전에 나온 '연약하다'의 정의('무르고 약하다')는 한자 '軟'과 '弱'의 뜻을 풀어 놓은 것에 불과하다. 그래서 4장 15절을 이해하는 데 별 도움이 안 된다. 더 나은 방법은 히브리서 설교자가 사용한 그리스어 '아스테네이아'(astheneia)의 뜻을 검토하는 것이다. 그리스어 단어들의 용례를 모아 정리한 렉시콘(lexicon)들에 따르면 이 단어는 '힘, 기운, 능력'을 뜻하는 '스테노스(sthenos)'의 반대말이며, 일차적인 의미는 신체적인 허약 혹은 질병을 뜻한다. 거기에서 다른 몇 가지 뜻이 파생되었다. 예를 들어 정신적·심리적 흠결, 어떤 기능이나 작용이 제대로 작동되지 않는 상태, 경제적 궁핍까지도 뜻할 수 있다. 도덕적인 약점이나 부도덕성도 그런 의미 중 하나이다.

그렇다면 성경은 이 단어를 어떤 의미로 사용했을까? 신약성경 전체에서 '아스테네이아'와 그 친족어들이 사용된 횟수는 77회이다. 이 용례를 분석해 보면 대략 세 가지 의미로 구분된다.

첫째, 사복음서와 사도행전에서 이 단어는 거의 항상 신체적 질병을 가리킨다(막 6:56; 마 8:17; 눅 8:2; 요 5:3; 행 5:15 등). 서신서에도 이 용례가 종종 나타나는 것으로 보아 이것이 "연약함"의 기본 의미임이 분명하다(딤전 5:23; 딤후 4:20; 약 6:14; 고전 11:30; 고후 10:10; 갈 4:13 등).

둘째, 주로 서신서에서 이 단어는 인간 혹은 개인이 지닌 유약함, 특히 의지나 인식능력 등 심리적·지적 자질의 제한성을 표현한다(막 14:38; 막 4:19; 롬 6:19; 고전 1:27; 2:3; 9:22; 롬 15:1; 고후 11:30; 12:5, 9, 10; 갈 4:9). 신앙적인 차원에서 하나님을 온전히 신뢰하지 못하는 영적 미숙함을 표현할 때 "연약함"이라는 단어가 나오고(롬 6:19; 8:26; 살전 5:14), 바울이 로마서 14장과 고린도전서 8장에서 "약한 자"와 "강한 자"를 가르칠 때도 이 단어를 사용했다.

셋째, 바울은 두 번째 의미를 기초로 해서 인간의 실존 혹은 본성을 묘사하는 철학적·신학적 용어로 "연약함"을 사용한다. 즉 심리적 약함만이 아니라 인간 존재의 본질적이고 총체적인 한계·약점 등을 표현한 것이다(고전 15:43; 롬 6:19; 8:26). 바울은 로마서 5장 6절에서 이 단어를 심판과 저주의 사유인 '죄성' 혹은 '죄인됨'과도 연결짓고 있다("경건하지 않음"). 하지만 이 용법은 예외로 봐야 한다. 특히 예수 그리스도의 성육신을 "연약함"과 관련지을 때 그분이 하나님으로부터 끊어진 죄인의 상태에 처했음을 의미하지 않는다(고후 13:4).

한편 히브리서만 놓고 보면 이 단어와 그 친족어가 5회 나온다. 그중 11장 34절은 질병이나 신체적 허약함으로 이해되고, 나머지 네 용례 중 7장 18, 28절에 사용된 "연약함"은 앞선 세 번째 의미에 가까워 보인다. 7장에서 설교자는 모세 율법 체계의 한계를 역설한다. 율법에 따른 대제사장직과 제의의 효력, 권위는 하나님의 백성을 영구적으로 거룩하게 하지 못하는 것이다. 그래서 그것들은 "연약하다". 5장 2절은 7장 28절처럼 율법 아래 대제사장직에 대한 묘사이다. "연약함투성이"인 대제사장은 바로 그 연약함 때문에 백성과 함께 자신을 위한 속죄 제물도 드려야 한다. 따라서 5장 2절에서 '연약함'은 죄성을 포함한 인간의 본래적 한계를 가리킨다.

다시 본문으로 돌아오자. 그리스도께서 체휼하시는 우리의 "연약함"(4:15)은 위에서 분석한 의미들 중 어느 것에 가까울까? 바울이 신학적 논증을 위해 사용한 세 번째 의미가 가장 잘 들어맞는다. 어쩌면 4장 15절에서 우리의 "연약함"은 죄에 빠질 수밖에 없는 인간 본성까지 포함할지도 모른다. 더구나 앞서 2장 17절에서 예수께서 "범사에 형제들(즉, 인간들)과 같이 되셨다"고 말하지 않았던

가! 더 많이 같을수록(죄성과 죄된 행동을 포함해서) 더 많이 공감할 수 있고, 그만큼 대제사장 역할을 잘 수행할 수 있다. 그러나 첫 언약에 따른 일반적인 대제사장과 새 언약에 따른 유일무이한 대제사장 사이의 공통점은 이 지점에서 갈라진다. 히브리서의 후반부에서 이 점은 더욱 분명해질 것이다(히 7:26). 예수께서는 순종을 통해 온전해지셨고, 다른 모든 대제사장과 달리 자신을 위한 제사를 드릴 필요가 없다. 그리스도의 무죄(無罪), 무흠(無欠)하심은 두 가지 결과를 가져온다. 첫째, 그분이 드린 제사는 단 한 번이었고, 유일성이 그 제사의 영원성을 보장했다(히 7:26-28; 10:12-14). 둘째, 무흠한 희생 제물로 자신을 드림으로써 제사의 완전성을 담보했다(히 9:14). 이처럼 히브리서의 기독론은 명확하며 일관된다. 대제사장 예수는 우리의 연약함을 공감하시지만 자신은 죄가 없으셔서 온전한 속죄 제사를 드리실 수 있었다. 그래서 "모든 면에서 우리와 같아지심에 따라" 유혹받으셨다는 사실 그리고 "죄를 짓지 않으셨다"는 사실, 이 두 가지를 함께 이해하고 믿어져야 한다(4:15, 번역 주 참조).

어쩌면 우리는 예수께서 우리의 연약함을 체휼하시고 공감하셨다는 말씀을 너무 자주 들어 왔기 때문에 이 말씀의 충격과 의외성을 실감하지 못하는지도 모른다. 익숙함은 때로 성경 이해를 방해한다. 말씀이 주는 신선함을 느끼려면 익숙했던 해석이나 가르침을 잠깐 접어 두는 것도 좋은 방법이다. 이것을 '낯설게 하기'라고 부르는데 마치 처음 들어본 사람처럼 본문을 대하는 것이다. 그 일환으로 이렇게 질문을 던져 보자. '예수께서 대제사장이라면 그 직분을 충실히 수행하는 것과 우리의 연약함을 공감하는 것 사이에 무슨 관련이 있을까?'

구약에는 대제사장이 갖추어야 할 몇 가지 자격 요건 혹은 자질이 나온다. 가장 중요한 건 부계의 혈통이다. 레위 지파, 그중에서도 아론 집안 출신이어야 한다. 장애나 질병이 없는 건강하고 깨끗한 신체 또한 필수 조건이었다. 늘 소나 양을 도살하려면 억센 팔과 민첩한 동작이 요구되었을 것이다. 제사와 관련된 세세한 규정을 기억하고 지키려면 기억력이 좋아야 하고 신중한 성격도 갖추어야 했다. 하지만 이런 자질만 갖추면 훌륭한 제사장이라고 할 수 있을까? 죄인을 동정하거나 공감할 줄 모른다면 대제사장직을 계속 수행할 수 있었을까? 제사장은 기술자가 아니라 하나님과 죄인 사이에, 두 인격체 사이에 선 중재자이다. 하나님께서 죄를 바라보실 때 느끼시는 진노를 대제사장도 똑같이 품되, 죄를 범한 사람을 향해서는 최대한의 동정과 긍휼의 눈으로 바라보아야 한다. 마치 자기가 그 죄인인 것처럼, 민망함과 안타까움을 품고 희생제물을 들고 하나님 앞에 나아가야 한다. 예수가 바로 그런 분이시다. 예수는 어떻게 그렇게 깊은 공감 능력을 지니게 되셨을까? "모든 면에서 우리와 같아지심에 따라 유혹을 받으셨"기 때문이다(15하). 그분의 우리를 향한 공감은 성육신으로부터 유래하였다. 그럴 필요가 없는데도 일부러 자신을 비우고 낮추셨고, 우리와 같이 되기를 기뻐하셨다.

설교자는 예수를 새롭게 이해했다면 그것에 맞추어 새롭게 실천하라고 주문한다. 예수께서 자비로운 대제사장이시라는 깨달음을 새기고 그분의 자비와 은혜를 얻기 위해 보좌로 나아가야 한다. "보좌"는 대제사장께서 하늘에 오르셔서 앉아 계신 곳이다(8:1; 12:2). 그곳에서는 위압적 통치가 아니라 은혜가 베풀어진다. 그곳으로 "나아감"(7:25; 11:6)은 하나님께 기도하는 행동을 가리킨다(칠십인역 렘 7:16).[1] 우리가 기도할 때 하나님은 자비와 은혜를 베푸시고, '시의적절한 도움'으로 응답하신다(16절, 번역 주 참조).

우리를 대표하는 대제사장 예수 5:1-10

1 모든 대제사장은 사람들 중에서 취해져서 사람들을 대표해서 하나님을 섬기는 일을 하도록 지명됩니다. 그 일은 죄를 위해 예물

---

1. 시락서 1:28, 30 그리고 1클레멘트 23:1에서도 같은 의미로 사용되었다. Koester, *Hebrews*, 284.

과 제물을 바치는 일입니다. 2 그는 알지 못하여 길을 벗어난 이들을 너그러이 대할 수 있습니다. 자신도 연약함투성이이기 때문입니다. 3 그렇기 때문에 백성만을 위해서가 아니라 자신을 위해서도 속죄 제사를 드려야 합니다. 4 아무도 이 영예를 스스로 얻지 못하며, 아론처럼 하나님에게서 부르심을 받아 얻게 됩니다. 5 이처럼 그리스도께서도 자신을 영광스럽게 하여 대제사장이 되시지 않았습니다.

> "너는 내 아들이다. 내가 오늘 너를 낳았다."

하고 그분께 말씀하신 분께서 그렇게 해주셨습니다. 6 또 성경의 다른 곳에서도,

> "너는 멜기세덱과 같은 유형의 제사장이다."

하고 말씀하십니다. 7 그분의 육의 기간에 그분은 자신을 죽음에서 구하실 수 있는 분께 큰 소리로 부르짖고 눈물을 흘리며 기도와 탄원을 올리셨고, 그분의 그런 경외하는 마음 때문에 하나님이 들으셨습니다. 8 그분은 아들이시지만 그가 겪으신 고통스러운 일들로부터 순종을 배우셨습니다. 9 그리고 완전하게 되심으로써 당신에게 순종하는 모든 이에게 영원한 구원의 근거가 되셨고 10 하나님에 의해 "멜기세덱과 같은 유형의 대제사장"이라고 불리셨습니다.

이 단락의 논지는 크게 두 가지이다. 첫째, 대제사장은 사람들 중에서 취해지기 때문에 사람들을 대표할 수 있다(1-3절). 둘째, 대제사장은 자신을 대제사장직에 임명할 수 없고 하나님께서 그를 임명하신다(4-10절). 유대인들이 알고 있던 일반적인 두 원리를 설교자는 예수의 특수한 대제사장직에 적용한다. 그러나 구약에서 추출한 원리들을 신약의 예수께 적용하는 것이 합당할까? 그리스도는 그분 자체로 다른 어떤 것과 비길 수 없는 유일무이한 분이 아닌가?

	일반원리	특수사례에 적용
(1) 대제사장은 사람들 중에서 취해져서 사람들을 대표함	"모든 대제사장은……"(1절)	—
(2) 대제사장은 스스로 임명하지 못함	"아무도 …… 하지 못하며" (4절)	"이처럼 그리스도께서도 ……않았습니다"(5절)

첫 번째 원리를 좀더 자세히 들여다 보자. 대제사장은 사람들 중에서 취해지며 사람들을 대표해서 특히 그들의 죄를 속하는 제사를 하나님께 바친다. 더 분명하게 말하면 사람들 중에서 취해지기 때문에 사람들을 대표할 수 있다. 이것은 대제사장직에 대한 일반 원칙으로서 대표성 혹은 동종성(同種性)의 원리라고 부를 수 있다. 구약성경에 이것을 대입하자면 대제사장은 이스라엘 백성 중에서 임명된다. 하지만 대제사장의 자격을 논할 때 이 점은 너무 당연해서 구약성경에서 거론조차 되지 않는 문제다. 그보다는 레위 지파, 아론의 자손이어야 한다는 특수한 조건이 강조된다. 그렇다면 대표성의 원리는 이스라엘의 대제사장직이 아니라 예수의 대제사장직의 속성을 밝히기 위해 제기되었음을 알 수 있다. 예수는 본래 사람이 아니시지만, 하나님이신 분이 사람이 되셔서 우리를 위해 속죄의 제물을 바치셨다. 정작 히브리서 설교자는 그 점을 진술하지는 않았지만(위 표 참조) "이처럼 그리스도께서도 사람들 중에서 취해져서 사람들을 대표하셨습니다"와 같은 결론이 암시되어 있다.

대표성은 동종성을 동반한다(대표하기 위해서는 같아야 한다). 하지만 만약 우리가 '대표'라는 단어를 들을 때, 대중의 인정과 지지를 받아 선출되는 과정을 연상한다면 시대착오다. 이스라엘의 대제사장은 위로부터의 신적 권위에 의해 "지명받는다"(1절). 그런 대제사장이 사람들을 대표하기 위해 필요한 것이 공감이다. 여기에서 두 가지 함의가 따라 나온다. 첫째, 대제사장은 자신이 대표하는 사람들의 연약함을 공유한다. 그는 "알지 못하여 길을 벗어난 이들"
(번역 주 참조), 즉 죄인들을 "너그러이 대할"(번역 주 참조) 수 있다. 자신
도 "연약함투성이"이기 때문이다(2절). 이 점에서 두 번째 함의가 도
출된다. 여기서 "연약함"은 죄성 또는 실제 행한 죄를 포함한다. 대
제사장이 자신을 위해 속죄제물을 바쳐야 할 이유가 여기에 있다
(3절).[2] 이상의 두 함의는 일반 원리에서 나왔고 어디까지나 이스라
엘의 대제사장들에게서 관찰되었다. 따라서 그리스도에게 이 두 가
지를 곧바로 적용할 수는 없다. 비록 우리 죄인들의 "연약한 부분
들"을 공감하시며 "모든 면에서 우리와 같아지심에 따라 유혹을"
받으셨지만, 다른 대제사장처럼 그분을 "연약함투성이"라고 말할
수는 없다. 자신을 위한 속죄제사가 필요한 것은 더더욱 아니다. 우
리와 모든 면에서 같게 되셨지만 죄는 없으신 상태, 그것이 우리가
복음서에서 그리고 성경을 통해 배운 사람이 되신 하나님, 예수 그
리스도의 모습이다.

이제 두 번째 일반 원리로 넘어가 보자. 대제사장은 스스
로 대제사장직을 취하지 못한다. 대제사장의 원조인 아론의 경우가
이 점을 명확히 해준다. 하나님은 모세를 통해 아론과 그의 아들들
을 제사장으로 세우셨다(민 17:17-28). 제사장은 거룩한 사람들, 즉 하
나님께 속하며 다른 사람들과 구별된 사람들이었다. 하나님은 제사
장이 입을 의복을 지정하셨고(출 28, 39장) 제사장 직분에 취임하는
의식 또한 정해 주셨다(출 29장; 레 8장). 그의 몸가짐에 관한 특별한 계
명들도 말씀하셨다. "이처럼 그리스도께서도" 스스로의 지명이 아
니라 하나님의 부름을 받아 대제사장이 되셨다.

두 성경 구절이 그것을 뒷받침하기 위해 인용된다. 이미 1장

---

2. 레위기 4:3-12는 제사장을 위한 속죄제를 규정하고, 레 9:7은 아론의 위임식 때 자신과 가족을 위해
바쳐야 했던 속죄제물 그리고 레위기 16:6, 11-14, 24은 속죄일 제의에서 대제사장이 자신과 가족을
위해 바쳐야 할 속죄제를 규정한다. 히브리서 8-10장에서 대속죄일 제의를 집중해서 다루고 있기 때
문에 여기에서도 설교자는 레위기 16장을 염두에 두었을 것이다.

에서 그리스도께서 하나님의 아들이시라는 사실을 드러내기 위해 시편 2편 7절이 인용되었다(1:5). 여기서는 "내가 너를 낳았다"는 선언을 통해 그리스도의 아들 되심이 하나님의 주권에 따라 이루어진 일임을 밝힌다. 대제사장이 하나님께 지명받듯이 아들도 하나님께서 지명하셨다. 시편 110편 4절은 신약성경에서 여기에 처음이자 마지막으로 인용된다. 같은 시편 110편에서 1절("내가 네 원수들을 네 발의 발등상으로 삼을 때까지 여기 내 오른쪽에 앉아라")은 히브리서 1장 13절뿐만 아니라 신약성경 여러 곳에 나오는데(마 22:44; 막 12:36; 눅 20:42, 43; 행 2:34, 35) 유독 4절은 히브리서에서만 사용되었다. 그만큼 4절이 히브리서 신학의 독특성을 반영한다고 볼 수 있다.

스스로 대제사장의 영예를 취하지 않고 하나님의 부르심을 따랐다는 사실은 예수의 겸손에 대한 깊은 묵상으로 이어진다(7-10절). 몇 가지 구체적인 행동과 성품이 드러난다. 큰 소리로 부르짖으며 눈물을 흘리며 드리는 기도, 경외하는 마음, 고통스러운 일들을 겪음, 순종을 배움―이 네 가지는 '육의 기간' 동안 그리스도의 신분과 성품을 특징 짓는다. 각각이 지시하는 사건들, 예를 들어 겟세마네 동산에서의 기도를 생각할 수는 있지만 예수의 삶은 복음서에 기록된 내용보다 훨씬 더 풍성했음도 잊지 말아야 한다.

예수께서 "순종을 배우셨다"는 표현이 그 이전의 무지를 전제하지는 않는다. 영원히 전지하신 하나님이시지만 온전한 순종의 모범을 우리에게 나타내셨다는 의미이기 때문이다. 9절의 "완전하게 되심" 역시 마찬가지이다. 성육신 이전 혹은 십자가 죽음과 부활 이전 예수의 능력, 지위, 존재의 불완전을 상정할 필요가 없다. 설교자 자신도 확인하듯이 예수는 순종하심으로써(8절) 순종을 받고 계시며(9절), 구원받으심으로써(7절) 구원의 근거가 되셨다(9절). 그리고 이 구원은 "영원한" 구원이다. "영원함"으로 구원을 수식하는 이유는 구원의 다른 속성들, 즉 "완전함"과 "모든 사람"에 담긴 포괄성·절대성을 강조하기 위해서이다. 동시에 "영원함"은 구원 이외에 또 다른 방향으로 생각의 씨앗을 뿌린다. 대제사장이신 예수의 모형, 즉 멜기세덱이 그것이다.

6절에서 처음 인용되었던 멜기세덱이 10절에 다시 등장하는 단서는 9절의 "영원한" 구원의 모티프이다. 시편 110편 4절에서 멜기세덱은 "영원한" 제사장으로 칭해졌다. 제사장의 영원성은 그의 존재 혹은 기원뿐 아니라 그가 수행하는 직무의 결과와도 관련된다. 속죄를 통한 하나님과 인간의 화해, 그것이 영원하다는 말이다. 6절의 인용 구절과 10절에서 반복된 표현 사이의 유일한 차이점은 "제사장"이 "대제사장"으로 바뀐 것이다. 이 또한 사소해 보이지만 우연이나 실수가 아닌 설교자의 분명한 의도를 엿볼 수 있는 표현이다. 9절 이하에서 더 명확하게 그려질 대속죄일 제의에서 그 속죄제의의 담당자는 일반 제사장이 아닌 대제사장이기 때문이다.

'대제사장'은 히브리서를 관통하는 열쇳말 중 하나이다. 그것은 '우리에게 예수는 누구인가?'라는 물음의 답이며, '예수께서 우리를 위해 무얼 하셨나?'의 답이기도 하다. 예수의 대제사장 직분 묵상을 더 깊이 끌고 가면 '구원받은 우리의 미래'라는 문제도 답을 찾을 수 있다. 히브리서 설교자는 2장 17절에서 '대제사장'을 처음 언급했고 3장 1절과 4장 14-15절에서 그리스도의 대제사장 되심을 재차 강조했다. 그 함의는 두 가지다. 백성과 함께 연약함을 나누고 공감하는 이가 대제사장이며 예수가 바로 그런 분이다(2:17; 4:14-15). 이 첫째 함의가 5장 1-3절의 논조이다. 두 번째 함의는 신앙의 모범이라는 대제사장 이미지이다(3:1). 이것이 5장 4-10절에서 부연된다. 결국 5장 1-10절은 히브리서 설교자와 청중의 기억에 남아 있는 이스라엘의 제사장이 갖는 두 가지 신분과 역할을 틀로 삼아 그리스도의 대제사장직을 설명한 셈이다. 5장 1-10절에서 그리스도는 인간적 존재 혹은 죄인인 모든 인간을 긍휼히 여기신 분으로 조명된다. 죄 용서를 위해 백성을 대신하고 대표하여 하나님 앞에 제물을 들고 나아가는 대제사장이 바로 예수이시다. 하지만 그리스도의 대제사장직은 거기에 머무르지 않는다. 그분은 땅을 딛고 서셨을 뿐 아니라 하늘 보좌에도 앉으셨기 때문이다.

질문

1. "은혜의 보좌로 나아가는" 것은 어떻게 가능합니까?
2. 대제사장 아론(의 자손들)과 대제사장 예수는 어떤 점에서 같습니까? 어떤 점에서 다릅니까?
3. "너는 내 아들이다 내가 오늘 너를 낳았다"(히 5:5; 시 2:7에서 인용)에서 예수의 대제사장직에 관해 무엇을 알 수 있습니까?

묵상

예수께서 "육의 기간"에 드렸던 기도, 겪어야 했던 고통, 순종의 행실들을 생각해 봅시다. 그분이 보냈던 소박하고 평범한 일상을 상상해 봅시다. 그런 하루의 삶에서 하나님을 전심으로 예배하셨습니다. 예수를 모방하고 그분의 삶을 따라 살기 위해 우리가 할 수 있는 실천을 적어 봅시다.

권면 5 ─ 믿음 안에서 자라가라

히 5:11-6:20

이제 그리스도의 대제사장직 논의가 한 단계 나아간다. 인간적·지상적 대제사장의 이미지(5:1-10)에서 신적·천상적 대제사장의 이미지(5:11 이하)로 초점이 옮겨 간다. 이 전환의 징검다리 역할을 두 개의 시편 구절(시 2:7; 110:4)이 멋지게 해낸다(히 5:5, 6). 대제사장은 스스로 임명이 불가능하고, 오직 하나님께 지명을 받아야 한다. 예수께서도 그러하셨다. "멜기세덱"은 예사로운 이름이 아니었다. 초월적이자 신적 속성을 담고 있었다. 멜기세덱처럼 예수는 "완전하게" 되셨고 또 "영원한 구원의 근거"가 되셨다(5:9). 예수만이 "멜기세덱과 같은 유형의 대제사장"이라고 불릴 수 있다.

　　　새로운 단락에서 멜기세덱은 예수를 비추는 거울 역할을 한다. 예수가 누구이신지 알려면 멜기세덱을 탐구하면 된다. 그 탐구의 시작을 알리는 신호가 11절의 도입구 "이것에 관해서는"이다(번역 주 참조). 하지만 시작하기도 전에 조명은 무대에서 관객으로 옮겨 간다. 이 단락(5:11-6:20)의 처음부터 마지막까지 설교자는 멜기세덱을 거론하지 않는다. 대신 청중에게 "믿음 안에서 자라가라"고 권면한다. 멜기세덱은 여기서 무대 뒤로 사라졌다가 6장 끝에 "선구자" 예수를 언급하며 다시 등장한다. 내용 전개의 흐름상 5장 10절은 5장 11절-6장 20절을 건너 뛰어 6장 20절을 거쳐 7장 1절로 곧바로 연결된다. 그 사이에 놓인 5장 11절-6장 20절은 일종의 파생 논의로 볼 수 있다. 그러나 파생 논의라서 덜 중요한 것이 아니다. 긴급하고 중요한 주제이기 때문에 논지 전개의 큰 흐름에서 잠시 벗어나는 걸 감수하면서까지 굳이 설명할 필요를 느꼈을 것이다.

유아적 신앙을 넘어서라 5:11-6:3

11 이것에 관해서는 우리가 많은 말씀을 들어야 하지만 여러분이 듣는 데에 둔해졌기 때문에 설명하기가 어렵습니다. 12 사실 지금쯤 여러분은 벌써 교사가 되었어야 합니다. 하지만 하나님의 계시의 기초 요소를 다시 가르쳐 줄 사람이 필요합니다. 단단한 음식이 아닌 젖이 필요한 이들이 된 것입니다. 13 젖을 먹고 사는 사람은 의의 말씀에 무지합니다. 그 사람이 어린아이이기 때문입니다. 14 반면에 단단한 음식은 성숙한 사람들을 위한 것입니다. 그들은 지속적인 연습을 통해서 선한 것과 악한 것을 구별하는 훈련된 감각을 가지고 있습니다.
6:1 그러므로 그리스도에 관한 기초적인 원리를 넘어서 성숙한 경지를 향해 나아갑시다. 죽음에 이르게 하는 행실로부터의 회개와 하나님께 대한 믿음에 관한 토대를 다시 놓을 필요가 없습니다.
2 정결례들과 안수, 죽은 이들의 부활과 영원한 심판에 대한 교육도 다시 할 필요가 없습니다. 3 하나님께서 허락하시면 우리가 그렇게 할 것입니다.

설교자는 멜기세덱을 설명하려다 망설인다. "이것에 관해서" 설명을 들어야 할 청중이 "듣는 데에 둔해졌기"(11하) 때문이다. "듣는데에 둔함"은 청력 감퇴를 의미하지 않는다. 이해력에서의 아둔함과 의지 면에서의 고집을 포함한다. 삶의 지향성에 있어서 말씀에 잘 반응하지 않는 상태, 그것이 "둔함"이다. 광야를 방랑했던 이스라엘 백성의 강퍅해진 마음과도 상통한다(3:8, 13, 15). 둔하지 않았다면 그들은 7장 1-17절의 말씀을 곧바로 듣고 깨닫는 데에 문제가 없었을 것이다. 멜기세덱이라는 인물의 초월적이고 신비로운 면면을 이해할 만큼 청중의 성경 이해, 영적 감수성과 상상력은 준비되지 못했다.[1]

영적 상황을 진단하고 해결책을 처방하기 위해 비유 하나가 등장한다(12하-14절). 젖먹이는 단단한 음식을 먹을 수 없다. 단단한 음식은 "의의 말씀"이고, 이것을 먹을 수 있는 성숙한 사람은 "지속적인 연습을 통해 선한 것과 악한 것을 구별하는 훈련된 감각"을 지니고 있다. 이 비유를 곱씹어 보자.

첫째, 히브리서 전체의 신학적 메시지의 빛 아래에서 바라보면, "의의 말씀"은 다름 아닌 그리스도의 대제사장직의 성격과 그 실제적 결과를 가리키고(4:14-16; 10:19-25), 그것은 곧 신자들의 구원과 천국 소망과 연결된다(10:38; 11:4, 7). "지속적인 연습"과 "훈련된 감각"은 히브리서 여러 곳에서 탐지되는 운동경기 혹은 신체 단련의 이미지와 같은 맥락에서 이해할 수 있다(10:32; 12:1). 운동선수가 훈련하고 혹은 시합하는 과정처럼 신앙의 여정은 인내, 성실, 불굴의 의지를 요구한다(6:12; 10:36; 12:1). "선한 것과 악한 것"은 실생활에서 윤리적 결단과 행동을 뜻한다(13:1-21).

둘째, 흥미롭게도 5장 12하-14절의 표현들은 1세기 지중해 사회에서 통용되던 문화와 세계관을 밀접하게 반영한다. 당시 사람들에게 잘 알려졌던 스토아철학에 따르면, 진리와 조화되는 삶을 살기 위해서는 철학적 '훈련'을 감수해야 한다. 그렇게 훈련된 사람은 "의로운 판단"을 내릴 수 있고, 그 판단의 결과로 삶에서 이웃 사

---

1. 양용의, 《히브리서 어떻게 읽을 것인가》, 158.

랑, 정직, 검소함, 자존감과 같은 선한 덕목이 나타난다.[2] 반면, 의의 말씀에 무지한 어린아이는 선한 것과 악한 것을 구별할 수 없고, 선한 덕목을 갖추지 못한다.

셋째, 이 단락의 발단이 멜기세덱이라는 이름과 그 인물의 신비롭고 초월적인 자질이었다는 점을 상기하자(5:11; 7:1-17). 그렇다면 5장 12하-14절의 표현들 역시 그러한 영적 현실을 배울 준비가 안 된 청중의 미숙한 안목에 대한 꾸짖음으로 이해할 수 있다. "의의 말씀"은 멜기세덱과 같은 초현실적 인물과 그에 관한 성경의 증언들에 대한 해석을 가리키고, "선한 것과 악한 것" 역시 가시적인 세계 너머 영적 세계, 그 세계 안에 대결하는 선한 영들과 악한 영들의 존재를 의미할 수 있다.

영적 미성숙과 퇴보를 꾸짖음과 동시에 설교자는 청중들이 "교사"가 되지 못한 점도 꼬집는다(12상). 가르칠 수 없는 이유는 배우지 못했기 때문이다. 하지만 그들은 그토록 오랫동안, 많은 것을 듣지 않았던가? 배우기만 하고 평생 한 번도 가르칠 엄두를 내지 못하는 '어른 아이', 그것은 일종의 병이자 죄다. 배움의 과정에서 성실하지 못했기 때문에 그럴 수도 있고, 성실하게 배웠지만 다른 이들과 나누며 섬기고자 하는 사랑에 인색해서 그럴 수도 있다. 그리스도인은 여러 방면에서 여러 방식으로 교사가 될 수 있다. 교사라고 해서 배움이 더 이상 필요 없다는 말이 아니다. 더 잘 배우기 위해서라도 우리는 가르치는 자리에 서야 한다.

교사가 되지 못한 청중은 "하나님의 계시의 기초 요소"를 다시 배워야 한다(12하). "하나님의 계시의 기초 요소"는 "그리스도에 관한 기초적인 원리"라고도 말할 수 있고 이것은 다시 두 범주로 구분된다. 6장 1절 이하에서 "토대"는 말 그대로 불신자가 회심하는 과정에서 배우고 행해야 하는 기독교 신앙으로의 입문 절차이다.

---

2. Koester, *Hebrews*, 302-3. Marcus Aurelius, *Meditations* 11.1, 10; 12.1; Epictetus, *Disc.* 2.18.24-27; Musonius Rufus, frg. 6; Philo, *Names* 81-82; 4 Macc 2:22을 인용.

"교육"은 초신자가 세례와 신앙 고백을 하기까지 배워야 하는 기초적인 교리문답의 내용을 가리킬 것이다. 다음 표가 이 구조를 보여준다.[3]

대분류	중분류	소분류
하나님의 계시의 기초 요소 = 그리스도에 관한 기초적 원리	토대	① 죽음에 이르게 하는 행실로부터의 회개 ② 하나님께 대한 믿음
	교육	③ 정결례들 ④ 안수 ⑤ 죽은 이들의 부활 ⑥ 영원한 심판

먼저 "죽음에 이르게 하는 행실로부터의 회개"는 불신자가 기독교 신앙을 받아들일 때 가장 먼저 거쳐야 하는 과정이다. 한 번 회개했다고 다시 죄를 안 짓는 것은 아닐 것이다. 기독교인이라도 평생 회개해야 한다. 하지만 여기서 말하는 회개는 삶의 방향을 전격적으로 바꾸는 일생일대의 변화를 의미한다. "하나님께 대한 믿음"도 마찬가지다. 하나님의 존재와 그분의 능력, 성품을 깨닫는 데서 신앙의 움이 튼다. 반면 세 번째 항목인 "정결례들"은 유대인들이 행하던 여러 가지 종교적·사회적 정결 예식을 뜻할 수 있는데 맥락상 그리스도에 관한 기초적 원리를 말하고 있으므로 그렇게 보기는 어려울 것 같다. 교부들은 초대교회에서 세례 외에도 여러 가지 정결 예식이 행해졌음을 전해 주므로 교회 내의 의식과 관련된 그런 내용을 가리킬 수 있다.[4] 네 번째인 "안수"는 치유, 파송, 임직 등의 뜻

---

3. 이 분류는 "토대"와 "가르침"을 대등하지만 똑같지 않은 두 범주라고 전제하고, 특히 "교육"에 해당하는 명사 *didachē*가 원문에서 속격이 아니라 대격이라고 간주한다. 상세한 논의는 번역 주를 참조할 것. 한편 여섯 가지 항목을 여기와 다르게 분류할 수도 있다. "2+4" 대신, "2+2+2" 또는 "1+1+4"도 가능하다. 자세한 설명은 Cockerill, *Hebrews*, 263-64를 참조할 것.

4. Attridge, *Hebrews*, 164는 구체적인 교부 문헌상의 증거들을 지시한다.

으로 행해진 예식 행위였다. 이 두 가지 항목은 초대교회에서 흔히 행해졌던 예전이기 때문에 그 의미와 방법을 세례 교육의 일환으로 가르쳤을 것이다. 마지막 두 항목인 '부활'과 '심판' 역시 기독교인이 된 후 가장 먼저 배우는 기본 교리에 속한다.

기초적인 원리를 배웠다면 그것만으로 만족하지 말고 더 온전한 경지로 나아가야 한다. 그렇게 하도록 우리를 이끄시는 분은 하나님이시다. "하나님께서 허락하시면"(3절)이라는 말씀은 신앙의 성숙 과정이 은혜의 과정임을 넌지시 드러낸다. 성숙은 우리의 주도권, 우리의 애씀보다는 하나님의 주도권, 하나님의 애쓰심에 우리가 이끌림으로써 가능하다.

배교에 대한 경고 그리고 격려 6:4-12

4 한 번 빛을 받아서 하늘의 선물을 맛보고 성령을 함께 받은 사람들, 5 또 하나님의 선한 말씀과 다가오는 세상의 능력을 맛본 사람들이 6 배교한다면 다시 새롭게 하여 회개하도록 만들 수가 없습니다. 그런 사람들은 하나님의 아들을 다시 십자가에 못 박고 공개적으로 욕을 보이는 것입니다. 7 사실 땅이 자주 내리는 비를 흡수하여 농사짓는 이들에게 유익한 농작물을 내면 땅은 하나님에게서 복을 받습니다. 8 그러나 가시나무와 엉겅퀴를 내게 되면 무가치해져서 곧 저주를 받고 결국 불에 태워질 것입니다.

9 하지만 사랑하는 여러분, 우리가 이렇게 말하기는 하지만 여러분에게는 더 좋은 것이, 바로 구원을 얻게 하는 것이 있음을 확신합니다. 10 하나님은 불공평한 분이 아니셔서 여러분이 성도들을 섬겼고 지금도 섬기면서, 그분의 이름을 위해 보여 준 행위와 사랑을 잊지 않으십니다. 11 우리는 여러분 각자가 끝내 소망이 성취되도록 같은 열성을 보여 주기를 간절히 바랍니다. 12 그렇게 해서 게을러지지 않도록, 그리고 약속된 것을 믿음과 인내로 상속받는 이들을 본받도록 하기 위함입니다.

이 단락은 흔히 10장 26-27절과 함께 '배교 본문'이라고 불린다. 앞 단락(5:11-6:3)과 이 단락은 논리적으로 어떻게 연결될까? 방금까지 설교자는 기독교의 기초적 원리에 머무르지 말고 성숙한 경지로 나아가라고 역설했고, 그것에 이어서 4절부터 배교와 그 결과를 설명한다. 이렇게 해서 설교자는 오랜 신앙생활에도 불구하고 성숙하지 못한 신앙인에게 배교라는 위험이 도사리고 있음을 주지시키고자 했다.

4-6절은 배교에 대한 일종의 정의이다. 여기 묘사된 네 가지 혹은 다섯 가지 상태는 신약과 당시 유대교에서 하나님에 대한 신앙을 표현하는 표준적인 용어였다. "한 번 빛을 받음"과 "하늘의 선물을 맛봄"[5] 그리고 "성령을 함께 받음"은 모두 회심 과정에서 일어나는 체험을 담아내는 표현들이다. "하나님의 선한 말씀과 다가오는 세상의 능력을 맛봄" 또한 모든 그리스도인들의 공통 체험이다. 그런데 참된 기독교인이 배교할 수 있는가? 우리에게는 중요할 수도 있는 이 질문을 설교자는 던지지 않는다. 참된 기독교인의 배교는 적어도 히브리서의 설교자에게, 청중에게 기정사실이며 현실의 일부로 전제된다. 그리고 배교한 신자를 "다시 새롭게 하여 회개하도록 만들 수 없다"고 못 박는다. "새롭게 함"은 아마 배교자의 마음이 하나님께 돌아오는 상태를 가리킬 것이다. 그것은 자신의 의지 이전에 하나님께서 그렇게 해주셔야 가능한 일이다. 최초의 구원과 마찬가지로 배교자의 구원도—만약 그것이 가능하다면—전적인 하나님의 은혜에 의존해야만 한다. 여기서 일종의 비인칭 동사 역할을 하는 "할 수 없다"(adynaton)는 하나님의 능력에 대한 제한성이 아니라 당위(마땅히 그래서는 안 됨) 혹은 사태의 확실성(결코 그렇지 않음)을 표현한다.

6하반절에서 설교자는 배교의 성격에 대해 부연해서 설명

---

5. 어떤 주석가들은 동사 "맛보다"에서 성만찬을 연상하기도 한다. A. C. Mitchell, *Hebrews*(Sacra Pagina 13; Collegeville: Liturgical Press, 2007), 124.

한다. 배교는 마음속으로 혼자 품는 생각이 아니다. 공적인 정황에서 기독교 신앙과 하나님의 주되심을 부정하는 것이다. 그런 공표의 동기와 과정이 무엇이든 그렇게까지 기독교 신앙을 적극적이고 주체적으로 버리고 부정하는 것은 배교자 자신의 결연한 의지의 산물이다. 완고하고 적극적인 배교자에게 "새롭게 될" 일말의 여지가 있으리라 상상하기 어렵다.

　　7-8절의 땅과 작물의 비유는 배교에 대한 추가적인 설명이다. 열매 맺지 않음 또는 나쁜 열매 맺음이 곧 배교이다. 농부, 나무, 열매의 모티프는 복음서는 물론 구약성경에서도 종종 발견된다. 산상설교의 일부로서 예수께서는 "나무는 각각 그 열매로 안다"고 가르치셨다(막 7:16-23; 눅 6:43-45). 또 십자가를 지기 위해 예루살렘으로 들어가시다가 잎만 무성하고 열매는 없는 무화과나무(막 11:12-25)를 저주하셨다. 포도나무와 그 가지의 연합이 구원의 본질이라는 예수의 가르침을 요한복음에서 듣는다. 이 모든 가르침의 배경에는 구약의 울림이 있다. 들포도 열매를 맺는 포도원의 노래는 이사야 예언자가 하나님과 이스라엘 간의 언약 관계를 묘사할 때 사용한 소재였다(사 5:1-7). 이런 성경신학적 흐름에 비추어 본다면, 배교는 앞서 6하반절에서 묘사한 특정한 행동, 즉 기독교 신앙을 공적으로 부정하는 행위보다 넓게 적용될 수가 있다. 신앙고백과 일치하지 못하는, 오히려 불신앙을 웅변하는 삶, 행동, 습관들을 두고 "가시와 엉겅퀴"라 표현한 것은 아닐까? 교회가 박해받던 시기에 권력자들의 법정에서 십자가를 밟고 지나가던 사람들이 있었다(Pliny, Ep. 10. 96). 그런 역사 속의 거짓 그리스도인들에게만 이 구절이 적용되는 게 아니다. 오랫동안 하나님의 "비"를 흡수하고서도 농부가 기대한 열매가 아닌 가시와 엉겅퀴를 내는 땅, 그 땅이 바로 우리일 수도 있다.

　　9절 이하는 일종의 반전이며 목회적 격려이다. 그 격려는 8절까지의 엄중한 경고의 목소리와 균형을 이룬다. 설교자는 청중들에게 "구원을 얻게 하는 것"을 발견했다고 말한다. "성도를 섬기면서 하나님의 이름을 위해 보여 준 행위와 사랑"이 바로 그것이다. 구제일 수도 있고 기도나 신앙적 권면일 수도 있지만 공통적으로 그 모든 행위와 사랑은 "보여졌다"(endeiknumi). 그렇게 보여진 행위와 사랑을 잊지 않으시는 하나님은 공평하시다. 더 나아가 설교자는 "끝내 소망이 성취되도록" 청중이 같은 열성을 "보여 줄" 것을 주문한다(11절).

12절은 11절과 거의 같은 내용을 말한다. '소망의 성취'(11절)는 곧 '약속의 상속'(12절)이며, '같은 열성'(11절)을 보이게 되면 자연히 '게을러지지 않고'(12절), '믿음과 인내'(12절)를 지니게 될 것이다. 그런데 여기서 설교자는 "믿음과 인내로 약속된 것을 상속받은 이"를 본받으라고 권한다. 그가 아브라함이다.

하나님이 주신 소망은 안전하고 견고하다 6:13-20

13 하나님께서는 아브라함에게 약속하실 때, 당신이 그 이름을 걸고 맹세할 만큼 더 위대한 이가 없기 때문에 자신을 두고 맹세하면서

14 "나는 너를 한껏 축복하고 너를 크게 번성하게 해주겠다."

하고 말씀하셨습니다. 15 그렇게 아브라함은 끈기 있게 기다린 끝에 약속된 것을 획득했습니다. 16 사람들은 자기보다 더 위대한 이를 걸고 맹세합니다. 그리고 그 맹세는 모든 논쟁을 그치게 하는 확언이 됩니다. 17 그래서 하나님께서는 약속된 것의 상속자들에게 그분의 계획이 변하지 않는다는 것을 더 명확히 보여 주기를 원하셔서 맹세로써 보증하셨습니다. 18 이 두 가지 행동은 불변성을 전제하기 때문에 하나님은 그 두 가지를 통해서 거짓말하실 수 없습니다. 그 결과 우리가 앞에 놓인 소망을 붙잡기 위해 그분께 피신할 때 강한 권면을 받습니다. 19 이 희망을 우리는 마치 영혼의 닻과 같이 지니고 있어서 안전하고 견고합니다. 그리고 그 희망

은 휘장의 내부로 들어갑니다. 20 그곳에는 우리를 대표하는 선구
자 예수께서 들어가셨습니다. 그리고 그분은 영원히 멜기세덱과
같은 유형의 대제사장이십니다.

구약성경의 아브라함을 특징짓는 두 단어가 있다면 그것은 '약속'
과 '믿음'이다. 앞서 살핀 대로 13절의 아브라함은 12절의 "약속된
것을 믿음과 인내로 상속받는 이들" 중 대표적 인물이다. 하지만 히
브리서의 설교자는 로마서 4장이나 갈라디아서 3장의 바울처럼 아
브라함의 믿음을 깊이 논의하지 않는다. 설교자의 관심은 아브라
함의 믿음보다는 그가 받았던 약속의 확실성에 있었다. 아브라함
의 믿음과 인내조차도 그의 개인적 덕이 아니었다. 하나님께서 확
실한 약속을 주셨기에 그는 믿을 수 있었다. 약속이 확실하다면 그
약속을 주신 하나님은 신실하실 수밖에 없다. 그래서 약속과 맹세,
이 두 가지는 하나님의 신실하심을 구성하는 두 가지 근거다(18절).
　　하나님의 신실하심은 구약성경은 물론 신약성경에서도 중
요하게 다루는 신학적 주제이다. 인류와 피조 세계를 구원하시려는
하나님의 의지의 기저에는 그분의 신실하신 성품이 있다. 하나님의
신실하심의 출발점은 그분의 말씀, 특히 인간과 맺으신 언약이다.
하나님은 약속을 어기지 않는 분, 식언(食言)하지 않는 분이시다(민
23:19). 히브리서의 설교자의 독특한 관점은 하나님의 약속이 단순
한 언명(言明)만이 아니라 맹세와 함께 주어졌다는 관찰에 있다. 이
관찰은 다름 아닌 성경에 대한 관찰이다. 비록 14절에 창세기 22장
17절이 인용되긴 했지만 히브리서의 맥락에서 더 중요한 지점은 "내
가 나를 가리켜 맹세하노니"(창 22:16)를 언급하고 있는 13절이다. 보
통 맹세는 자신보다 더 큰 권위, 능력을 지닌 존재를 걸고 하게 되는
데 하나님께는 그러한 존재가 있을 수 없다. 따라서 자신을 두고 맹
세하셨다.
　　논의의 종착점은 우리의 소망의 확실성이다. 옛날 아브라
함이 받은 약속이 확실히 이루어졌듯이 우리가 가진 소망도 확실

히 이루어질 것이다. 13절에서 출발점은 아브라함의 약속이었지만 17절에서 아브라함을 포함한 모든 "약속된 것의 상속자들"을 언급했고, 18절에서는 "우리 앞에 놓인 소망"으로 시선을 돌린다. 아브라함 때처럼 지금도 하나님의 약속은 실현되어야 한다. 실현의 주체는 하나님이시다. 그러니 우리는 팔짱 끼고 지켜보기만 하면 되는 걸까? 그럴 수 없는 이유는 우리가 이해 당사자이기 때문이다. 우리는 약속의 성취에 함께 참여할 것이다. 약속 성취의 확실성을 믿는 사람과 믿지 못하는 사람은 분명 지금 삶의 내용이 다르다. 이렇게 달라지라고, 무엇을 하라고 설교자가 우리에게 직접적으로 명령하거나 권면하는 것은 없다. 대신 18절에서 그리스어 접속사 '히나'(hina)를 사용해서 은근히 명령과 권면을 표현한다. '히나'의 기능이 두 가지이므로 번역도 두 방향이 가능하다. 주절인 17절과 연결하여 보면 다음처럼 옮길 수 있다.

'hina'의 기능	히 6:17-18의 번역
목적	"하나님께서 맹세로 보증하신 목적은 우리가 소망을 굳게 붙잡고자 그분께 피신하여…… 강한 권면을 받게 하기 위해서이다"
결과	"하나님께서 맹세로 보증하신 결과 우리가 소망을 굳게 붙잡고자 그분께 피신하여…… 강한 권면을 받게 된다"

목적이든 결과든 하나님의 맹세가 우리의 현재 삶에 큰 영향을 주는 것은 분명하다. 우리는 그분께 피신해야 하며, 그분이 주시는 "강한 권면"을 누려야 한다. 이어지는 19-20절과 18절을 연결해서 보면 "하나님께 피신함"이 얼마나 중요한지 더 분명히 나타난다. 하나님께 피한다는 것은 우리의 모든 것을 '의지, 의탁, 신뢰, 헌신'하는 행동이다. 하나님의 절대 능력을 인정한 사람이 그분께 피할 수 있다. '피신'은 우리가 주체가 되는 능동적 행동이면서 또한 본질적으로 하나님의

능력에 대한 우리의 수동적·반응적 행동일 수밖에 없다.

18절의 "하나님께 피함"은 19절에서 "휘장의 내부로 들어감"으로 전환된다. 휘장은 이스라엘의 종교사적 관점에서 매우 독특한 장소 혹은 물건이다. 휘장을 사이에 두고, 휘장 안쪽에서, 혹은 휘장이 있는 그 공간에서 하나님과 인간 사이의 만남이 발생한다. 본래 만날 수 없고 만나서는 안 되는 두 세계가 거기에서 만나서 교제하고 화해한다. 하나님의 절대 거룩 앞에 우리의 속됨은 반드시 드러난다. 그분께 엎드려 경배하면서 제물과 함께 우리는 우리 자신을 하나님께 바친다. 그 모든 과정을 매개하는 일꾼, 중재자가 필요하다. 바로 대제사장이다. 그는 우리와 같으면서 달라야 하고, 우리 중 하나이면서 우리를 대표해야 한다. 이 두 기능이 20절에서 "선구자" 그리고 "멜기세덱"이라는 이름으로 형상화된다.

5장 6절과 10절에서 이미 사용한 시편 110편 4절이 20절에 담겨 있다. 특히 중요한 단어가 "영원히"이다. 여기서는 존재의 영원성 혹은 초월성을 드러내며 그것이 7장의 출발점이 될 것이다. "예수" 앞에 놓여서 동격의 기능을 하는 명사 "선도자"(prodromos)[6]는 히브리서는 물론 신약 전체에서 여기에서만 사용된 단어다. 성경 외 문헌에서 이 단어의 용례를 보면 '전령'(메신저)을 뜻하거나 전쟁에서 최전방으로 진격하는 '선발대, 기동타격대'를 가리켰다. 달리기 경주에서 혼자 앞으로 치고 나오는 '선두주자'를 지시하기도 한다. 이 마지막 의미가 어원("앞서 달리는 사람")과 가장 가깝다. 예수께서는 휘장 내부로 맨 앞에서 달려 들어가셨고 우리도 그곳으로 그분을 따라 들어갈 것이다. 그래서 그분은 선두주자이시다. 또한 그분은 선구자이시다. 아무도 가지 않은 길을 그분은 십자가를 지고 가셨다. 길도 없는 황야에 길을 만들어 내셨다. 그 파격과 창조의 사역에는 개척자(pioneer), 선구자(forerunner)라는 이름도 어울린다.

---

6. 이 명사를 우리말 명사로 옮긴 성경은 찾아보기 힘들다. 자세한 논의는 번역 주를 참고할 것.

127

질문

1. 히브리서 설교자가 말하는 "듣는 데에 둔해진" 상태는 구체적으로 어떤 상황을 가리킵니까?
2. "의의 말씀"을 알고 "선한 것과 악한 것을 구별할" 줄 안다는 것은 어떤 상태를 가리킵니까?
3. 그리스도에 관한 기초적 원리라고 제시된 여섯 가지 항목을 각각 한 문장으로 설명해 봅시다.
4. 배교 본문(6:4-8)을 너무 가볍게도, 너무 심각하게도 받아들이지 말아야 하는 이유가 무엇입니까?

묵상

여기에 묘사된 성숙 혹은 미숙한 신앙의 모습은 상식이나 신약성경의 다른 부분에서 묘사된 것과 달라 보입니다. 신앙이 성숙했음을 알 수 있는 몇 가지 척도는 다음과 같습니다—'단단한 음식'을 먹을 수 있는가? '유익한 농작물'을 내고 있는가? 성도들을 섬기는 행위와 사랑이 있는가? 하나님이 약속하신 것이 이루어질 때까지 끈기있게 기다리는가?

9
멜기세덱과 같은 대제사장

7:1-28

멜기세덱은 5장 6절에서 시편 110편 4절이 인용될 때 처음 나왔고 그 구절이 5장 10절에 다시 선포된다. 6장 11절에 따르면 설교자는 멜기세덱에 관해 "할 말이 많았다". 하지만 청중이 알아듣지 못할까 망설인다. 그리고 잠시 주제를 벗어나서 그리스도인의 성숙(5:11-6:3), 배교의 위험(6:4-12), 하나님의 약속의 확실성(6:13-19)을 묵상하고 나서 19절에서 소망의 확실성을 "휘장 안으로 들어감"과 연결시킨다. 휘장, 즉 성막은 제의 활동이 일어나는 곳이다. 대제사장만이 휘장 안으로 들어갈 수 있다. 그것도 1년에 한 번, 대속죄일에 속죄 제의를 행할 때만 가능하다. 이 주제는 히브리서의 그리스도 이해의 핵심인데 9장 이후에서 본격적으로 다룰 것이다. 결국 그리스도가 종착점이다. 멜기세덱과 이스라엘의 대제사장은 그리스도를 이해하기 위해 배치된 안내 표지판들이다. 7장 전체의 구조를 보면 크게 두 개의 소단락으로 짜여진다. 먼저 멜기세덱으로 시작하고(1-10절) 이스라엘의 대제사장직을 규정하는 율법으로 마무리된다(11-28절).

멜기세덱의 약전(略傳) 7:1-10

1 그런데 이 멜기세덱이라는 이는 "살렘의 왕"이고 "지극히 높으신 하나님의 제사장"으로서 "왕들을 쳐부수고 돌아오는" 아브라함을 만나서 "그에게 축복했습니다." 2 아브라함은 "모든 것의 십분의 일"을 그에게 나누어 주었습니다. 먼저 그의 이름을 번역하면 "정의의 왕"이고 또한 살렘의 왕, 즉 "평화의 왕"이기도 합니다. 3 "아버지도 없고 어머니도 없고 족보도 없는 이", 그에게는 생애의 시작도 끝도 없기에 하나님의 아들과 유사한 상태로 영원히 제사장으로 남아 있습니다.

4 이 사람이 얼마나 위대한지 생각해 보십시오. 족장 아브라함이 전리품에서 십분의 일을 그에게 바쳤습니다. 5 레위의 자손들 중 제사장직을 맡은 이들은 율법에 의거해서 백성, 즉 형제들로부터 십분의 일을 받아야 합니다. 그들도 역시 아브라함의 허리로부터 나왔는데도 그렇습니다. 6 그런데 그들의 족보에 들지도 않은 사람이 아브라함으로부터 십분의 일을 받았고 그 약속의 소유자에게 축복했습니다. 7 따질 필요도 없이, 더 낮은 사람이 더 높은 사람에게 복빎을 받는 법입니다. 8 뒤의 경우는 죽게 될 사람들이 십일조를 받았고 앞의 경우는 살아 있다고 증언된 사람이 십일조를 받았습니다. 9 달리 표현하면, 십일조를 받는 레위도 아브라함을 통해서 십일조를 바친 셈입니다. 10 왜냐하면 아브라함이 멜기세덱을 만났을 때 그는 아직 그의 조상의 허리에 있었기 때문입니다.

시편 110편 4절과 함께 구약에서 멜기세덱이 언급된 유일한 또 하나의 본문은 창세기 14장 18-20절이다. 그런데 이 창세기 본문은 히브리서는 물론 신약 전체에서 한 번도 인용된 적이 없다. 그래서 멜기세덱에 관해 설명하기 위해 창세기 14장 본문을 인용할 수밖에 없다.

창세기 12장 이후 이야기의 흐름에서 볼 때 14장 18-20절의 주인공은 아브람이다. 그는 본래 고향이었던 갈대아인들의 땅 우르를 떠나 가나안으로 이주했다. 거기서 유목 생활을 하던 중 조카 롯이 소돔 지역으로 갈라져 나갔다. 얼마 후 가나안의 아홉 토착 왕국이 두 패로 나뉘어 전쟁을 벌였고, 롯이 거주하던 소돔 왕도 여기에 관여했다가 패하는 바람에 롯까지 포로로 잡혀갔다. 아브람은 즉시 자기 사병들을 이끌고 가서 롯을 구출해 냈다. 돌아오는 길에 소돔 왕 베라의 영접을 받았고(14:17), 살렘 왕 멜기세덱도 소돔 왕과 동행했던 것 같다. 아브람과 조우한 멜기세덱은 '천지의 주재이시며 지극히 높으신 하나님'의 이름으로 축복한다. 아브람은 노획물의 십분의 일을 바친다. 창세기 14장에 하나님이 언급되는 구절은 18-20절밖에 없다. 나머지 부분에서는 아브람 당시의 정치적·군사적 정황과 전쟁을 보도하고 있었을 뿐이다. 주인공 아브람의 용맹과 의리가 14장의 주제라고 보아도 무방할 것이다. 그 와중에 18-20절은 이 모든 인간사 이면에 계신 하나님의 존재를 기억하게 한다. 멜기세덱은 그의 등장과 행동, 퇴장 등 모든 면에서 신비롭고 초월적인 분위기를 자아낸다. 히브리서 7장에서 설교자가 주목하고 있는 것도 바로 그 지점이다. 창세기 14장의 나머지 이야기, 심지어 아브람의 성품이나 신앙조차도 멜기세덱을 도드라지게 하기 위한 배경으로 기능한다.

7장 1-2상반절에는 창세기 14장 18절이 거의 직접 인용되어 있고 그에 대한 해설이 2하반절 이하에 이어진다. 멜기세덱은 "의의 왕"과 "평강의 왕"이다. 전자는 그의 이름에 들어 있는 두 히브리어 단어, "왕"과 "의"를 사전적으로 번역한 결과다. 또 지명인 그리스어 "살렘"은 히브리어 "샬롬"의 음역이기 때문에 "평강"이라고 옮길 수 있다. 반면 3상반절에 '아버지도 없고, 어머니고 없고, 족보도 없는 이, 그리고 생애의 시작도 끝도 없는 이'라는 표현은 성경 인용이 아니다. 시편 110편 4절의 "영원한 (제사장)"의 해설이라 보아야겠지만 그 표현 자체는 당시 그리스 문헌에서 신적 존재를 묘사할 때 종종 사용되었던 표현과 유사하다.[1]

여기까지는 호칭과 신원에 관한 논의였다. 이제 3하반절부터 멜기세덱이 히브리서의 맥락에서 왜 중요한지 밝혀진다. 그는 "하나님의 아들과 유사"하다. 히브리서를 처음부터 읽어 온 독자라면 '하나님의 아들'이 예수 그리스도를 지칭한다는 사실을 알고 있을 것이다(1:2-6, 8; 3:6). 여기서 중요한 점은 상태동사 "비슷하다"(homoioō)의 주술 관계이다. 하나님의 아들이 멜기세덱과 유사한 게 아니라 그 반대이므로 결국 하나님의 아들이 본질적이고 우월한 지위에 있다. 두 존재가 모두 영원하다고 해서 그 둘의 지위가 동등한 것은 아니다. 또한 "비슷하다"를 "비견하다, 비겨서 표현하다, 비유하다"로 이해할 수 있다. 설교자는 하나님의 아들을 설명하는 데 필요해서 멜기세덱에 관한 구약의 기록을 끌어다 썼다. 따라서 우리는 그 상징적·비유적 기능에 집중해야 한다.

4-10절에는 하나의 논지가 작동한다. 멜기세덱의 위대함이 바로 그것이다. 핵심 논증은 다음과 같은 단순 삼단 논법에 기초한다.

대전제	더 낮은 사람이 더 높은 사람에게 복빎을 받는다(7절).
소전제	레위는 (아브람을 통해) 멜기세덱에게 (십일조를 바치고) 복빎을 받았다(9-10절).
결론	멜기세덱이 레위보다 더 위대하다.

창세기 14장에 레위는 등장하지 않는다. 하지만 설교자의 묵상을 통해 독특한 개념 하나가 가미된다. 아브람이 멜기세덱에게 십일조

---

1. 예를 들어 여러 그리스 신들은 어머니 혹은 아버지가 없다고 여겨졌고 아무에게서도 태어나지 않은 존재로 생각되었다. 1세기 말 혹은 2세기 초의 저작으로 추정되는 《아브라함의 묵시》 17:10에 따르면 이스라엘의 하나님은 "아버지도 없고, 어머니도 없고, 태어나지 않은 분"이다. 3세기 말~4세기 초 교부였던 락탄티우스(Divine Institutes 1.7.1)는 아폴로 신을 "스스로 존재하고, 아무에게도 가르침받지 않았고, 어머니도 없고, 동요하지 않는 존재"라고 묘사하기도 했다. Koester, *Hebrews*, 342-43.

를 바쳤고 축복을 받았다. 그때 아브람의 "허리에" 그의 증손자 레위가 있었고 결과적으로 아브람을 통해 레위가 멜기세덱에게 축복을 받은 셈이다. 설교자는 이 기발한 아이디어를 어디서 얻었을까? '조상의 허리에서 후손이 나온다'는 사상은 창세기 35장 11절에 표명되어 있다. '태어나지 않은 후손이 아직 조상의 허리에 있었다'도 크게 보면 그 개념에 기원하고 있다.[2] 그럼에도 불구하고 이것을 문자적으로 이해하기는 곤란하다. 같은 논리로 보면 예수 그리스도도 아브람의 허리에 있었고, 결국 예수 그리스도보다 멜기세덱이 위대하다는 결론에 이르게 될 수 있는데 이것은 히브리서 7장에서 설교자의 논지가 아니다.

여기까지 설교자의 논지는 레위보다 우월한 멜기세덱의 지위이다. 아브람과 멜기세덱과의 만남을 사용해서 설교자는 그 점을 역설했다. 그 와중에 설교자는 또 한 가지 모티프를 사용해서 레위에 대한 멜기세덱의 우월성을 역설한다. 8절에 그것이 나타난다. 레위는 "죽게 될 사람"인 반면 멜기세덱은 "살아 있다고 증언된 사람"이다. 둘의 기능은 동일하지만(십일조 접수), 존재의 위계는 다르다(필멸/불멸). 적어도 성경은 그렇게 증언한다.

더 좋은 언약 7:11-28

11 만약 레위의 제사장직, 즉 백성이 그것을 바탕으로 율법을 받은 그 제사장직을 통해서 온전함이 도래했다면, 아론 계열을 따라 부르심을 받지 않고 멜기세덱과 같은 유형의 또 다른 제사장을 세울 필요가 어디 있습니까? 12 그처럼 제사장직이 변했기 때문에

---

2. 두 개념 사이에 유사성은 있지만 동일하지는 않다. 창세기 35:11은 단순히 기원·출처를 표현하며 아브람과 레위 간의 혈연적·유전적 연결을 말하고 있다. 반면, 히브리서 7:10은 아브람 생전에 이미 레위가 아브람과 함께 실재했다는 의미이다. 하나의 사태—혈연적 계승관계—를 전자는 통시적 전망에서, 후자는 공시적 전망에서 바라본다.

율법에도 변화가 생기기 마련입니다.

13 이러한 내용이 지칭하는 이분은 다른 지파에 속했고, 그 지파에서는 아무도 제물을 바치지 못합니다. **14** 다시 말해서 우리 주께서 유다로부터 나신 것이 분명하고 모세는 제사장들에 관하여 말할 때 이 지파를 언급하지 않았습니다. **15** 멜기세덱과 흡사한 대제사장이 일어난 사실을 통해 이 점은 더욱 분명해졌습니다. **16** 그분은 육체의 계명의 법이 아니라 불멸하는 생명의 능력을 따라서 제사장이 되셨습니다. **17** 왜냐하면 "너는 멜기세덱의 계열을 따른 영원한 대제사장이다." 하고 성경에 증언되어 있기 때문입니다.

18 예전의 계명은 연약하고 무익하기 때문에 폐지되었습니다. **19** 사실 율법은 아무것도 온전하게 하지 못했습니다. 그러나 더 나은 희망이 들어왔고 그것을 통하여 우리는 하나님께 다가갑니다. **20** 그리고 이 일은 하나님의 맹세 없이 이루어진 것이 아닙니다. 다른 이들은 맹세 없이 제사장이 되었지만 **21** 그분은 "주께서 맹세하고 후회하지 않을 것이다.

'너는 영원히 대제사장이라'" 했듯이 그분께 말씀하신 분의 맹세로 제사장이 되었습니다. **22** 예수께서는 이러한 차이만큼 더 나은 언약의 보증인이 되셨습니다. **23** 다른 제사장들은 죽음 때문에 직무를 계속할 수가 없어 그 수가 많아졌습니다. **24** 그러나 그분은 영원히 계시므로 영구한 대제사장직을 지니십니다. **25** 그리하여 그분께서는 자신을 통하여 하나님께 나아가는 사람들을 언제나 구원하실 수 있습니다. 그분께서는 늘 살아 계시어 그들을 위해 중보기도를 하십니다.

26 이런 대제사장이 우리에게 적합합니다. 거룩하고 악이 없고 더러움이 없고 죄인들에게서 분리되어서 하늘보다 더 높은 분이 되셨습니다. **27** 그분은 다른 대제사장들처럼 날마다 먼저 자신의 죄를 위해서, 그리고 다음으로 백성의 죄를 위해서 제물을 바칠 필요가 없습니다. 자신을 제물로 바침으로써 단번에 이것을 이루셨기 때문입니다.

28 율법은 연약함을 지닌 사람들을 대제사장으로 세웠지만 율법 후에 하신 맹세의 말씀은 영원하고도 온전하게 되신 아들을 대제사장으로 세웠습니다.

앞 단락에서 설교자는 멜기세덱을 집중 조명했다. 그는 초월적이며 신적인 존재다. 뿐만 아니라 이스라엘의 제사장들을 배출했던 레위에 대해 제사장 역할을 했기 때문에 보다 우월한 지위에 있다. 이제 그 멜기세덱을 렌즈 삼아 그리스도를 조명할 차례다.

이 단락은 일종의 양괄식 구성을 가지고 있다. 머리에 제시된 주제(11-12절)가 말미에서 확정되는데(28절) 이 주제의 핵심은 예수 그리스도와 율법의 관계이다. 아들의 대제사장직은 율법에서 규정하는 제사장직보다 뛰어나다. 하지만 이것은 제사장의 자격이나 역할의 문제만이 아니다. 제사장직을 규정하는 율법 자체의 본질적 한계과 연약함을 지적하지 않을 수 없다. 이미 이 단락에서 율법은 "육체의 계명의 법"(16절), "예전 계명"(18절)이라고 불리기 시작하고, 8장 7절 이하에서 예레미야 33장 31-33절이 인용되면서 '첫 언약/새 언약'의 대조가 본격적으로 논의될 것이다. 다만, 큰 그림으로 보면 옛 언약, 모세 율법의 폐기가 히브리서 전체의 주제라고 보기는 어렵다. 히브리서의 중심에는 예수 그리스도가 있다. 율법의 문제도 예수 그리스도의 신원과 사역을 제대로 이해하기 위해 동원된 보조 논증이다.

처음과 끝에 제시된 주제를 사이에 두고 이 단락의 몸통 부분에 레위 지파의 대제사장직과 멜기세덱과 같은 유형의 대제사장직을 비교, 대조하는 여섯 꼭지의 논증이 배열된다(synkrisis). 각 논증의 내용은 앞 단락에 제시된 대로 성경으로부터 추출한 정보, 대제사장직에 대한 일반적 관찰, 그리고 예수 그리스도의 성품, 능력, 사역에 대한 전승을 기반으로 한다. 그래서 이 단락의 논증 구조는 다음과 같이 조망해 볼 수 있다.

주제(11-12절)		제사장직이 변했으므로 율법도 변했다
논증	① 출신(13-14절)	레위 지파 / 유다 지파
	② 본성(15-17절)	육체의 계명의 법을 따름 / 멜기세덱처럼 불멸하는 생명의 능력을 따름
	③ 결과(18-19절)	무력하고 무익한 예전 계명 / 하나님께 다가가게 하는 더 나은 소망
	④ 맹세(20-22절)	맹세 없이 된 제사장 / 맹세로 된 제사장
	⑤ 한계(23-25절)	죽음 때문에 많은 수의 제사장이 필요함 / 영원히 계심
	⑥ 죄성(26-27절)	자신과 백성의 죄를 위해 날마다 제사드리는 제사장 / 죄 없는 자신을 제물로 단번에 바치신 제사
주제(28절)		율법은 연약한 사람들을, 맹세의 말씀은 영원하고 온전하게 되신 아들을 대제사장으로 세웠다

위 표에서 보듯이 출신, 본성, 결과, 맹세, 한계, 죄성에 있어서 두 대제사장은 날카롭게 대비된다. 한편에는 레위 지파 소속 제사장직이, 다른 한편에는 예수의 대제사장직이 있다. 예수의 대제사장직은 멜기세덱의 대제사장직에 뿌리를 두고 그것을 포괄하면서 보다 온전한 활동과 분명한 속성을 나타낸다. 여섯 가지 항목 중, ② '불멸하는 생명', ④ '하나님의 맹세로써 제사장에 임명됨', ⑤ '영원함'에 있어서 멜기세덱은 예수를 예표했다. 창세기 14장과 시편 110편이 이 점을 증명한다. 출신 항목(①)도 예수와 멜기세덱의 공통속성으로 간주할 수 있다. 멜기세덱이 유다 지파는 아니었지만 비(非)레위 지파라는 사실은 예수와 공통되기 때문이다. 결과(③)를 따져 보면 아브라함이 하나님께 더 가까이 다가가도록 멜기세덱이 어떤 역할을 했는지는 분명하지 않지만 제사장이 본질적으로 중재

사역을 한다는 점에 착안한다면 그렇지 않았다고 단정하기도 어렵다. 마지막으로 ⑥은 멜기세덱을 예수의 예표로 보기 어려운 지점이다. 멜기세덱은 죄 없는 자신을 다른 이들을 위한 속죄 제물로 단번에 바친 적이 없다. 이 지점에서 청중의 시선은 멜기세덱에서 예수께로 옮겨 간다.

멜기세덱을 집중 조명하면서 시작한 7장은 후반부로 넘어오면서 논점의 방향을 하나님의 아들에게로 돌린다. 멜기세덱과 그리스도의 공통점은 "영원한 제사장"직에 있다. 히브리서의 "영원성"은 단지 시간의 길이를 말하는 게 아니다. 불멸성, 생명, 확실성, 거룩함, 죄 없음, 그리고 온전함 등의 개념이 그 안에 모두 포괄된다. 그리고 이 맥락에서 설교자는 그리스도의 대제사장직를 도드라지게 하는 배경적·대조적 역할로서 율법과 율법이 규정한 이스라엘의 대제사장직을 파고든다. 7장 11-28절에서 설교자는 이 논의의 주요 논점만을 건드렸다. 이제 8장 1절-10장 18절에서 하나하나 펼쳐 갈 것이다.

질문

1. 레위 지파 외에는 대제사장이 될 수 없는데 예수께서는 유다 지파 출신입니다. 하지만 그분은 인류를 위한 대세사장의 직무를 수행하셨습니다. 이 두 사실 사이의 모순이 멜기세덱을 통해 해결될 수 있습니까?
2. 멜기세덱이 예수의 모형일까요 아니면 예수께서 멜기세덱의 모형일까요?
3. 멜기세덱의 유형을 따른 대제사장 예수와 레위 지파 출신 대제사장들을 여섯 가지 측면에서 비교 및 대조해 봅시다.

묵상

멜기세덱과 그리스도의 공통점은 "영원한 제사장"직에 있습니다. 히브리서의 "영원성"은 단지 시간의 길이를 말하는 게 아닙니다. 영원한 제사장 예수께서 우리에게 주시는 영원한 생명(영생)의 본질을 묵상해 봅시다.

새 언약에 따른 속죄

이 단락은 내용상 앞 단락과 긴밀하게 연결되어 있다. 비록 앞 단락이 멜기세덱 논의로 시작하긴 했지만 종착점은 율법과 언약, 그것에 따른 이스라엘의 대제사장직을 하나님 아들의 대제사장직과 대조하는 구도였다. 8장은 그 대조의 연장선상에 있다. 8장과 9장, 그리고 10장 1-18절을 분리해서 더 작은 단락으로 만들기 어려운 이유가 있다. 8장 8절 이하에 인용되는 예레미야 33장 31-33절이 일종의 설교를 위한 본문처럼 기능하며 9장 1절-10장 18절이 그 본문에 대한 석의로 제시되고 있기 때문이다. 마치 시편 95편 7-11절을 본문 삼아 석의를 진행한 히브리서 3장 12절-4장 13절이 한 편의 설교처럼 짜인 것과 비슷하다.

주장: 더 탁월한 제사 직무를 통한 더 좋은 언약의 중보	8:1-6
논거: 첫 언약을 대체하는 둘째 언약	8:7-13

논증: 첫 언약에 따른 속죄제와 성소	9:1-10
논증: 새 언약에 따른 속죄제와 성소	9:11-28
논증: 영원한 제사의 효력: 거룩함과 온전함	10:1-18

더 탁월한 제사 직무를 통한 더 좋은 언약의 중보 8:1-6

1 지금 하는 말의 요지는 이것입니다. 우리가 가진 대제사장은 아주 훌륭한 분으로서 하늘에 있는 존엄하신 분의 보좌 오른편에 앉으셨습니다. 2 그분은 거룩한 곳, 즉 사람이 아니라 하나님이 설치하신 참 장막에서 예배하는 일을 하고 계십니다. 3 대제사장은 예물과 제물을 바치기 위해 지명됩니다. 그렇다면 그분도 또한 무언가 바칠 것이 있어야 합니다. 4 만약 그분이 땅에 계시다면 제사장이 되지 않으실 겁니다. 왜냐하면 율법에 의거하여 예물을 바치는 사람들이 있기 때문입니다.

5 그들은 천상의 것들의 모사(摹寫)와 그림자에서 제사장 일을 합니다. 그래서 모세가 하나님의 지시를 받아 장막을 짓고자 할 때, 하나님은 "산에서 네게 보여진 모형에 따라 모든 것을 만들어야 한다." 하고 말씀하셨습니다. 6 반면 이제 그분은 더 좋은 언약의 중보자이신 그 정도만큼 더 탁월한 제사 직무를 얻으셨고, 그 언약은 더 좋은 약속들에 근거하여 제정되었습니다.

8장은 '요지, 핵심, 주제'라는 단어로 시작한다. "지금 하는"이라는 현재분사는 히브리서를 설교의 정황으로 이해해야 할 또 하나의 이유가 된다. 7장부터 이어지는 멜기세덱과 레위 지파, 그리고 예수의 대제사장직에 대한 논의는 단지 말을 위한 말, 추상적인 신학 강의가 아니다. "그런 대제사장을 우리가 가지고 있다"는 사실로부터 우리의 태도와 생각, 삶에 구체적 도전과 도움을 받는다. 신학은 삶과 유리될 수 없다. 신학의 모든 언어, 모든 개념이 다 실용적이라는 뜻은 아니지만 하나님을 앎이 깊어지면서 꾸준한 삶의 변화가 없다면 뭔가 잘못된 일이다. 하나님의 계시의 말씀은 결국 우리의 생명, 공동체의 삶에 영향을 줄 것이다.

우리에게 있는 대제사장에 관해서 설교자는 두 가지 내용을 말한다. 첫 번째는 그분이 하늘에 하나님 보좌 우편에 앉으셨다는 사실(1하), 두 번째는 천상의 참 장막에서 제사장의 직무를 수행하신다는 사실이다(2-3절). 전자는 앞서 1, 2장에서 충분히 설명되었다. 후자의 내용이 이 단락 대부분을 차지하게 될 주제에 해당한다. 결국 크게 보면 "장막"과 "제사"라는 두 가지 차원에서 지상의 현실과 천상의 현실을 비교 및 대조하게 될 것이다. 비교에 있어서 기본 전제는 지상 현실이 천상 현실의 "모형과 그림자"라는 이해이다(5상). 이 진술은 1세기 그리스-로마 세계의 지배적인 사상을 반영한다. 고대 그리스에서 성행했던 플라톤주의는 이 시기에 알렉산드리아를 중심으로 중(中)플라톤주의(Middle Platonism)로 발전했다. 이 사상의 요체인 형이상학적 이원론은 고대 지중해 연안 사회 전반에 스며들었다. 히브리서의 설교자가 청중과 공유하는 세계관과 언어를 사용하는 것은 이상한 일이 아니다.

5하반절에 설교자는 출애굽기 25장 40절을 인용한다. 시내산에서 40일간 금식하며 모세는 성막의 구조와 건축 방식에 대해 하나님의 지시를 받았다. 그가 만든 설계도는 귀로 들은 게 아니라 눈으로 본 것에 기초한 것이었다. 그런데 성막의 원형과 모형의 관계는 그 자체보다는 그곳에서 일어나는 일을 보여 주기 위한 하나의 단초에 불과했다. 성막보다는 제사 직무에 있어서 원형과 모형의 관계가 훨씬 중요하기 때문이다. 이 단락 전체를 관통하는 주제문이 6절에 나온다. "더 탁월한 제사 직무"는 "더 좋은 언약의 중보자"에 의해서 수행될 것이며, "더 좋은 언약"은 "더 좋은 약속"들에 근거하여 제정되었다. 비교급 '더 좋음'이 적용되는 세 가지 요소

—제사 직무, 언약, 약속—는 동의어가 아니며 그렇다고 병렬적이고 독립적인 변수들도 아니다. 그 셋은 서로 밀접하게 얽혀 있기 때문에 우리는 그들 간의 상호 관계를 잘 이해할 필요가 있다.

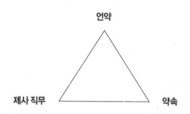

이해를 돕기 위한 한 가지 그림은 '언약'이 맨 위 꼭지점이 되고 '제사 직무'와 '약속'은 양편 아래의 두 꼭지점이 되는 삼각형의 구조이다. 언약은 하나님이 인간과 맺으신 관계에 기초한 규범과 가치를 포괄하고 있기 때문에 최상위 개념이며, 제사장과 제사 직무, 성소의 구조 등 제의와 관련된 모든 내용도 언약 아래에 포괄된다. 굳이 제사와 관련된 내용을 전면에 부각시키는 이유는 다소 추상적인 언약이라는 개념을 제사장과 성소를 가지고 구상적으로, 회화적으로 보여 줄 수 있기 때문이다. 제사 직무가 더 탁월하다면 그 제사 직무를 포괄하는 언약도 더 탁월하리라는 추론이 가능하다.

'약속' 역시 언약을 이해하는 중요한 단초다. 언약의 결말, 열매가 약속이라 할 수 있다. 아브라함과 맺으신 언약을 예로 들면 이삭이 그 언약의 약속이다. 시내산 언약에서 약속은 가나안 땅이다. 그리스도를 통해 신자들과 맺으신 언약의 열매는 무엇일까? 도대체 어떤 약속이 이 언약 속에 들어 있길래 둘째 언약이 첫 언약보다 더 좋은 언약이라 말할 수 있을까?

첫 언약을 대체하는 둘째 언약 8:7-13

7 만약 첫 언약이 잘못이 없다면 둘째 언약의 여지가 필요하지 않을 것입니다. 8 왜냐하면 그분은 그들을 책망하시면서 말씀하셨

기 때문입니다.

　　"보라, 그날이 온다 —주께서 말씀하신다—

　　그때 나는 이스라엘 집과 유다 집과 새 언약을 맺을 것
이다.

　　9 그것은 내가 그 조상들의 손을 잡고 이집트 땅에서 이
끌고 나올 때

　　그들과 맺었던 언약과는 다르다.

　　그들이 내 언약 안에 머물러 있지 않았고

　　그래서 나도 그들을 소홀히 여겼기 때문이다 —주께서
말씀하신다.

　　10 그날 이후에 내가 이스라엘 집과 맺을 언약은 이러
하다 —주께서 말씀하신다—

　　나는 그들의 생각 속에 나의 법들을 넣어 주고

　　그들의 마음에 그것들을 새길 것이다.

　　그리하여 나는 그들에게 하나님이 되고

　　그들은 나에게 백성이 될 것이다.

　　11 아무도 자기 이웃에게 가르치거나,

　　자기 형제에게 말하기를 '주를 알아라'고 하지 않을 것
이다.

　　왜냐하면 그들 중 작은 자부터 큰 자까지 누구나 나를
알게 될 것이기 때문이다.

　　12 나는 그들의 불의를 너그럽게 보아주고

　그들의 죄악들을 더 이상 기억하지 않을 것이기 때문이다."

　　13 새것을 말할 때 이미 처음 것은 낡아졌습니다. 그리고 낡아지고
오래된 것은 곧 사라집니다.

앞 단락에서 설교자는 '더 좋음'이라는 비교를 기조로 삼아 우리의
대제사장을 소개했었다. 비교는 본래 둘 이상의 개체를 서로 견주
어 보는 것이기 때문에 절대적이지 않고 상대적이다. 하지만 7절부

터 시작할 논의는 시간차를 두고 생겨났으며, 처음 것이 소멸된 자리를 두 번째 것이 대신 차지하는 양상을 다룬다. 첫 언약에 '흠이 있었기' 때문에 그것을 대신할 '흠 없는' 둘째 언약이 필요했다(7절). 물론 히브리서 설교자의 이 판단을 우리는 액면 그대로 받아들일 수도 있다. 하지만 히브리서와 신약성경 전체를 면밀하게 읽은 독자라면, 그리고 성경 전체를 통해 계시된 하나님을 묵상한 신학자라면 첫 언약의 잘못과 흠에 대해 멈추어 생각해 보게 된다. 당연히 그 첫 언약은 시내산 언약을 가리킨다. 모세 율법이라고 할 수도 있고, 어쩌면 구약("옛 언약") 전체라고 간주할 수도 있다. 혹자는 그처럼 부정적인 판단을 받은 대상이라면 예수께서 친히 정죄하신 바리새적 유대교, 율법주의일지 모른다고 짐작할 것이다. 하지만 아무리 1세기 바리새주의로 물든 유대교라 하더라도 구약성경을 최고의 신적 권위를 가진 경전으로 인정했다는 사실, 그리고 바리새주의가 모세 율법의 여러 해석 전승들의 총합과 다르지 않다는 사실을 기억해야 한다.

'첫 언약'의 핵심에 하나님과 이스라엘이 시내산에서 맺은 언약이 있음은 분명하다. 그런데 그것에 흠과 결함이 있다는 판단을 할 수 있는가? 구약을 폐기하고 신약만을 참된 신적 계시로 인정했던 마르키온(Marcion) 파를 제외하고 정통 그리스도인이라면 자신이 믿는 성경의 앞부분을 그렇게 홀대해서는 안 된다. 첫 언약의 흠은, 그것이 하나님께서 맺으신 언약인 한, 하나님의 흠으로 유추될 수 있기 때문이다. 그렇게 흠 있고 책망받을 만한 언약을 애초에 하나님께서 맺으셨을까? 설교자는 이 질문에 직접 응대하는 대신 이어지는 8절에 간접적이고 암시적인 방법으로 답한다.

8절은 문예적 기능으로 보자면 예레미야 31장 31-34절을 인용하기 위한 도입문이다. 그러면서도 거기에 한 의미 있는 신학적 진술이 담겨 있다. "하나님께서 그들(이스라엘)을 책망하셨다." 이 서술은 두 가지 면에서 중요하다. 첫째, "책망하다"에 해당하는 그리스어 동사는 7절의 "흠이 있다"에 해당하는 형용사와 그 어원이 같다(번역 주 참조). 첫 언약이 흠 없지 않다는 말을 한 직후에 하나님께서 첫 언약의 파트너인 이스라엘을 흠 잡으셨다고 언급함으로써 언약은 백성과 연결된다. 첫 언약의 흠은 하나님이 의도하신 것도 책임져야 할 것도 아니다. 그것은 언약 당사자인 이스라엘의 흠에 기인한다. 시내산 언약은 엄연한 하나님의 거룩하고 자비롭고 정의로운 본성이 반영된 언약이다. 언약의 본질이 잘못된 것이 아니다. 흠 없는 언약을 위반한 이스라엘이 책망받아야 한다.

둘째, "하나님의 책망"을 이해하기 위해서 여기에 인용하는 예레미야 31장 31-34절의 원문맥을 살펴볼 필요가 있다. 이 네 절에 담긴 새 언약의 선포는 예레미야 30장부터 나오는 귀환과 회복에 관한 예언의 마지막 부분이다. 물론 이 네 절에 곧바로 이어지는 35-37절에는 다시 심판과 형벌의 선언이 있지만 38절 이하에서 재건의 약속이 또다시 이어진다. 따라서 예레미야 31장 31절 이하의 근접 문맥만을 보면 "하나님의 책망"의 정황을 찾기 어렵다. 그러나 예레미야서를 1장부터 29장까지 읽어 오노라면 예언자의 어조에서 묻어나는 침통함과 음울함을 느끼지 않을 수 없다. 하나님은 마치 법정에 선 검사처럼 이스라엘의 죄악을 신랄하게 고발하시며 마침내 파멸의 선고를 내리신다. 예레미야 30, 31장은 그 긴 '책망'의 열기 끝에 솟아난 시원한 샘물 같은 구원과 회복의 복음이었다. 복음의 본질은 은혜이다. 옛 언약의 무력함은 새 언약이 품은 강력한 자비와 긍휼의 힘을 도드라지게 하는 배경이 된다. 히브리서의 설교자는 언약 자체의 본질을 검토하고 평가하지 않는다. 새 언약이 가져온, 그리고 가져올 엄청난 생명에 비추어 옛 언약의 열매가 얼마나 초라했는지를 말하고 싶을 뿐이다.

인용된 예레미야 본문의 무게중심도 마지막 부분(12절)에 놓여져야 한다. 이 신탁은 내용상 다음과 같이 세 부분으로 나누어진다.

도입: "그날"에 새 언약을 맺을 것이다	8하반절
회고: 출애굽 때 맺은 언약의 결과	9절
전망: "그날"에 맺을 언약의 결과	10-12절

하나님은 옛적 시내산에서 두 돌판에 법을 새겨 주셨고 모세에게 율법을 기록하게 하셨다. 미래의 어느 때, "그날"에 하나님은 다시 법을 새겨 주실 것이다. 하지만 이번에는 돌판이 아니라 마음에 쓰일 것이고, 그의 백성의 생각 속에 담길 것이다(10절). 하나님을 등지고 그분의 법을 거스르기를 거듭한 이스라엘, 그들이 맞닥뜨린 운명은 멸망이었고 속박이었다. "그날"은 하나님께서 자기 백성을 다시 불러 거룩하게 하실 날이다. 그때 하나님의 법은 이전과는 완전히 다른 방식으로 백성에게 주어질 것이다. 생각과 마음에 하나님의 법이 새겨지는 사건을 세뇌나 강요처럼 자발성과 주체성이 말살되는 과정이라고 생각할 필요가 없다. 하나님의 은혜를 맛본 이들은 감격과 즐거움으로 하나님의 법을 받아들일 것이기 때문이다. 법이 마음에 새겨지는 일은 하나님을 알고, 사랑하고, 예배하는 일을 말한다. 우리가 하나님을 사랑하기 전에 하나님이 먼저 우리를 사랑하셨다(요일 4:10). 먼저 사랑하신 하나님, 그분의 은혜에 응답하여 기꺼이 순종하는 사람들이 바로 예레미야가 환상 속에 목격한 이들이다.

첫 언약에 따른 속죄제와 성소 9:1-10

1 이제 첫 언약에도 예배 규칙과 이 세상에 속한 성소가 있었습니다. 2 거기에는 장막이 세워져 있었고 첫째 장막 안에는 등잔과 상과 차려 놓은 빵이 있었습니다. 그것을 '성소'라 부릅니다. 3 그리고 둘째 휘장 뒤에는 '지성소'라 불리는 장막이 있었습니다. 4 거기

에는 금으로 된 분향제단과 온통 금으로 입힌 언약궤가 있었고, 그 안에는 만나가 든 금항아리와 싹이 돋은 아론의 지팡이와 언약의 돌판들이 있었습니다. 5 그리고 그 위에는 영광의 커룹들이 속죄소 위에 드리워 있었습니다. 그것들에 관해 지금은 하나하나 이야기할 수 없습니다. 6 이처럼 갖추어진 상태에서 제사장들은 첫 번째 장막 안으로 들어가서 늘 예배의 직무를 완수합니다. 7 하지만 두 번째 장막 안으로는 일 년에 한 번 단지 대제사장만이 들어가며, 반드시 피를 가지고서, 자신을 위해서 그리고 백성이 모르고 지은 죄들을 위해서 들어갑니다.

8 그리고 성령은 다음과 같은 사실을 드러냅니다. 첫 번째 장막이 아직 서 있는 동안에는 성소의 길이 나타나지 않았습니다 — 9 이것은 현재를 위한 상징입니다. 그에 따르면 예물과 제물이 바쳐지더라도 양심에 관한 한 예배하는 사람을 온전하게 만들지 못합니다. 10 그것은 단지 먹고 마시는 것과 몸을 씻는 여러 가지 의식에 대해 부과된 육체적 법규이며, 언젠가 바르게 고쳐질 것이었습니다.

그렇다면 예레미야가 말한 '새 언약'의 효력은 신자의 삶에서 구체적으로 어떻게 나타나는가? 이것은 그리스도에 관한 질문이며(기독론), 또한 신앙의 작동 원리(구원론)와 실천(윤리)을 묻는 질문이기도 하다.

문제를 풀어내기 위해 히브리서 설교자는 추상적 개념 대신 그림과 이야기를 사용한다. 첫 언약의 속성을 나타내는 대표적인 요소 두 가지가 바로 그것인데 예배 규칙과 그 예배가 행해지는 공간이다. 이 두 가지를 설교자는 구체적으로 그리기 시작한다. 예배의 공간인 장막은 시내산에 모세에게 보인 계시를 따라 만들어졌다. 그 생김새와 구조, 그 안에 자리잡고 있던 가구와 기구가 하나하나 제시된다(2-5절). 그리고 그 안에서 제사장이 수행했던 제사의 직무를 소개한다. 여러 제사 중에서 특히 두 가지가 중요했다. 매일("늘") 드리는 제사와 1년에 한 번 드리는 속죄일의 제사(6-7절), 이 두

148

제사는 같은 목적을 가지고 있었다. 제사장이 흠 없는 희생 제물의 피를 제단에 쏟거나, 휘장과 언약궤에 뿌림으로써 백성의 죄를 속량할 수 있었던 것이다.

첫 언약의 규정 그 자체가 중요한 게 아니다. 그 규정이 뜻하는 바, 혹은 그 규정 안에 담긴 하나님의 의도를 파악해야 하고 그러기 위해 성령의 비추심을 받아야 한다(8절). "이것은 현재를 위한 상징"이라는 사실을 먼저 기억하자(9절, 번역 주 참조).[1] 여기서 '현재'는 글쓴이와 독자들의 시점을 말한다. 그러나 1세기의 '현재'는 우리의 '현재'와 본질적으로 다르지 않다. 같은 구원을 그들이나 우리나 누리고 있기 때문에 우리가 그들과 함께 '현재'에 참여하고 있는 셈이다. '새 언약'에 속한 한 몸의 다른 지체일 뿐이다. '현재'의 관점에서 성령이 드러내시는 첫 언약에 대한 평가는 이것이다. 그 희생 제의는 사람을 "온전하게" 하지 못한다(9절). 그래서 그것은 언젠가 "바르게 고쳐져야" 할 것이었다(10절). 이런 생각의 얼개 안에서 좀더 세부적인 주석이 필요한 몇 구절을 살펴보자.

첫째, 설교자는 장막이 두 부분으로 나뉜다는 사실을 강조하면서 특히 '둘째 휘장' 뒤에 있는 지성소에 중대한 의미를 부여한다. 지성소에 위치한 기구들—분향제단(번역 주 참조), 언약궤, 그리고 그 안에 든 만나 항아리—은 성소에 놓인 기구들과 달리 금 성분을 지니고 있다. "첫째 장막" 안에서 행해지는 활동은 단지 "제사의 직무들"로 통칭된다. 이 직무의 가장 중요한 목적은 속죄이다. 속죄 제의는 일상적으로 행해질 수 있고, 속해야 할 죄나 죄인의 종류에 따라 몇 가지 방법이 제시되어 있다(레 4:1-6:7; 6:24-30). 하지만 가장 포괄적인 속죄의 효력을 갖는 속죄제의는 1년에 한 번 속죄일에 행하는 제의였다(레 16장, 특히 16:16). 히브리서 설교자는 6절에 일상적인 속죄제의를, 7절에 속죄일 제의를 언급하는데 특히 후자를 옛 언약에 따른

1. 주전 2-3세기부터 주후 1세기까지 유대 광야에 있었던 쿰란공동체는 구약성경의 예언을 자신들이 살던 바로 그 시대를 위한 말씀으로 받아 적용하는 독특한 성경해석 방식을 채택했다(페셰르).

속죄제의의 전형으로 제시하면서 그리스도의 새 언약에 따른 속죄 제의와 대비한다(이 점은 10장에서 상세하게 다룰 것이다).

둘째, 설교자는 성막의 기구들을 나열하고 나서 "그것들에 관해 지금은 하나하나 이야기할 수 없다"(직역하면 '각 부분에 따라 말하다')고 한다. 몇 가지 이유를 생각할 수 있다. 우선 웬만한 유대인이라면 성막의 구조와 기구들에 대해서는 구약성경(출 31-34장)을 통해 잘 알고 있었을 것이기 때문에 군이 상술할 필요가 없었을 것이다. 두 번째 이유는 성막의 문자적 의미나 기능 그 자체가 히브리서의 관심사는 아니기 때문이다. 성막의 기구 하나하나에 어떤 영적인 의미가 있을지 몰라도[2] 지금 히브리서의 문맥에서 그것을 상술하는 것은 적절하지 않을 것이다. 세 번째 이유는 설교자가 어떤 수사적인 효과를 위해 그렇게 말했을 가능성이다.[3]

셋째, 설교자는 대속죄일에 사하심의 대상이 되는 죄를 "모르고 행한 것들"이라고 표현한다. 이 단어는 사실상 "죄"와 별 차이 없는 동의어인가? 아니면 죄 중에서 의도적이지 않은, 모르고 지은 죄만을 가리키는가? 구약성경(칠십인역)과 1세기의 해석 전통은 양쪽을 지지하는 증거들을 모두 가지고 있다.[4] 만약 구약의 제사가 부지불식간에 지은 죄만을 사함받는 수단이라고 해도 그것과 그리스도께서 드린 제사의 효력과는 어차피 상관이 없다. 옛 언약을 능가하는 새 언약에 따른 제사는 완전하고 포괄적인 속죄의 효력을 갖기 때문이다.

넷째, 주목할 점은 앞서 8장에서도 두 종류의 언약을 구별

---

2. 예를 들어 주전 25년-주후 50년 무렵에 활동했던 알렉산드리아의 유대인 철학자 필로(Philo)는 그의 저술 《누가 상속자인가?》(Quis Rerum Divinarum Heres Sit), 221에서 성막 기구 각각의 알레고리적 의미를 상술한다.
3. Koester(Hebrews, 404)는 여기서 히브리서 설교자가 그리스 수사학의 한 기법(paraleipsis)을 사용했을 거라고 설명한다. 이 기법은 특정 주제에 관해 자신의 박식함을 암시함으로서 청중이 화자를 신뢰하도록 돕는 기능을 한다는 것이다.
4. "모르고 지은 죄"에 특정해야 한다는 주장은 Attridge, Hebrews, 239 그리고 Koester, Hebrews, 397; 의도와 상관없이 모든 죄를 가리킨다는 주장은 Cockerill, Hebrews, 380, 각주 43 참조.

하는 데 사용되었던 '첫째'와 '둘째'라는 서수사이다. 언약에 있어서
는 시간적 순서를 기준으로 첫째와 둘째를 구분했다. 같은 용어를
9장 1-7절에서는 공간적 위치를 나누는 용어로 사용한다. 그런데
이것이 9장 8절에서 뒤섞여 버린다. 8절에 '첫째 장막'이 성막의 첫
째 구획인 성소를 가리키는지 아니면 첫째 언약에 속한 요소인 성
막 전체를 가리키는지 모호하기 때문이다. 같은 문장에 있는 '성소
의 길'의 의미도 그에 따라 달라질 수 있다(번역 주 참조). 이어지는 두
문장(9-10절)을 보아서는 "첫째 장막"이 모세의 율법 체계 전체를 의
미하는 쪽이 자연스럽다.

마지막으로 여기 처음 등장한 "양심"(syneidēsis)⁵이라는 용
어를 살펴보자(9절). 어원상으로 보면 이 용어는 '알다'라는 어근을
가지고 있어서 '의식, 인식, 앎, 깨달음' 등의 의미를 표현하다가 점
차 도덕적인 기준에 따라 개인의 내면을 성찰하는 작용을 의미하
게 되었다. '좋은 양심' 혹은 '깨끗한 양심'은 내면의 평화와 직결된
다. 반면 나쁜 양심의 소유자는 끊임없이 질책하는 내면의 소리를
들으며 괴로워한다. 스토아 철학자들과 피타고라스 학파 철학자들
은 신이 인간에 부여한 파수꾼으로 양심을 이해했다. 본성에 따라
살며 도덕적으로 진보하는 데 양심이 역할을 하기 때문이다. 구약
성경에는 '양심'이라는 단어 자체는 거의 나오지 않지만(전 10:20; 지혜
서 17:10) 죄를 범한 사람이 자기 내면으로부터 가책을 받는 현상은
여러 차례 언급된다(삼상 24:6; 삼하 24:10; 시 24:4; 50:12; 잠 20:9). 그럼에도
구약 윤리에서 개인의 도덕감이나 죄의식은 핵심 주제가 아니었다.

5. 히브리서에서는 이곳 말고 네 번 더(9:14; 10:2, 22; 13:18) 출현한다. 베드로전서를 제외한 다른 일반
서신, 복음서와 계시록에는 전혀 나오지 않는다. 사도행전에 바울이 유대인들의 고소에 대해 자신의
충실한 신앙을 변호하면서 두 번 사용했고(23:1; 24:16), 비슷한 용례가 바울서신에도 등장한다(고후
1:12; 4:2; 5:11; 딤후 1:3). 바울은 또 이 단어를 인간이 본래적으로 지닌 내면의 도덕률이나 도덕의식
을 지칭할 때 사용했다(롬 2:15; 9:1; 13:5; 딤전 1:5, 19; 3:9; 딛 1:15). 고린도전서 8장과 10장에서는
우상에게 바쳐진 제물을 섭취하는 행동에 대해 걸림이 되는 어떤 주저함이나 망설임을 표현하는 데
쓰였다(8:7, 10, 12; 10: 25, 27, 28, 29). 베드로전서에도 세 번 등장하는데, 하나님 앞에 그리스도인이
갖추어야 할 선함을 뜻한다(벧전 2:19; 3:16, 21).

법의 제정자이시자 심판자이신 하나님의 판단과 그 판단을 대변하는 예언자들의 책망이 양심의 역할을 대신하는 경우가 많았다. 제2성전기 유대주의에 와서 구약의 원초적인 양심 개념이 좀더 분명하게 개인의 자질 혹은 본성의 한 측면으로 조명되기 시작했다(Philo, Decal. 86).

이런 사상적 배경에서 히브리서의 "양심" 개념을 이해해 본다면, 그리스도의 피가 우리의 "양심을 정결케 하심"(히 9:14)으로써 우리는 '좋은' 양심, 즉 죄책감으로부터 자유로운 평화롭고 떳떳한 자의식을 갖게 되었다고 생각할 수 있다. 정결해진 양심은 사실상 "진실된 마음"(히 10:22)과 동의어이다. 신자는 이제 성소로 들어가서 살아 계신 하나님을 섬길 수 있는 것이다. 옛 언약은 속죄를 위한 제사를 마련했지만 양심까지 깨끗하게 하지 못했다(히 9:9; 10:2). 제사를 드린 후에도 가책이 짓눌렀기 때문이다. 오직 그리스도께서 단번에 드리신 제사를 통해 신자는 "좋은 양심"을 지닐 수 있다. 이처럼 '양심'은 히브리서의 속죄 신학과 그리스도론 이해의 열쇳말이다.

이 단락을 여는 질문 속에는 그리스도론과 신앙론이 함께 섞여 있었다. 히브리서에서 그리스도를 바라보는 가장 중요한 렌즈는 대제사장이다. 장막이 존재하는 이유는 그 안에서 속죄의 제사를 하나님께 바치기 위해서다. 하지만 속죄의 제사는 아무나 수행할 수 있는 일이 아니라 그 일을 위해 하나님의 지명을 받은 사람, 대제사장만이 수행할 수 있다. 첫 언약은 장막과 속죄제와 함께 그 일을 담당할 대제사장의 자격과 직무를 규정하고 있다. 그 각각에 대응하는 내용을 우리는 새 언약에서 찾아야 한다. 천상의 장막, 완전한 속죄제, 그리고 영원한 대제사장이 바로 그것이다. 앞의 두 가지는 대제사장의 활동을 통해서 자연스럽게 그려진다. 그래서 이 단락과 또 이어지는 단락은 결국 그리스도론으로 귀결될 수밖에 없다. 그리스도는 하나님의 구원 경륜을 설명하는 열쇠이다.

새 언약에 따른 속죄제와 성소 9:11-27

9:11 그러나 그리스도께서는 이미 이루어진 좋은 것들을 주관하는 대제사장으로 오셨습니다. 그분께서는 더 크고 더 완전한 장막으로 들어가셨는데, 그 장막은 손으로 만들지 않은, 즉 이 피조세계에 속하지 않은 장막이었습니다. 12 염소와 송아지의 피가 아니라 자신의 피를 통해 단 한 번 성소로 들어가시어 영원한 속죄를 얻으셨습니다. 13 만일 염소와 황소의 피, 그리고 암송아지의 재가 부정한 사람들에게 뿌려져서 그들의 육체를 정결케 함으로써 거룩하게 한다면, 14 더욱더 그리스도의 피는 영원하신 영을 통해 흠 없는 존재로 자신을 하나님께 바치셔서 살아 계신 하나님을 예배하도록 우리의 양심을 죽은 행실로부터 정결케 하실 것입니다. 15 이런 이유로 그는 새 언약의 중재자이십니다. 그리하여 부름받은 자들이 첫 번째 언약에 기초한 범죄로부터 놓임을 위해 영원한 상속의 약속을 받게 될 것입니다.

16 한편, 언약이 있는 곳에는 반드시 그것을 제정한 사람의 죽음이 확인되어야 합니다. 17 왜냐하면 언약은 죽음에 기초하여 효력을 발생시키고 그것을 제정한 사람이 살아 있을 때는 결코 효력이 없기 때문입니다. 18 그래서 첫 번째 언약도 피 없이는 시작되지 않았습니다. 19 모세에 의해서 모든 계명이 율법에 따라 모든 백성에게 진술된 후에 송아지와 염소의 피를 물과 주홍 양털과 우슬초와 함께 책과 모든 백성에게 뿌렸습니다. 20 그리고는 "이것은 언약의 피이며, 그 언약은 하나님께서 여러분께 명령하신 것입니다."라고 말했습니다. 21 그리고 장막과 예배에 사용되는 모든 그릇에 같은 방식으로 피를 뿌렸습니다. 22 또한 거의 모든 것이 율법에 따라 피로써 정결하게 됩니다. 그래서 피를 쏟지 않고서는 죄 용서가 이루어지지 않습니다.

23 그러므로 하늘에 있는 것들의 모상들은 이런 것들로 정결하게 해야 합니다. 하지만 하늘의 것들은 그보다 더 나은 제물로 정결

153

하게 해야 합니다. **24** 왜냐하면 그리스도께서 손으로 지은 성소, 즉 참된 것들의 모형에 들어가시지 않고 하늘 자체에 들어가셔서 지금 우리를 위해 하나님의 면전에 나타나시게 되었기 때문입니다. **25** 이것은 그분이 자신을 자주 바치기 위해서가 아닙니다. 마치 대제사장이 다른 존재의 피로써 매년 성소에 들어간 것처럼 말입니다. **26** 그렇지 않다면 세상의 창조 이래로 그분은 자주 고난을 받아야 했을 것입니다. 하지만 지금 시대의 완결점에 그분은 죄의 제거를 위해 자신을 제물로 바침으로써 단 한 번 나타나셨습니다. **27** 한 번 죽음은 사람들에게 정해진 길이고 그다음에는 심판이 있습니다. 마찬가지로 그리스도도 역시 많은 사람들의 죄를 짊어지려고 단 한 번 바쳐졌습니다. 그리고 구원을 위해 자신을 고대하는 사람들에게 죄 없는 모습으로 두 번째로 나타나실 것입니다.

새 언약이 첫 언약의 연약함을 극복하는 궁극적인 구원의 방식이 될 것이라고 하나님은 예언자 예레미야를 통해 말씀하셨다. 청중은 그 예언의 말씀에 반응한다. "과연 어떻게 첫 언약을 극복할 것인가?" 설교자는 앞 단락에서 이 질문에 부분적인 답을 주었다. 첫 언약에 속한 장막과 제사의 행위는 제한적인 속죄의 효력을 발생시켰다. 그래서 그것은 "바르게 고쳐질" 예정이었다. 이제 설교자는 그의 대답의 나머지 절반을 말한다. 새 언약에 따른 대제사장 예수 그리스도의 속죄제사가 바로 그 "고쳐짐"의 사건이었다. 첫 언약의 장막과 더 좋은 장막에서 뛰어난 대제사장께서 더 강력한 속죄제의를 통해 더 완전한 속죄의 효력을 가져오셨다. 이 주제를 전달하기 위해 설교자는 그의 논증을 다음처럼 세 부분으로 나눈다.

11-15절	세 비교 기준으로 본 새 언약의 우월성
16-22절	제의의 방식에 관한 준비 논거: 정결케 하는 피의 효력
23-27절	제의의 방식: 더 나은 제물로, 단번에 자신을 바치심

주제는 뚜렷하다. 특히 11-15절은 새 언약의 우월성을 간단하게, 핵심만 골라서 제시한다. 그래서 11-15절을 8장 1절-10장 18절이라는 큰 단락 내의 주제 단락으로 볼 수 있다. 그리스도를 소개하는 대목에서(11절) 성서 사본들 간에 약간의 변형들이 있지만[6] 중요한 점은 그분이 새 언약에 따른 하나님과 인간 사이의 중재자, 즉 대제사장이라는 사실이다(15절). 그리고 그분의 대제사장 직분은 첫 언약에 속한 대제사장과 비교하여 더 뛰어나며 또한 완전하다. 그 이유는 세 가지로 말할 수 있다.

첫째, 그리스도께서는 모세가 지은 장막보다 "더 크고 완전한" 장막으로 들어가셨다(11하). 이 사건은 아마 부활에 이은 승천을 가리키는 것 같다. 이 완전한 장막은 하늘에 속하며 "이 피조 세계에 속하지 않은" 장막이다. 그래서 그것은 "(사람의) 손으로 만들지 않았다". 당연한 듯 들리는 이 표현은 실은 성경 여러 곳에서 하나님의 속성에 대비되는 피조물적 속성, 본질적 한계와 결함을 묘사하는 데 사용되었다. 아레오바고에서 바울은 하나님의 초월성과 자족성이 "손으로 지은" 전이나 우상에 깃들 수 없음을 역설한다(행 17:24-25). 스데반 역시 예루살렘 성전(행 7:48-49)과 우상(행 7:41; 참조, 신 4:28; 37:19)이 손으로 만들어졌고 그래서 결정적인 결함을 안고 있다고 규정한다. 첫 언약에 따라 지어진 성소, 하나님이 임재하신다고 여겨졌고 어쩌면 지상 어떤 장소보다 거룩한 곳이었던 성소조차도 분명 사람의 손으로 지어졌다. 그 점에서 지상의 성소는 연약하며 흠이 있을 수밖에 없다. 그곳이 아닌, 크고 완전한 천상의 장막으로 들어가신 대제사장이 바로 그리스도이시다.

둘째, 그리스도께서는 염소와 황소의 피가 아닌 자신의 피를 통해 성소에 들어가셨다(12-14상). 제물의 피는 정화 기능을 가

---

6. 일군의 사본들은 그분이 "이미 이루어진 좋은 것들"을 주관하시는 분으로 소개하는 반면, 다른 사본들은 "장차 이루어질 좋은 것들"을 주관하시는 분이라고 묘사한다. 상세한 논의는 번역 주 및 B. M. 메츠거,《신약 그리스어 본문 주석》(서울: 대한성서공회, 2005), 참조.

졌다. 제물이 제대로 기능하려면 일정한 기준을 만족시키는 "흠 없는" 짐승이어야 했다. 하지만 제아무리 흠 없는 제물이라도 그리스도의 흠 없으심에 비길 수 없다. 그분은 "영원하신 영"이기 때문이다(14절). 그래서 그리스도의 자기희생이 다른 제물의 희생보다 뛰어나다. 또한 그리스도는 단 한 번 바쳐졌다(12절). 제사를 거듭 드려야 했던 이유는 개별 제사가 불완전하고 효력이 잠정적이었기 때문이다. 그에 반해 그리스도의 유일회적 제사는 영원하고 완전한 효력을 지닌다.

　　셋째, 그리스도께서는 자신의 피로 성소에 들어가 완전한 "속죄"를 이루셨다. 짐승의 피와 그것을 태워 얻은 재는 단지 육체를 정결하게 할 뿐이었다. 그리스도의 피는 육체만이 아닌 '양심'까지도 '죽은 행실'로부터 정결케 하셨다. 전인적 정결을 거친 신자는 하나님을 합당하게 예배할 수 있게 되었다(14하).

　　이어지는 9장 나머지 부분(16-27절)에서 설교자는 위 세 가지 요점을 보충한다. 앞 절반에서 피를 묵상하고(16-22절), 뒤 절반에서 그리스도의 '나타나심'을 묵상한다(23-27절). 먼저 피는 다음과 같은 세 가지 신학적 의미를 파생시킨다. 첫째, 피 흘림은 죽음을 암시한다. 피를 많이 흘리면 죽기도 하겠지만 "생명이 피에 있"기 때문에(레 17:11) 피 흘림 자체가 곧 생명의 상실이다. 죽음은 다시 언약과 연결된다. "언약"을 뜻하는 그리스어 명사 '디아테케'(dia-thēkē)가 "유언"을 의미할 수도 있기 때문이다. 유언을 한 당사자가 죽은 후에 유언이 효력을 발휘하듯이 그리스도의 피 흘림 후에야 비로소 새 언약, 새 유언은 작동하기 시작한다(16-17절). 아울러 피는 언약 당사자들의 책임을 확정한다(18-20절). 계약서의 서명이나 도장과 같다. 설교자는 여기에 성경적 근거를 더한다. 모세는 시내산에서 받은 율법을 기록하고 나서 소를 잡아 번제와 화목제를 드렸다. 그리고 그 피의 절반을 우슬초에 적셔서 언약 체결의 당사자인 백성에게 뿌려야 했다(출 24: 6-7).[7] 즉 "언약의 피"는 피가 언약 당사자를 책임 있는 존재로 일깨웠다는 의미이다. 마지막으로 피는 정결케

한다. 장막 자체와 각종 제사 도구들에 피를 뿌려서 정결케 했다(21
절). "거의 모든 것"이 피로 정결케 되므로 "피를 쏟지 않고서는 죄
용서가 이루어지지 않는다"(22절). 여기서 히브리서 설교자는 의식
적 정결(ritual purity)을 도덕적 정결(moral purity)과 굳이 구별하지 않
는 것 같다.

　　이런 피의 기능은 첫 언약에도 이미 있었다. 하지만 첫 언
약이 다루는 제사와 관련한 모든 것들—장막, 제의 행위, 대제사장—은
하늘에 있는 것들의 모상에 불과했다. 하늘에 있는 것들 자체를 정
결케 하려면 그것의 모상에 적용되었던 짐승의 피가 아닌 그보다
더 나은 제물의 피가 필요하다. 그리스도의 피가 그것을 성취했다.
그분은 손으로 짓지 않은, 하늘의 성소에 들어가셨다(24절). 매년 반
복할 필요 없이 단 한 번의 제사로 영원한 효력을 발생시키셨다(25-
26절). 그분이 바친 제사는 영원할 뿐 아니라 그 속죄의 효력이 "많
은 사람", 즉 전 인류에게 미친다(27절).

　　9장의 마지막 절에 이제껏 히브리서에서 거의 강조하지 않
았던 재림이 언급된다. 한 번의 영원한 제사를 드려 하나님의 면전
에 나타나셨던 그리스도께서 이제 두 번째 나타나실 것이다. 그분
의 두 번째 나타나심을 우리가 고대하고 갈망하는 이유는 거기에
우리의 구원이 달려 있기 때문이다(27절).

영원한 제사의 효력: 거룩함과 온전함 10:1-18

1 율법은 다가올 좋은 것들의 그림자를 지니고 있고, 그것들의 형
상 자체는 지니고 있지 못합니다. 그래서 성소에 나아오는 이들을
매년 계속해서 바치는 같은 제물들로써 온전하게 할 수 없습니다.

---

7. 백성에 피를 뿌렸다는 점에서는 출애굽기와 히브리서가 일치하지만 히브리서와는 달리 출애굽기 24장
　6절에 의하면 피의 절반을 '책'이 아닌 제단에 뿌리도록 되어 있다.

2 그렇지 않다면 예배하는 이들이 한 번 정결해진 다음에는 더 이상 죄의 양심을 가지지 않아 제물을 바치는 일도 중단되지 않았겠습니까? 3 그러나 그 제물로는 매년 죄를 기억함만 있습니다. 4 왜냐하면 황소와 염소의 피는 죄를 없애지 못하기 때문입니다.

5 그러므로 그분이 세상 안으로 오실 때 말씀하셨습니다.

> "당신은 제물과 제사를 원하지 않으시고
>
> 나를 위해 한 몸을 마련해 두셨습니다.
>
> 6 당신은 번제와 속죄제를 좋아하지 않으셨습니다.
>
> 7 그래서 나는 말했습니다.
>
> '보십시오, 내가 왔습니다.
>
> 두루마리 책에 기록된 대로
>
> 하나님, 내가 당신의 뜻을 행하기 위해서입니다.'"

8 그분은 먼저 다음과 같이 말씀하셨습니다.

> "당신은 제물과 제사와 번제와 속죄제사를 원하지도
>
> 좋아하지도 않으셨습니다."

비록 이것들이 율법에 따라 바쳐졌음에도 말입니다. 9 그리고 나서 말씀하셨습니다.

> "보십시오, 내가 왔습니다. 당신의 뜻을 행하기 위해서입니다."

첫 번째 것을 폐기한 목적은 두 번째 것을 세우기 위함이었습니다. 10 그 뜻에 따라 예수 그리스도의 몸이 한 번 바쳐짐으로써 우리는 거룩하게 되었습니다. 11 그리고 모든 제사장은 날마다 서서 같은 제물들을 여러 번 바치면서 제사를 드립니다. 하지만 그 제물들은 결코 죄를 없애지 못합니다. 12 반면 그분께서는 죄인들을 위해 하나의 영원한 제물을 바치고 나서 하나님 우편에 영원히 앉으셨습니다. 13 그의 원수들이 그분의 발판으로 놓여질 때까지 기다리고 계십니다. 14 왜냐하면 한 번의 제물드림으로 그는 거룩해진 이들을 영원히 온전케 하시기 때문입니다. 15 성령도 우리에게 증언하십니다. 즉 먼저 이렇게 말씀하셨습니다.

16 "그날 이후에 내가 그들과 맺을 언약은 이러하다—

주께서 말씀하신다—

나는 그들의 생각 속에 내 법을 넣어 주고,

그들의 마음에 그것들을 새길 것이다.

17 그들의 죄와 불법을 내가 더 이상 기억하지 않을 것

이다."

18 죄와 불법이 용서되었으므로 죄 때문에 바치는 제물은 더 이상

필요 없습니다.

새 언약의 요체인 그리스도의 속죄 사역은 어떤 결과를 가져올까?
이제 설교자는 이 단락의 결말을 맺으려고 한다. 결말이다 보니 앞
의 내용이 다소 반복되는 인상을 준다. 하지만 이전보다 더 명쾌하
고 분명하게 첫 언약과 새 언약의 대조를 보인다. 이 단락은 내용상
다음과 같은 구조로 짜여 있다.

1-4절	첫 언약의 제사는 죄를 없애지 못한다.
5-14절	새 언약의 제사는 우리를 거룩하고 온전하게 했다.
15-18절	새 언약의 효력을 성령이 증언한다(예레미야를 통해).

비록 장이 바뀌긴 했지만 10장 1절 이하는 사실상 앞 장으로부터
이어지는 논증이다. 첫 언약의 속죄제사는 "다가올 더 좋은 것의
그림자"이고, 그것의 실체는 새 언약의 속죄제사에서 발견할 수 있
다. 나타난 순서상으로는 첫 언약이 먼저일지 모르지만 천상의 질
서에 있어서는 새 언약이 첫 언약보다 더 우위에 있다. 아니 '우위에
있다'는 표현으로는 부족할지 모른다. 첫 언약은 그림자이므로 실
체는 새 언약뿐이다. 새 언약에 따른 제사만이 속죄의 효력이 있다.

　　첫 언약의 속죄제사가 가지는 명백한 약점은 반복이다. 매
년 같은 제사를 다시 바치는 이유는 작년에 바쳤던 제사의 효력이

다했다는 증거이다. 어쩌면 그때 바쳤던 제사는 처음부터 아무런 효력이 없었는지도 모른다. 설교자는 1하반절에서 그 제물이 "성소로 나아오는 이들을 온전케 할 수 없다"라고 말하고 나서 11하반절에서 "그 제물들은 결코 죄를 없애지 못합니다"라고 단언한다. "죄를 기억함"만 있을 뿐 죄를 없애지 못한다(3-4절). 3절 "죄를 기억함"은 2절에 언급한 "죄의 양심을 가지지 않음"과 대비된다. "죄의 양심을 가지지 않음"은 죄를 짓고도 그것을 죄로서 인지하지 못한다는 게 아니라 인지할 만한 죄를 범하지 않게 된다는 뜻이다. 죄를 지은 사람은 그것을 기억하면서 자신이 죄인임을 자각한다. 죄의 자각은 인식의 차원만이 아니라 존재의 차원에까지 영향을 미친다. 그는 하나님의 임재 안으로 들어갈 수 없다. 반면, "죄의 양심을 가지지 않는" 사람은 죄짓고자 하는 의지, 욕망이 제어되고 제거된 상태이며 다른 말로 표현하면 "온전해진 양심"(9:9, 14)을 가진 상태이다.

　　　설교자는 단지 논리만을 가지고 첫 언약의 속죄 제사의 약함을 말하지 않는다. 성경에 능통한 설교자답게 그는 시편 40편 6-8절을 끌어온다. 구약 본문을 단순히 인용하는 데 그치지 않고 그리스도 사건을 렌즈 삼아 구약을 해석한다. 설교자의 주석 의도는 "그분이 세상 안으로 오실 때"라는 도입문에서 이미 드러난다. 성육신 사건의 빛 아래에서 시편의 의미가 밝혀지는 것이다.

　　　시편 말씀에 따르면 하나님은 "제물과 제사"를 원치 않으시고, "번제와 속죄제"를 좋아하지 않으셨다. 그래서 하나님은 "나를 위해 한 몸을 준비하셨다". 이 문장은 본래 히브리어 시편 40편 6절 본문에서 "당신은 나에게 귀를 파주셨습니다"이다.[8] 칠십인역 번역자는 이것을 "당신은 나를 위해 한 몸을 마련해 두셨습니다"로 번역했다(이 외에도 히브리어 본문, 칠십인역, 히브리서 사이에 약간의 차이가 있다.

---

8. 우리말과 영어 번역은 모두 시편 40:6의 히브리어 본문을 따랐다. 우리말 역본들은 대체로 "주께서 내 귀를 열어 주셨다"라고 옮겼고, 《개역개정》만 "주께서 내 귀를 통하여 내게 들려 주시기를"이라고 의역했다.

아래 표 참조). 바로 이 구절이 히브리서에서 말하고자 하는 메시지를 정확히 전달한다. 제물과 제사를 원치 않으신 하나님께서 예수를 위해 "한 몸"을 준비하셨고 그 뜻에 따라 말씀이 육신이 되셨다(요 1:14). 더 나아가 마치 번제물로 바쳐질 뻔했던 이삭 대신 숫양 한 마리를 준비하셨던 것처럼(창 22:13-14). 예수의 몸은 하나님이 원치 않으시는 첫 언약의 제물과 제사를 대신하는 제물이 될 것이다.

시편(히브리어) 40:6-8	시편(칠십인역) 39:7-9	히브리서 10:5-7
당신은 제물과 제사를 원치 않으셨고 나를 위해 **귀들을 파셨습니다.** 당신은 번제와 속죄제를 요구하지 않으셨습니다. 그래서 나는 말했습니다. 보십시오, 내가 왔습니다. 두루마리 책에 기록된 대로 **내 하나님**, 내가 당신의 뜻을 행하기를 **기뻐합니다.**	당신은 제물과 제사를 원치 않으셨고 나를 위해 **한 몸을 준비하셨습니다.** 당신은 번제와 속죄제를 요구하지 않으셨습니다. 그래서 나는 말했습니다. 보십시오, 내가 왔습니다. 두루마리 책에 기록된 대로 **내 하나님**, 내가 당신의 뜻을 행하기를 **원합니다.**	당신은 제물과 제사를 원치 않으셨고 나를 위해 **한 몸을 준비하셨습니다.** 당신은 번제와 속죄제를 좋아하지 않으셨습니다. 그래서 나는 말했습니다. "보십시오, 내가 왔습니다. 두루마리 책에 기록된 대로 **하나님**, 내가 당신의 뜻을 행하기 **위해서입니다.**"

본래 시편의 "나"는 당연히 시인 자신이었겠지만 히브리서의 설교자는 이 시편을 예수 그리스도의 독백으로 이해했다. 이런 해석을 통해 그리스도의 성육신과 대속적 죽음이 성경적으로 뒷받침된다. 인용구의 마지막 문장도 마찬가지다. "내가 당신의 뜻을 행하러 왔습니다"를 설교자는 마치 그리스도 자신의 입에서 나온 것처럼 소개한다. 이 말씀은 예수의 십자가 죽음을 표현한다. 십자가 그 자체만큼이나 놀라운 사실은 예수의 순명, 자발적 사랑이다(요 10:18). 십자가를 지시고 그 위에 못 박히시면서 예수께서는 하나님의 뜻을 파악하시고 그 뜻에 따라 주체적으로 순종하셨다. 이 점은 이미 히브리서 앞부분에서도 일관되게 제기된 바가 있다(2:1-2; 5:7-8). 설교자는 인용했던 시편 구절을 8절에서 다시 한 번 낭독한다. 청중들

이 핵심을 놓치지 말도록 반복해서 강조한 셈이다. 결론은 이것이다. 첫째 언약을 통해 둘째 언약을 붙잡으라(9하).

그렇다면 둘째 언약에 따른 제사는 무슨 결과를 가져오는가? 그리스도께서 바치신 한 번의 제사, 하나의 제물은 우리를 거룩하게 하고(10절), 나아가 "거룩해진 이들을 영원히 온전케"(14절) 한다. 어떻게 우리의 거룩함과 온전함이 영원할 수 있는가? 하나님 우편에 앉으신 그리스도의 영광이 영원하시기 때문이다(12절). 땅에서 그리스도인의 삶은 천상의 보좌에 앉으신 그리스도에 기대어 있다. 이 사실을 좀더 구체적으로 설명하려고 설교자는 우리를 예레미야를 통해 성령이 하신 말씀으로 다시 초청한다. "하나님의 법이 우리의 생각에 들어오고, 우리의 마음에 새겨질 것이다"(16절). 이 말씀은 신자의 보편적 경험에 비추어 이해해야 할 것이다. 그것은 그리스도를 주로 고백하는 사람에게 임재하시고 충만하시고 내주하시는 성령의 활동을 지칭한다. 십자가와 부활이 새 언약의 체결 사건이었다면 그것의 발효 시점은 예수의 승천 후 첫 오순절인 셈이다. 한편, 조명을 신자에게서 하나님 편으로 옮겨서 새 언약이 어떻게 작용하는지 살펴볼 수 있다. 하나님께서는 우리의 죄악과 불법을 더 이상, 영원히 기억하지 않으실 것이다(17절).

칭의는 양가적(兩價的) 효력을 낸다. 주관적이면서도 객관적이다. 객관적 차원에서 하나님이 우리를 의롭다고 인정해 주셨다. 하나님 앞에서 우리의 신분은 이제 의인이다. 이 신적 행동은 중단되지 않을 것이며 변하지도 않을 것이다. 이것에 보조를 맞추어 주관적 효력도 발생한다. 성령이 오셔서 신자의 내면을, 인격과 성품과 행실까지도 거룩하고 온전하게 변화시킨다. 우리의 생각과 마음이 하나님의 법을 즐거워하며, 우리는 이제 그 법대로 살고자 하는 강한 욕구에 사로잡힌다. 이 변화를 시작하신 분도, 영원히 지속하시는 분도 성령이시다.

질문

1. 대속죄일에 성막에서 벌어졌던 제사 장면을 드라마나 영화로 촬영한다고 상상해 봅시다. 대제사장의 동선을 따라 제사의 각 단계를 설명해 봅시다.
2. 예레미야 31:33-34의 원문맥이 히브리서에서 그 말씀의 뜻을 이해하는 데 어떤 도움을 줍니까?
3. 새 언약이 첫 언약보다 더 뛰어난 이유 세 가지를 말해 봅시다.
4. 시편 40:8-9(히 10:5-7)은 예수가 누구이신지, 그분이 어떤 일을 하셨는지 말해 줍니까?

묵상

구약이 묘사하는 첫 언약의 속죄제사는 예수께서 중재하시고 실행하신 새 언약의 속죄제사의 모형입니다. 특히 매년 대제사장이 염소의 피를 가지고 성막의 분향단, 휘장에 뿌리고 지성소의 언약궤 위에 뿌림으로써 모든 백성의 죄를 사했던 대속죄일의 제사는 예수께서 십자가에서 흘리신 피의 의미를 넌지시 내비쳐 줍니다. 새 언약에 따른 속죄제사의 효력은 양심을 정결하고 온전케 한다는 것입니다. 특정 죄가 용서되냐 안 되냐의 문제가 아니라 존재 자체의 변화를 말합니다. 세상과 인생을 보는 눈이 달라짐을 말합니다.

11
권면 6 — 소망을 굳게 잡으라

히 10:19-39

이 부분은 히브리서의 화룡점정이라 할 만하다. "그러므로 형제들이여"로 설교자는 권면을 시작한다. 설교자는 우리의 대제사장 예수께서 새 언약에 따른 속죄제사를 드렸다고 7장부터 10장 18절까지 역설했다. 이 어렵고도 심오한 신학적 논의를 이제 삶 가운데로 가지고 들어가야 한다. 대제사장 예수의 속죄의 피를 의지해서 우리는 하루를 어떻게 살아야 하는가? 이제 이 물음에 답할 차례다. 그래서인지 이 단락 원문에 보면 "~합시다" 형태의 청유형 동사가 처음에 연달아 나오고(22, 23, 24절) 단락의 뒷 부분에는 "여러분은 ~하십시오" 형태의 명령형 동사가(32, 35절) 나온다. 삶의 정황을 파고드는 구체적인 묘사도 많다.

전체적으로 보면 이 단락은 적용과 실천을 강조한다. 하지만 세부적으로 뜯어 보면 19-39절 안에 조금씩 어조가 다른 세 개의 소단락이 나타난다. 청유형 동사를 연달아 사용하고 있는 19-25절이 강한 호소의 어조라면, 26-31절에는 배교에 대한 경고를 넘어 위협이라고까지 할 만큼 엄중한 분위기가 느껴진다. 32-39절은 지난 세월 동안 청중이 겪었던 고초를 떠올리면서 위로와 격려를 겸한 당부가 담겨 있다.

19-25절	청유: **희망의 고백을 굳게 간직합시다.**
26-31절	경고: **지속적인 죄는 심판을 받게 됩니다.**
32-39절	당부: **인내하십시오.**

청유: 희망의 고백을 굳게 간직합시다 10:19-25

19 그러므로 형제들이여, 우리는 예수의 피로써 성소에 들어가기 위한 담대함을 가지고 있습니다. **20** 그분은 우리에게 새롭고 산 길을 놓아 주셨고 그 길은 휘장, 즉 그의 육체를 통한 길이었습니다. **21** 또한 우리는 하나님의 집을 주관하시는 큰 제사장을 가지고 있습니다. **22** 그러니 우리가 참된 마음을 가지고 믿음의 확신 안에서 나아갑시다. 우리는 마음에 뿌려져서 악한 양심으로부터 정결케 되었고 정결한 물로 몸이 씻겨졌습니다. **23** 희망의 고백을 흔들림 없이 굳게 간직합시다. 약속하신 분이 신실하기 때문입니다. **24** 우리가 사랑과 선한 행동을 자극하기 위해 서로에게 관심을 기울입시다. **25** 어떤 이들의 관행처럼 우리끼리의 모임을 소홀히 하지 말고 서로 격려합시다. 여러분이 보다시피 그날이 가까워 오고 있으니 더욱 그렇게 합시다.

히브리서 7장부터 여기까지 설교의 초점은 예수 그리스도에게 맞추어져 있었다. 그분이 "하나님의 집을 주관하시는 큰 제사장"이시다(21절). 놀랍게도 대제사장 자신이 제물이 되어 피 흘려 죽으셨고 그 피의 뿌림으로 우리의 죄가 사해지고, 정결해졌다. 그분의 육체를 통해, 혹은 그분의 육체를 통과해서 생명에 이르는 새로운 길이 열린 셈이다(20절). 그렇지만 아무리 길이 열렸다고 해도 그 길을 알아보지 못한다면, 길이 있음을 믿지 못한다면, 그 길을 걸어서 하나님이 계신 곳, 성소 안으로 들어가기를 두려워한다면 무슨 소용이 있겠는가? 예수의 피는 역사 속의 사건으로만 기억되면 안 된다. 지금 우리의 감정과 지식, 의지에 그 피가 뿌려져야 한다. "성소에 들어가기 위한 담대함"을 발휘해야 한다(19절).

예수의 피에 의지하는 담대함, 바로 이 대전제 위에서 설교자는 세 개의 청유형 동사를 사용한다. 첫째, 우리는 "참된 마음을 가지고 믿음의 확신 안에서 나아가야 한다"(22절). 둘째, "희망의 고백을 흔들림 없이 간직해야 한다"(23절). 셋째, "서로에게 관심을 기울여야 한다"(24-25절). 첫째 것은 개인의 차원에서 실천할 사항이라면, 둘째와 셋째는 공동체라는 정황에서만 실천할 수 있다.

먼저, "참된 마음"이란 무엇인가? 그것은 예수의 피 뿌림을 통해 악에서 정결케 된 양심이다. 그런 양심을 외면적으로 확증하는 것은 물로 씻겨진 몸, 즉 세례받은 신자의 신분이기도 하다. 앞서 여러 번 나왔다시피(9:14; 10:2) "양심"은 좁은 의미의 죄책감 혹은 죄의식만이 아니라 자신의 죄를 자각하는 인식 능력, 혹은 죄를 인식하고 있는 심리 상태를 말한다. 그리스도의 피가 작용하면 우리는 죄의 저주인 형벌과 죽음을 두려워하지 않게 된다. 자유롭고 주체적인 자의식을 가질 수 있다. 그렇게 해서 양심은 악에서 정결케 되며 온전해진다. 예수의 피가 가진 속죄의 효력을 믿은 상태에서 옛 사람이 죽고 새 사람이 일어나는 실제적인 삶의 변화가 세례를 통해 극화되고 공적으로 선포된다.

두 번째 권면인 "희망의 고백"의 근거는 하나님의 신실하심이다. 우리는 장차 완성될 우리 존재의 영원성, 충만성을 담아 고백한다. "몸이 다시 사는 것과, 영원히 사는 것을 믿습니다." 어떻게 하면 이 고백을 "굳게 붙잡을" 수 있을까? 사도신경을 비롯해서 교회의 역사적·공동체적 고백인 여러 신경들, 교리문답들, 고백서들이 신앙에 주는 유익은 많고도 크다. 공예배와 개인 경건의 시간에 신조를 거듭 암송하는 일은 분명 고백을 견지하는 한 방법이 될 수 있다. 말로 하는 고백에서 삶의 고백으로 나아가야 한다. 부활과 완성될 하나님 나라를 고대한다고 말했다면 그 나라에 어울리는 생각과 판단, 말과 행동으로 그 말이 우리의 진심임을 보여 주어야 한다.

그런 희망의 기초 위에서 더욱 열심히 실행해야 할 두 가지 항목이 세 번째 권면에 나타난다. 사랑과 선한 행동을 자극하기, 모임을 소홀히 하지 말기—이 두 가지는 "그날이 가까워 오고 있는" 만큼 더 중요해진다. 사랑과 선한 행동을 어떻게 자극할까? 언제, 어떻게 서로에게 관심을 기울일까? 함께 모여 어울리고 서로의 생각과 감정을 열어 표현하고 작은 친절과 배려의 몸짓을 보여 줄 때 신뢰는 싹틀 것이다.

히브리서의 설교자는 경험 많은 목회자이면서 무척 효과적인 전달자이다. 권면의 효과를 극대화하는 법을 알고 있다. 설교가 구태의연한 도덕강론으로 흘러가지 않도록 결론 부분에서 엄중한 경고를 더한다.

경고: 지속적인 죄는 심판을 받게 됩니다 10:26-31

26 왜냐하면 우리가 진리에 대한 앎을 받아들이고 나서 일부러 지속적으로 죄를 짓는다면 더 이상 속죄를 위한 제물이 없기 때문입니다. 27 다만 심판에 대한 어떤 두려운 전망, 그리고 대적자들을 태우게 될 불의 맹렬함이 남아 있을 뿐입니다. 28 모세의 율법을 무시한 사람은 둘 혹은 세 사람의 증언에 따라 가차 없이 처형됩니다. 29 그렇다면 하나님의 아들을 짓밟고 자기를 거룩하게 해 준 언약의 피를 속되게 여기고 은혜의 영을 모욕한 사람은 얼마나 더 나쁜 벌을 받아야 마땅하겠습니까?

30 "복수는 내가 할 일, 내가 보복하리라." 그리고 "주께서 그의 백성을 심판하실 것이다." 하고 말씀하신 분을 우리는 알고 있습니

다. **31** 살아 계신 하나님의 손 안에 떨어지는 것은 무서운 일입니다.

이 단락에서 설교자는 일종의 '배교의 위험'을 경고한다(6:6과 달리 '배교'라는 단어는 나오지 않는다). 비슷한 주제가 6장 4-8절에서 다루어 진 적이 있고 결론도 비슷하다. 그 외에도 앞서 두 차례에 걸쳐 히 브리서 설교자는 비슷한 경고를 한 바가 있다(2:1-3; 3:12-4:13). 따라 서 이 단락의 메시지를 히브리서 전체 주제에서 잠깐 벗어난 것으 로 여기면 안 된다. 이 경고의 대상은 '믿은 척하는' 불신자가 아니 라 그리스도인이다. 어떤 주석가들이 이해하는 대로 이런 경고가 가상 상황을 설정하고 다소 과한 표현을 사용해서라도 목회적 돌 봄을 주려던 시도일 수도 있다. 히브리서의 청중에게 이 문제는 긴 급하고 중요했다. 설교자의 생생한 감정, 안타까움과 간절함이 이 호소에 묻어난다.

　　이 '난해 구절'을 푸는 효과적인 방법은 전후 문맥을 살피 고 저자의 의도에 합치하도록 이해하는 것이다. 우선 첫머리에 "왜 냐하면"이라는 접속사가 눈에 띈다. 앞 단락에서 설교자는 권면 세 가지를 제시했다. 마지막 것은 실천 항목 두 가지였다. 사랑과 선행 을 자극하기 위해 서로 관심을 기울이고 그것을 위해 모임에 힘쓰 자는 것이다. 그 권면의 연장선상에서 지속적인 죄의 위험을 말한 다(26절). 속죄의 은혜를 깨닫고도 여전히 죄를 짓는다면, 6장 6절에 서 밝힌 대로 그것은 "하나님의 아들을 다시 십자가에 못 박고 공 개적으로 욕을 보이는" 일이다. 말로는 뉘우칠지라도 삶으로 속죄 를 부정하는 이는 이미 범한 죄에 더하여 위선과 거짓까지 행하는 셈이다. 속죄의 토대를 흔들어 무너뜨린 사람을 위해서는 "더 이상 속죄를 위한 제물이 없다".

　　죄의 결과는 당장, 여기서 드러나지 않을 수도 있다. 하지만 당장 보이지 않는다고 심판이 일어나지 않는 것이 아니다. 지금 보이 지 않는 것을 없다고 단정하는 일이야말로 인간의 피조물성을 웅변 하는 치명적 약점이다. 인간의 교만은 이 무지와 어리석음에 기초한다. 역사의 끝을 볼 수 없기 때문에 오직 현재를 기준으로 판단하고 행동하는 것이다. 앞서 "희망의 신앙고백"을 통해 종말신앙을 삶의 한가운데로 가져왔듯이 세상 끝에 있을 심판이 지금 우리의 신앙과 삶의 중요한 고려사항이 되어야 한다(27절). 또한 그것은 말씀을 믿지 못하는 굳은 마음과 잇닿아 있다. 종말에 심판이 있다는 것은 성경이 가장 자주, 가장 뚜렷하게 증언하는 교리 중 하나이다. 설교자는 모세 율법의 위반자가 받은 형벌을 통해 "언약의 피를 속되게 여기고 은혜의 영을 모욕한 사람"이 당할 형벌을 유추한(28-29절) 후 신명기 32장 35절과 36절을 봉독한다(30절). 특히 "주께서 그의 백성을 심판하실 것이다"(36절)는 하나님의 '값싼 은혜'를 맹신하는 이들의 간담을 서늘케 할 촌철살인 같은 선언이다.

당부: 인내하십시오 10:32-39

32 예전에 여러분이 빛의 비춤을 받고 고통스러웠던 많은 경합을 견디었던 그때를 기억해 보십시오. 33 어떤 때에는 공공연하게 모욕과 환난을 당했고, 어떤 때에는 그런 처지에 놓인 사람들과 함께하기도 했습니다. 34 여러분은 감옥에 갇힌 이들과 함께 아파했고, 기꺼이 여러분의 재산을 빼앗기기도 했습니다. 그 이유는 그보다 더 좋고 길이 남는 재산을 갖고 있음을 여러분이 알았기 때문입니다.

35 그러므로 여러분의 그 확신을 내던지지 마십시오. 그것에는 큰 보상이 따릅니다. 36 하나님의 뜻을 행함으로 약속된 것을 얻으려면 인내가 필요합니다.

37 왜냐하면 "조금만 더 있으면",
"오실 이가 도착할 것이며, 그분은 지체하지 않을 것"이기 때문입니다.
38 "하지만 나의 의인은 믿음으로 살 것이다.
만약 그가 뒤로 물러난다면 내 마음이 그를 기뻐하지

않는다."

39 우리는 뒤로 물러나 멸망할 사람이 아니라 믿어서 생명을 얻을 사람입니다.

6장 9절에서 그랬듯 설교자는 회중을 두려워 떠는 채로 돌려보내기를 원치 않는다. 엄중한 경고와 함께 격려가 따라와야 한다. 하지만 이번에는 6장과 어조가 다르다. 칭찬만이 아니라, 지난날 회중이 겪었던 고통스러운 경험을[1] 떠올리면서 비장한 각오를 다지도록 한다. 과거를 "기억하라"고 설교자는 명령한다(32절). 이 기억은 회중 한 사람, 한 사람의 개인적인 과거라기보다는 그 이전 선배들이 겪었던 공동체의 과거였을 것이다. '집단적 기억'은 신앙공동체의 소중한 자산이다. 모든 개인이 겪지 않았더라도 한 몸에 붙은 지체의 경험이 모든 지체에게, 오고 오는 후대까지 나누어지기 때문이다.

설교자가 그리는 회중의 기억은 아프고 어둡다. 그들은 "공공연한 모욕과 환난"을 당하기도 했고 그런 형편에 처한 사람들을 돕기도 했다(33절). "감옥에 갇힌 이들"과 함께 아파하기 위해 그들은 분명 영치금과 의복과 음식을 가지고 자주 방문했을 것이다. 그런 섬김에 필요한 재정을 자발적으로 내어 주었고, 어떤 때는 억울하게 재산을 빼앗기는 경우도 있었다(34절). 하지만 그때의 아픔은 반드시 지워질 것이다. 그것을 상쇄하고도 남을 넘치는 지복이 보장되었기 때문이다. 그들에게 "더 좋고 길이 남는 재산"을 거론하는

---

1. 번역 주에서 설명했듯이 32절에는 명사 'athlēsis'는 운동 경기 모티프를 드러낸다. 신앙 때문에 처한 박해 상황 묘사에 굳이 이 단어를 사용한 이유는 그리스-로마 사회에 널리 알려진 비유였기 때문이다. 예를 들어 스토아 학파의 철학자들(에픽테투스, 세네카 등)은 도덕적·철학적 덕목 습득에 필요한 인내와 노력을 운동 경기에 비유하곤 했고 알렉산드리아의 철학자 필로도 그러한 영향을 강하게 받았다. 바울 역시 여러 곳에서 신앙적 정진의 자세를 운동선수의 훈련과 경합에 비유했다(고전 9:24-27; 빌 1:27; 3:12-4:3; 살전 2:2; 딤후 4:6-8). 이에 관한 상세한 논의는 다음 연구들을 참조하라. N. C. Croy, *Endurance in Suffering: Hebrews 12:1-3 in Its Rhetorical, Religious, and Philosophical Context*(SNTSMS 98; Cambridge: Cambridge University Press, 1998), 43; James W. Thompson, *Hebrews*(Paideia; Grand Rapids: Baker Academics, 2008), 217-18.

설교자는 예수께서 약속하신 아홉 가지 복(마 5:3-12)을 염두에 두었을지 모른다. 열두 제자가 먼저 걸었던 그 길을 그들도 걸었고, 그래서 동일한 하늘의 보상이 그들을 기다리고 있기 때문이다. "내 이름을 위하여 집이나 형제나 자매나 부모나 자식이나 전토를 버린 자마다 여러 배를 받고 또 영생을 상속하리라"(마 19:29).

이제 우리는 마지막 당부를 듣는다. "여러분은 그 확신을 내던지지 마십시오"(35절). 이것은 새로운 당부라기보다는 이제까지 당부해 온 것을 다시 호소하는 셈이다(2:1; 3:12-14, 18; 4:2, 11; 6:11-12). "약속된 것"을 바라는 희망 위에서 "인내"해야 한다(36절). 현재의 삶은 잠정적이며 궁극적인 실체는 하나님의 오심와 함께 나타날 것이다. 그분이 오실 때 그분 앞에서 우리의 본 모습을 규정하는 것이 바로 우리의 "믿음"이다. 설교자는 이 결론을 아주 분명하게 전달하는 하나님의 말씀을 떠올린다. 그는 두 구절을 마치 한 구절인 양 이어 붙인다. "조금만 더 있으면"(37상)은 이사야 26장 20절의 내용이고 그다음은 하박국 2장 3-4절이다(37하-38절, 번역 주 참조). 두 구절에서 공히 '파루시아'(임재)의 임박성이 생생하게 느껴진다. 하나님은 분명 오실 것인데 우리의 예상을 뒤엎고 '곧' 오실 것이다. 그 임박성 안에 확실성이 배어 나온다.

하나님 오심의 임박성보다 더 중요한 건 그분을 맞이하는 준비이다. 우리는 "믿음으로" 살고 있는가? 성경 여러 곳에서 그러하듯 여기에서도 "믿음"은 "신실함"으로 바꾸어 번역하는 게 정확하다. 원래 이 말씀이 있던 하박국서에서의 쓰임새, 그리고 히브리서 10장의 맥락 모두 "신실함"이 딱 들어맞는다.

예언자 하박국은 위기에 처한 유다와 예루살렘을 향해 하나님의 묵시를 선포하고 있었다. 그는 하나님의 언약 백성이 왜 바벨론 같은 이방 민족에게 압제당해야 하는지 이스라엘 백성을 대신해서 하나님께 묻는다. 그러자 하나님께서 답하신다. 3절에서 하나님은 종말, 즉 하나님의 심판의 때가 속히 임할 거라고 하시며, 4절에서 악인과 의인을 대조하신다. 악인은 교만하고 정직하지 못하므로 하나님의 형벌에 처해질 것이다(4상). 반대로 의인은 "그의 믿음" 즉 그의 신실함과 그 신실함에서 맺힌 삶의 열매 때문에 죽지 않고 "살 것이다"(4하).

　　　　여기에서 히브리서 설교자의 구약 사용 방식을 면밀히 관찰할 필요가 있다. 구약성경의 우리말 번역은 대부분 히브리어 본문을 번역한 데 비해 히브리서 설교자는 칠십인역을 인용했다. 칠십인역과 히브리어 구약성경의 관계는 원본과 번역본의 관계를 넘어 복잡하고도 흥미로운 성격을 띤다. 이 세 본문—히브리어, 칠십인역, 히브리서—를 대조해 보면 이 상황의 일면을 볼 수 있다. 아래 세 본문의 우리말 번역은 모두 원문에서 직접 번역했다.

히브리어 합 2:3-4	칠십인역 합 2:3-4	히브리서 10:37하-38
3 왜냐하면 정한 때를 위해 한 환상이 있기 때문이다. 그것은 **마지막에 관해 말하며 거짓이 아니다.** 늦더라도 너는 **그것을** 기다려라. **그것은** 오고야 만다. 지체하지 않는다.	3 왜냐하면 장래의 한 때를 위한 환상이 있기 때문이다. 그것은 **마지막을 향해 솟아 오르며 헛되지 않는다.** 늦더라도 너는 **그를** 기다려라. 왜냐하면 **그는 반드시 올** 것이며 지체하지 않을 것이기 때문이다.	 37 왜냐하면 **오실 이가 도착할 것이며,** 지체하지 않을 것이기 때문이다. 38 하지만 **나의** 의인은 **믿음으로써** 살 것이다.
4 보라, 그의 마음은 교만하고 그의 내면은 바르지 않다. 하지만 **의인은 자신의 믿음으로써** 살 것이다.	4 보라, **만약 그가 뒤로 물러나면 내 마음이 그를 기뻐하지 않는다.** 하지만 **의인은 나의 믿음으로써** 살 것이다.	**만약 그가 뒤로 물러나면 내 마음이 그를 기뻐하지 않는다.**

첫째, 히브리 본문에서 칠십인역으로 오면서 일어난 변화를 보자. 하박국 2장 3절에서 중요한 변화 한 가지가 일어나는데 그것은 히브리 본문에서 "정한 때"를 받았던 중성대명사("그것")가 칠십인역에

서는 3인칭 대명사 "그"로 바뀐 것이다. 이 변화는 칠십인역의 신학적 해석이라는 차원에서 이해할 수 있다. "정한 때", 즉 역사의 마지막 때는 우주의 심판자이신 하나님께서 오시는 날이다. 그때를 기다리라는 명령은 곧 그때 임하실 하나님을 기다리라는 명령으로 치환될 수 있다. 그때가 더디더라도 반드시 오듯이 하나님도 그러하시다. 이미 3절에서 "그분" 즉 하나님의 존재가 상정되었기 때문에 4절의 "내 마음"과 "나의 믿음"이 자연스럽게 하나님을 가리킬 수 있게 된다. 이 점은 히브리서 저자에게 매우 중요하다. 10장 전체의 흐름에서 심판주 하나님의 실존이 큰 무게를 가지고 있기 때문이다. 히브리서 10장 37-38절은 단지 "마지막 때"에 대한 예언이 아니다. 하나님과 그의 백성의 관계가 핵심이며, 그 근저에 칠십인역의 문맥이 자리잡고 있다.

둘째, 칠십인역과 히브리서 간의 차이를 보자. 히브리서 설교자는 칠십인역을 그대로 따오지 않고 중요한 변화를 주었다. "하지만 나의 의인은 믿음으로써 살 것이다"(히 10:38)가 바로 그 지점이다. 먼저 눈에 띄는 점은 그 문장이 원래 하박국에서는 맨 끝에 있었다는 사실이다. 히브리서 설교자는 이것을 앞으로 끌어왔다. 그에 따라 "그가 뒤로 물러나면 내 마음이 그를 기뻐하지 않는다"가 맨 마지막 문장이 되었다. 무엇을 말하느냐만큼 중요한 것이 어떤 순서로 말하느냐이다. 주제를 효과적으로 전달하고 상대를 설득하는 데 어순은 매우 중요하다. 히브리서의 설교자는 중심 메시지를 담은 문장을 맨 뒤에 두었다. 그렇게 해서 청중의 주의를 집중시키고 강렬한 인상을 심을 수 있었다. "뒤로 물러남"은 사소한 문제가 아니다. 하나님의 마음은 뒤로 물러나는 이를 기뻐하지 않으실 것이다. 결국 "의인의 믿음"은 "뒤로 물러남"과 대조를 이루고, 그 대조를 통해 의미가 밝혀진다. "믿음"은 "어떤 사실을 참이라고 믿는다"의 명사형 표현에 그치지 않는다. 인격적 대상을 향한 참되고 정성스러운 태도, 관계, 행실을 모두 포함하는 말이다. 그런 내용을 담고 있는 가장 적절한 우리말은 "신실함", 영어로는 'faithfulness'이다. 히브리서 10장의 메시지의 흐름도 이 점을 뚜렷이 말하고 있다. 앞서 경고했듯이(10:26-31) 신실하지 못한 행실은 심판받을 것이다. 그 이전에도 배교를 상정하면서까지 설교자는 신실한 인내가 얼마나 중요한지 여러 차례 강조했다(2:1; 3:12-14, 18; 4:2, 11; 6:11-12). 똑같은 생각의 흐름이 38절의 두 문장의 어순에 그대로 드러난다.

칠십인역에서 히브리서로 옮겨 오는 과정에 변화가 하나 더 있다. 하박국 예언자(칠십인역 번역자)가 "의인은 '나의 믿음'으로 살 것이다"라고 선포한 반면 히브리서 설교자는 '나의 의인은' 믿음으로 살 것이다"라고 바꾸어 말한다. 칠십인역의 문맥에 따르면 의인의 생명은 "나의 믿음", 즉 하나님의 신실하심에 의존한다.[2] 이 사실을 히브리서 설교자가 부정하는 것은 아니다. 다만 강조점이 신자의 신실함으로 옮겨 갔을 뿐이다. 앞에서 설명한 것처럼 지금 설교의 초점은 대제사장 예수의 피의 공로를 끝까지 붙잡는 인내와 신실함이다. 하나님은 곧 오실 것이며, 우리의 믿음이 그분 앞에 적나라하게 드러날 것이다. 원문을 면밀히 들여다보면 다른 특이점도 나타난다. "믿음" 앞에 소유격 인칭대명사만 없는 게 아니라 관사조차도 붙지 않았다. 누구의 믿음인지 전혀 한정되지 않은 것이다. 어쩌면 설교자는 신실함의 주체를 하나님과 신자 양쪽 모두에게 열어 놓았는지도 모른다.[3] 로마서 1장 17절의 빛 아래서 보면 이 점이 더 뚜렷해진다. 여기에도 하박국 2장 4절이 인용되어 있다. 이 서신을 기록한 바울 사도에 따르면, 하나님의 신실하심이 신자의 신실함을 불러일으켜서("믿음에서 믿음에 이르게 하나니") 결국 신자를 의롭게 하고 영생을 누리게 한다("의인은 믿음으로써 살 것이다").

결론은 명확하다. "우리는 뒤로 물러나 멸망할 사람이 아니

---

2. 흥미롭게도 히브리어 하박국 본문에서 "믿음"의 주체는 하나님이 아니라 이스라엘이다. 그렇다고 히브리서 설교자가 칠십인역 대신 히브리어 본문을 참조했다고 보기는 어렵다.

3. 그리스어 구문에서 정관사는 종종 소유대명사를 대신한다. 여기서 만약 "믿음" 앞에 관사가 있었다면 문장의 주어인 "나의 의인"를 받아서 "그의 믿음으로"라고 번역해야 할 것이다.

라 믿어서 생명을 얻을 사람입니다"(39절). 생명을 얻는 신앙은 "뒤로 물러나지 않음"이다. 누가 그런 믿음을 지녔는가? 이제 우리는 물러남 없는 신실함을 보여 준 신앙의 선배들, 조상들의 이야기로 들어간다.

질문

1. '예수의 피', '휘장', '성소에 들어감' 같은 상징이 우리에게 구체적으로 의미하는 바가 무엇입니까? 우리가 성소에 들어가는 것은 왜 중요합니까?

2. 그리스도인의 신앙 여정을 운동선수의 "경합"(32절)에 비유할 수 있는 근거가 무엇일까요?

3. 10:37-38에는 하박국 2:3-4이 인용되어 있습니다. "오직 나의 의인은 믿음으로 살 것이다"라는 선언의 앞뒤 말씀은 선언 이해에 어떤 도움을 줍니까?

묵상

신자들의 모임은 "사랑과 선한 행동을 자극하기 위해 서로에게 관심을 기울이는" 계기가 됩니다(10:24-25). 우리는 하나님을 뵙고 예배하는 동시에 형제자매들의 격려를 받고 사랑과 선한 행동을 위한 자극도 받아야 합니다.

12

권면 7 ─ 믿음의 증인들처럼 인내하라

히 11:1─12:13

히브리서 11장은 '믿음 장'이라는 별칭으로 불리곤 한다. 믿음에 대한 일종의 정의를 내리는 11장은 "믿음으로써"(*pistei*)라는 표현이 열아홉 번 반복되면서 유대인의 조상들과 영웅들의 이야기를 펼친다. 하지만 11장만 따로 떼어 읽어 버릇한다면 오히려 참뜻을 깨닫는 데 방해가 될 수 있다. 히브리서 11장은 10장을 이으면서 동시에 12장에 다리를 놓는다. 11장을 포함해서 히브리서 전체는 1세기 그리스-로마 문화에서 살아가던 일군의 사람들을 염두에 두고 쓰여졌다. 우리는 이 두 가지 사실, 즉 글의 문맥과 삶의 문맥을 생각하면서 11장을 읽어야 한다.

출발점은 10장 35-39절에 있다. 인용된 하박국 2장 4절 말씀에 '믿음'이 등장했다(10:37). 또 10장 마지막 문장에서 그리스도인의 정체성은 그 핵심이 믿음에 있다고 힘주어 말했다(10:39). 그 연장선상에서 11장의 믿음이 논의된다. 이어지는 12장의 첫 단어 "그러므로" 역시 놓쳐서는 안 된다. 11장이 12장으로 이어짐을 보여 주는 명백한 증거이기 때문이다. 11장에서 많은 믿음의 조상들을 예

178

시한 목적이 12장 1-13절에 나타나 있다. 이런 여러 정황을 고려할 때 10장 35절부터 12장 13절까지를 한 덩어리로 보는 게 좋지만, 10장 35-39절은 앞 단락과도 연결되어 있기 때문에 그쪽으로 붙이기로 하자.

11장만 놓고 보면 전제(1-2절)-예증(1-38절)-부연(39-40절) 세 부분으로 나뉜다. 12장 역시 인내라는 주제를 중심으로 세 소단락으로 짜여졌다. 그리스도를 모델로 한 인내(1-4절)-잠시 받는 징계의 유익(5-11절)-연단을 이기라는 권면(12-13절). 이를 표로 만들면 다음과 같다.

믿음의 선진들의 사례 소개 (11장)	1-2절	전제: 바라는 것, 보이지 않는 것을 확증하는 믿음
	3-38절	예증: "믿음으로" 살았던 옛 사람들의 이야기
	39-40절	부연: 우리를 통한 온전함의 성취
믿음의 적용으로서의 인내 (12장)	1-4절	전제: 그리스도를 모델로 한 인내
	5-11절	예증: 잠시 받는 징계의 유익
	12-13절	부연: 연단을 이기라는 권면

전제: 바라는 것, 보이지 않는 것을 확증하는 믿음 11:1-2

1 믿음은 바라는 것들을 확신함, 그리고 보이지 않는 것들을 확증함입니다. 2 옛 사람들이 이것으로써 인정받았기 때문입니다.

11장을 여는 첫 두 문장은 이후 이어지는 신실함의 사례를 아우르는 원리다. 우리는 여기에서 종종 '믿음에 대한 정의'를 찾곤 하지만 엄밀히 말해서 이 두 구절을 정의라고 보기 어렵다. 정의를 내릴 때 자주 쓰이는 두 가지 방법은 어떤 개념의 본질을 기술하거나 그 개념이 나타내는 사태 또는 사물을 나열하는 것이다. 전자를 내재적 정의, 후자를 외재적 정의라고 부른다. 11장 1절을 군이 분류하면 후자에 가깝다. 그럼에도 바라는 것의 확신이나 보이지 않는 것의 확증이 믿음의 모든 측면을 말한다고 볼 수 없다. 믿음은 셀 수 없이 많은 양상으로 나타난다. 히브리서의 설교자는 그중 특수한 두 가지를 말하고 있을 뿐이다. 그래서 우리는 왜 하필 이 두 가지인지 물어야 한다. 그 물음에 답을 하려면 이어지는 11장 3-38절을 읽어야 한다. 분명한 점은 이 두 가지 원리가 믿음으로 인정받은 "옛 사람들"의 경우에 공통적으로 작용한다는 사실이다.

먼저 1절에서 핵심어가 되는 두 낱말의 뜻을 확인해 볼 필요가 있다. "확신함"으로 번역한 '휘포스타시스'(hypostasis), "확증함"으로 번역한 '엘렝코스'(elenchos)가 그것이다. '휘포스타시스'의 어원적 의미는 '아래에 서 있음'이다. 거기에서 다양한 사전적 의미인 "기초, 토대, 실체, 실상, 본질"이 나오고, "실현, 계획, 착수, 상황, 마음의 상태" 등도 파생되었다. 소유권의 토대가 되는 등록증이나 권리 증서를 뜻하기도 했다. "바라는 것들" 아래에서 떠받치고 있는 지지대, 또는 그런 지지대와 같은 단단한 마음의 상태가 바로 믿음이다. 따라서 믿음에는 미래적 차원이 있다. 10년, 20년 후, 심지어 생애의 범위를 넘어서는 시간까지도 포괄할 수 있다. 믿음은 부활의 지평 안에서 작동한다.

종말론적·묵시론적 차원은 "보이지 않는 것들을 확증함"에도 감지된다. '엘렝코스'는 '시험하다, 검증하다, 검토한 후 비판하다' 등을 의미하는 동사(elenchō)에서 유래했다. 명사 '엘렝코스'는 '검증, 검토하는 행위' 또는 그 결과물로서 '증거, 증명'을 의미할 수 있다. "보이지 않는 것들"은 "바라는 것들"과 대구를 이룬다. 후자가 시간 축에서의 초월성에 기대고 있다면, 전자는 공간 축에서의 초월성을 표명한다. "봄"은 인간이 사물과 세계를 인식하는 여러 감각 중에서도 가장 중요하고 일차적이다. 사람들은 종종 보이지 않는 것을 없는 것으로 간주한다. 역사 너머, 종말 너머의 영원을 공상으로 치부한다. 그 의심의 관문을 통과할 수 있게 하는 것이 믿음이다.

믿을 때 우리는 이전에 보이지 않았던 것을 보고 물리적 법칙을 벗어난 일들을 경험한다.

이런 일들을 "믿음으로써" 겪은 이들이 "옛 사람들"이다. 명사 "믿음"을 여격으로 만들어서 수단, 방법, 도구를 뜻하는 부사구가 된 "믿음으로써"는 모두 열아홉 번 사용된다. 이름이 밝혀진 사람만 열다섯, 그 외에도 "예언자들", "여인들", "그 외 다른 이들"로 통칭되는 수많은 이들이 있다. 대부분은 구약성경에 나오고(3-34절), 몇 사람은 마카베오서와 같은 신구약 중간기 문헌에 등장한다(35-38절). 구약은 다시 창세기(3-22절)와 출애굽기 이후(23-34절)로 구분되고 창세기 부분은 더 잘게 나누어서 원역사 부분(창 1-11장)에 해당하는 3-7절과 족장들의 이야기(창 12-50장)에 해당하는 8-22절로 이루어진다. 크게 보면 연대기적 순서를 따르는 셈인데, 그렇다고 단지 구약의 내용이 요약된 것만은 아니다. 히브리서 설교자는 곳곳에 자기 나름의 해석과 설명을 곁들인다. 거기에 히브리서만의 신학적 안목이 나타난다. 각자의 구체적인 면모나 행동, 그에 따른 결과를 정리하면 다음과 같다.

주체	행동	결과
우리(3절)	세계가 하나님의 말씀으로 지어졌음을 앎	나타난 것이 보이는 것으로부터 나오지 않음을 깨달음
아벨(4절)	가인보다 더 나은 제사를 드림	의롭다고 인정받음
에녹(5절)		죽음을 보지 않고 옮겨짐
노아(7절)	방주를 만들어 가족을 구원함	세상을 심판하고 믿음에 따른 의로움의 상속자가 됨
아브라함(8절)	떠나라는 부르심에 순종함	하나님이 그들을 위해 한 도시를 마련하심
아브라함(17-19절)	이삭을 바침	이삭을 죽음으로부터 돌려받음
이삭(20절)	야곱과 에서에게 축복함	
야곱(21절)	각 아들에게 축복하고 "지팡이 끝에 몸을 기대어 경배함"	

모세(의 부모, 23절)	아기를 석 달간 숨김, 왕의 명령을 두려워하지 않음	
모세(24-26절)	장성했을 때 바로의 딸의 아들이라고 불리기를 거부함, 죄의 일시적 향락보다 하나님의 백성과 함께 학대받음	
모세(27절)	왕의 분노를 두려워하지 않고 이집트를 떠남, 보이지 않는 분을 보고 있는 사람처럼 견딤	(상을 받음)
모세(28절)	유월절을 제정하고 피를 뿌림	파괴자가 처음 난 것들을 건드리지 못함
그들(29절)	홍해를 마른 땅처럼 건넘	
그들(30절)	칠 일간 돎	여리고 성벽이 무너짐
창녀 라합(31절)	정탐꾼들을 평안히 맞아들임	불순종한 자들과 함께 망하지 않음
기드온, 바락, 삼손, 입다, 다윗과 사무엘, 예언자들 (32-34절)		여러 나라들을 정복 정의를 실천 약속된 것들을 얻음 사자들의 입을 막음 맹렬한 불을 끔 칼날을 피함 약함으로부터 강해짐 전쟁에서 용맹해짐 외국군대를 물리침
여인들(35절)		죽었던 가족을 부활을 통해 받음
다른 이들(36절)	고문을 받음	더 나은 부활을 얻음
다른 이들(37절)		돌에 맞아 죽음 톱에 잘림 칼에 맞음 궁핍, 고난, 학대를 겪으며 양 가죽이나 염소 가죽만 두른 채 돌아다님 광야와 산과 동굴과 땅굴을 헤맴

이제 이들 "옛 사람들"의 행동과 선택을 하나하나 짚어 볼 차례다.

예증: "믿음으로" 살았던 옛 사람들의 이야기

(창세기 중심으로) 11:3-22

3 믿음으로써 우리는 세상이 하나님의 말씀으로 마련되었음을, 나타난 것이 보이는 것으로부터 나오지 않았음을 깨닫습니다. 4 믿음으로써 아벨은 가인보다 나은 제물을 하나님께 바쳤습니다. 그는 그것을 통해 의롭다고 인정받았는데 하나님께서 그의 헌물에 대해 인정하신 것입니다. 그리고 그는 죽었지만 그것을 통해 아직도 말을 하고 있습니다. 5 믿음으로써 에녹은 죽음을 보지 않고 옮겨졌습니다.

> "하나님께서 그를 옮기셨으므로 그는 보이지 않았습니다."

그는 하늘로 옮겨지기 전에 "하나님을 기쁘게 했다"고 인정을 받았습니다. 6 믿음이 없이는 하나님을 기쁘게 할 수 없습니다. 왜냐하면 하나님께 나아가는 사람은 그분께서 계시다는 것, 그리고 그분께서 당신을 찾는 사람에게 보응해 주심을 마땅히 믿어야 합니다. 7 믿음으로써 노아는 아직 보이지 않는 일들에 관하여 지시를 받고 경외하는 자세로 방주를 만들어 그의 가족을 구원했습니다. 그것을 통해 그는 세상을 심판하고 믿음에 따른 의로움의 상속자가 되었습니다.

8 믿음으로써 아브라함은 장차 상속 재산으로 받게 될 곳을 향해 떠나라고 부름받았을 때 순종했습니다. 그는 어디로 가야 할지 모른 채 떠났습니다. 9 믿음으로써 그는 약속의 땅에 마치 외국에서 살듯이 얹혀 살았습니다. 그는 같은 약속의 공동상속자들인 이삭과 야곱과 함께 천막을 치고 머물렀습니다. 10 왜냐하면 그는 기초를 갖춘 성읍, 즉 하나님께서 그것의 건축자와 창조자가 되신 그 성읍을 기대했기 때문입니다. 11 비록 그는 늙고, 그의 아내 사라 역시 단산했지만, 믿음으로써 그는 생식의 능력을 얻었습니다. 이것은 그가 약속하신 분을 신실하신 분으로 여겼기 때문입니다.

12 그러므로 한 사람에게서, 그것도 죽은 사람이나 다름없는 사람에게서 "하늘의 별처럼 수가 많고 바닷가의 모래처럼 셀 수 없는" 자손이 태어났습니다.

13 이들은 모두 믿음을 따라 죽었습니다. 약속된 것을 받지 못했지만 멀리서 그것을 보고 반겼습니다. 그리고 자신들은 땅에서 외국인이며 난민일 따름이라고 고백했습니다. 14 이렇게 말함으로써 그들은 자신들이 본향을 추구하고 있음을 분명히 드러냈습니다. 15 그들이 만약 떠나온 본향을 염두에 두었다면 돌아갈 기회가 있었을 것입니다. 16 하지만 그때 그들은 더 나은 본향, 즉 하늘 본향을 갈망하고 있었습니다. 그래서 하나님께서는 그들의 하나님이라고 불리는 것을 부끄러워하지 않으시고 그들을 위해 한 성읍을 마련해 주셨습니다.

17 믿음으로써 아브라함은 시험받았을 때 이삭을 바쳤습니다. 약속을 받았는데도 그는 독생자를 바치려 한 것입니다. 18 그에게 하나님은 말씀했습니다.

"이삭을 통해 너의 씨라고 불리울 것이다."

19 그는 하나님께서 죽은 자들로부터도 일으키실 수 있다고 간주했습니다. 그러한 믿음에 따르면, 아브라함은 이삭을 죽음으로부터 되돌려 받은 셈입니다. 20 믿음으로써 이삭은 장래 일을 두고 야곱과 에서에게 축복했습니다. 21 믿음으로써 야곱은 죽을 때 요셉의 각 아들에게 축복하고 "지팡이 끝에 몸을 기대어 경배했습니다." 22 믿음으로써 요셉은 임종 시에 이스라엘 자손들의 탈출을 기억했고 자기의 유골에 관해서 지시했습니다.

놀랍게도 신앙 선배들의 대열 중 맨 앞 자리는 비어 있다(3절). 천지 창조 사건은 한 개인의 "믿음으로써" 된 일이 아니다. 하나님께서 하나님의 말씀으로 하신 일이다. 그런 사실을 받아들이고 이해해야 할 몫이 우리 모두에게 남아 있다. 그래서 첫 "믿음으로써"의 주체는 어떤 "옛 사람"이 아니라 "우리"이다. 우리는 믿음으로써 하나님의 말씀에 의해 세상이 지어졌음을 깨닫는다. 세상의 창조가 전적으로 계시라는 사실, 그리고 동시에 전적으로 역사라는 사실을 우리는 오직 믿음으로써 인정하고 납득할 수 있다. 천지창조라는 특수한 사건에서 한 보편적 원리가 나온다. 우리가 보고 있는 이 세상은 겉으로 나타나 보이는 것으로부터 지어지지 않았다. 보이지 않는 세계가 있고, 보이지 않지만 실재하는 존재가 있다. 그 세계와 그 존재는 보이는 세계와 존재들의 근원이며 주관자이다. 믿음의 첫 발생 지점을 창조 사건에 대한 깨달음에서 찾은 이유는 그것이 이어지는 역사 속 모든 신앙 사례의 토대가 되기 때문이다.

히브리서 설교자가 구약을 단순히 요약하는 데 그치지 않는다는 사실은 첫 번째 "옛 사람"인 아벨의 이야기에서부터 드러난다(4절). 하나님이 왜 "가인과 그의 제사"는 받지 않으시고 "아벨과 그의 제사"는 받으셨는가? 창세기는 그 명확한 이유를 말하지 않는다. 하나님의 기준이 제물의 종류보다는 제사의 태도나 제사드리는 이의 행동이 아닐까 짐작할 수 있을 뿐이다(창 3:7). 히브리서도 마찬가지다. 아벨이 "더 나은 제사"를 드렸다고 말할 뿐 어떤 점에서 더 나았는지 설명이 없다. 하나님께서 그의 제사를 받으셨다는 사실이 중요하다. 그러니 그의 제사드림은 "믿음으로써" 행해진 일이다. 제물이 무엇이기 때문이거나, 제사의 시간이 길었기 때문이거나, 제사 드릴 때 입었던 옷차림이 이러저러했기 때문이 아니다. 제사의 과정과 태도 전체, 더 나아가 제물을 들고 하나님 앞에 엎드렸던 아벨이라는 인간의 됨됨이까지 믿음직스러웠고, 신실했으며, 하나님을 의식하고 두려워하며 의지했다. 한 번의 제사로 끝나지 않았다. "의로운 자 아벨"은 전 생애 동안, 그리고 죽음의 순간까지 믿고 또 믿었다. 아벨은 "죽었지만 그것을 통해 아직도 말하고 있다".

"죽었던" 아벨과는 대조적으로 에녹은 믿음으로써 "죽음을 맛보지 않았다". 죽지 않았을 뿐 아니라 하늘로 옮겨졌다(5절). 그 둘 중 더 중요한 점을 꼽으라면 후자이다. 성경을 통틀어 에녹과 엘리야 두 사람만이 "죽음을 맛보지 않음"의 경험을 공유했다. 하지만 하늘로 옮겨지는 경험은 모든 믿는 자들이 공유한다. 그렇게 되기 위해 에녹은 하나님을 기쁘게 했고 믿음으로만 그렇게 할 수 있었다. 하나님을 기쁘게 하는 믿음에는 두 가지, 즉 하나님의 존재와 선하심이 담겨 있다(6절). 하나님의 "보응"을 우리의 공로에 대한 응분의 대가라고 이해할 필요는 없다. 단지 하나님을 찾기만 하면 우리를 만나 주시고 가장 좋은 것을 주시는 아버지의 선하심을 그렇게 표현했다.

노아 부분에 와서 11장 전체의 열쇳말이 드러난다(7절). "아직 보이지 않는 일들"—그것은 미래의 일이었고 노아에게 그것은 홍수였다. 노아가 아직 보이지 않는 홍수 심판을 마치 본 것처럼 여길 수 있었던 이유는 홍수 자체의 무시무시함 때문이 아니었다. 그는 홍수가 아니라 하나님을 믿었다. 하나님의 존재와 선하심을 믿었다는 점에서 노아와 에녹의 믿음은 결국 같다. 우리의 믿음도 마찬가지다. 신앙은 보이지 않는 초월 세계를 상정한다. 그 세계의 중심에 하나님이 계신다. 우리는 어떤 가치를 믿는 게 아니라 하나님을 믿으며, 하나님이 가치의 총화를 넘어 인격적 존재이심을 믿는다. 그래서 신앙은 윤리적이기 이전에 형이상학적이다. 존재에 기반하지 않는 가치는 허무하다. 한편 그리스도 신앙은 초월을, 미래를 지향하지만 그렇다고 땅과 현실로부터 도피하지 않는다. 노아는 세계의 심판과 구원이라는 시대적 사건을 이끈 주인공이었다. 그 역사의 무대 한가운데 서기 전 그의 하루하루는 어땠을까? 지겹고 힘겨운 노동 없이 방주는 만들어지지 않았다. 믿음의 결과가 큰 일, 멋진 일이라고 해서 과정도 그런 건 아니다. 신앙인의 자리는 아무도 보지 않는 곳에서 자신과 성실히 싸우는 일상이다.

노아처럼 아브라함도 "아직 보이지 않는 일들"을 삶의 지표로 삼는 용기를 발휘했다. 시작은 떠남이었다(8절). 떠난 이유는 "상속받을 곳"으로 가기 위해서였다. 놀랍게도 그곳이 어디인지 알지 못한 채 아브라함은 떠났다. 떠나기 위해 아브라함이 알아야 했던 것은 땅의 위치가 아니라 그 땅을 약속하신 하나님의 존재와 그분의 선하심이었다. 그것이 첫 번째 믿음의 결과였다.

아브라함이 믿음으로 행한 두 번째 일은 장막에 거하는 생활이었다(9절). 집을 떠난 사람이 장막을 치는 게 왜 믿음의 행동인가? 일견 당연한 일이고 상식적인 행동이다. 히브리서 설교자가 부각시키는 점은 아브라함이 약속의 땅에 도착해서도 계속 장막에서 살았다는 점이다. 아들 이삭, 손자 야곱까지 함께 그렇게 했다면[1] 여기엔 뭔가 심상치 않은 의도가 있다. 본래 유목민도 아닌 사람이 자손들까지 거느린 마당에 빨리 정착해서 자기 집을 짓고 안정을 추구하는 게 인지상정이다. 그런데 히브리서 설교자에 따르면 아브라함은 "마치 외국에서 살듯이 그 땅에 얹혀 살았다". 어쩔 수 없는 환경 때문이 아니었다. 아브라함의 유랑 생활은 믿음으로 살기 위한 결단이었고 실천이었다. "하나님께서 그 건축자와 창조자가 되신 성읍"(10절)에서 살기를 기대하기 때문이었다. 우리 상황에 잇대어 말하자면, 신앙의 본류는 현실의 성공에서 발견되지 않는다. 아직 보이지 않는 것들에 대한 기대 때문에 현재의 상실과 실패를 자처하는 용기가 신앙이다.

신실하신 하나님을 믿음이 가져온 세 번째 결과는 아브라함과 사라의 생식 능력의 회복이었다(11절). 그 부부는 분명 생물학적으로 임신이 불가능했다. "죽은 사람이나 다름 없던" 한 사람에게서 셀 수 없는 자손이 태어났다(12절). 믿음으로 부활을 체험한 셈이다.

믿음은 결국 소망의 다른 이름임을 기억해야 한다(13-16절). 떠나온 본향이 아니라 하늘 본향을 추구하는 분명한 목표 의식이 신앙의 본질이다. 외국인과 난민, 그것이 이 땅을 사는 신자의 정체성이다. 그런 우리가 믿음을 수단 삼아, 신앙을 발판 삼아 이 땅의 가치관에 입각한 성공과 안정을 추구하려고 시도한다면 결국 믿음

---

1. 아브라함이 100세에 얻은 아들 이삭은 60세에 쌍둥이 두 아들 에서와 야곱을 얻었다(창 25:26). 창 25:7-9에 따르면 아브라함의 향년이 175세였으므로 3대가 함께 살았을 기간은 적어도 15년이다.

을 배반하는 것이다. 내가 아닌 나에 집착하는 데서 번민과 불안이 나온다. 반면 믿음은 이 세계와 역사에 대한 책임과 사명으로부터 우리를 면제시키지 않는다. 신자의 삶의 목적은 좁은 의미의 복음 전파에 국한되지 않기 때문이다. 우리는 "하늘 본향"을 갈망한다. 그 갈망은 이 땅의 삶을 포기하거나 회피하는 이유가 아니라 우리가 이 땅의 삶을 사는 방식을 규정하는 방향성이다. 하늘 본향에 대한 갈망에 합당한 그런 태도와 관점으로써 우리는 이 땅에서의 하루하루를 뜨겁게, 충만하게, 최선을 다하여 산다.

믿음이 아브라함의 삶에 가져 온 네 번째 사건은 이삭을 죽음에서 다시 얻은 일이었다(17-19절). '이삭의 결박'을 통해서 아브라함은 시험을 받고 있었다. 어떤 경우에도 하나님이 살아 계시고 그분이 선하시다는 사실을 믿지 않으면 통과할 수 없는 시험이었다. 아브라함은 믿음으로 백 살에 아들을 얻었다. 이제 믿음으로 그 아들을 바치려 한다. 자신의 목적을 위해 하나님을 이용하는 게 아니라 하나님과 신뢰 관계 맺기를 목적으로 삼아야 했다. 죽음의 터널을 빠져나올 수 있는 유일한 돌파구는 부활이었다. 이삭을 얻는 과정에서 아브라함은 이미 부활을 체험했었다. 죽은 것 같았던 몸이 다시 살아났고 생명을 잉태했던 것이다. 그 생명의 열매인 이삭을 묶고, 손에 칼을 들었던 아브라함에게 하나님은 다시 한 번 부활을 보게 하셨다. 하나님은 "산 자의 하나님"이셨기에(마 22:32) 이삭을 사실상 죽음으로부터 되돌려 주셨다.

아브라함의 믿음이 다채롭고 화려했다면 이삭 그리고 그의 아들 야곱이 믿음을 실천한 방식은 평이하고 단순한 것처럼 보인다. 그것은 자녀들의 장래 일을 두고 복을 비는 일이었다(20-21절). 아버지로서 자녀를 축복하는 일을 믿음이라고까지 불러야 할까? 부성애의 자연스럽고 마땅한 발로가 아닌가 말이다. 자녀를 축복하는 아버지의 동기는 대부분 자녀를 향한 사랑이다. 반면 이삭과 야곱이 복을 빌 때 자녀들에 대한 사랑 이상의 것이 작용했다. 그것은 자녀의 미래를 주관하시는 선하신 하나님에 대한 믿음이었다. 하나님을 믿지 않고 하는 축복은 자기 욕심의 투영이거나 기껏해야 내 '피붙이'의 번영을 바라는 간절한 바람이다. 이삭과 야곱이 하나님을 믿고 하나님의 뜻을 구하고 자녀를 축복할 때, 그것은 희망 사항을 넘어 약속이 되었다. 요셉의 경우에는 "약속"에 대한 인식이 더 분명하게 작용했다. 죽음을 맞이했을 때 그는 장래에 있을 출애굽을 "기억"했다.[2] 그리고 약속의 땅으로 자기 유골을 가지고 올라가라고 지시했다(22절). "아직 보이지 않는 일들"을 믿으며 그렇게 했다.

예증: "믿음으로" 살았던 옛 사람들의 이야기
(출애굽기와 여호수아 중심으로)[11:23-31]

23 믿음으로써 모세는 그가 태어났을 때 그 아기의 풍모를 본 그의 부모들에 의해 석 달간 숨겨졌습니다. 그들은 왕의 명령을 두려워하지 않은 것입니다. 24 믿음으로써 모세는 장성했을 때 바로의 딸의 아들이라고 불리기를 거부했습니다. 25 그는 죄의 일시적인 향락을 누리기보다는 차라리 하나님의 백성과 함께 학대받는 쪽을 선택한 것입니다. 26 그는 그리스도의 치욕을 이집트의 보물보다 더 큰 재산으로 여겼습니다. 왜냐하면 그는 보상을 바라보고 있었기 때문입니다. 27 믿음으로써 그는 왕의 분노를 두려워하지 않고 이집트를 떠났습니다. 보이지 않는 분을 보고 있는 사람처럼 굳건히 견뎠기 때문입니다. 28 믿음으로써 모세는 유월절을 제정하고 피를 뿌림으로써 처음 난 것들의 파괴자가 그들을 건드리지 못하게 했습니다. 29 믿음으로써 그들은 홍해를 마른 땅처럼 건넜습니다. 이집트인들은 그렇게 해보다가 물에 삼켜졌습니다. 30 믿음으로써 칠 일간 돌자 여리고 성벽이 무너졌습니다. 31 믿음으로써 창녀 라합은 정탐꾼들을 평안히 맞아들였기에 불순종한 자들과 함께 망하지 않았습니다.

---

2. 번역 주를 참조할 것.

이어서 모세가 믿음으로 행했던 일들이 나온다. 태어날 때부터 모세의 생명은 믿음에 달려 있었다. 왕의 명령에 따라 그는 태어나자마자 죽을 수밖에 없었는데 믿음 있는 부모의 보호로 살아났다(23절). 일종의 유사-부활 체험인 셈이다. 이 사건에서 믿음은 세 가지 방식으로 작용했다. 첫째, 믿음으로써 모세의 부모는 아기에게서 "아름다움" 혹은 어떤 '비범한 풍모'를 "보았다".[3] 이것은 수려한 외모만이 아니라 장차 이스라엘의 구원자가 될 당당함, 그리고 숱한 어려움을 이겨 나갈 강인한 인품 같은 풍모를 의미한다.[4] "모세가 났는데 하나님 앞에 아름다웠다"는 스데반의 표현도 같은 맥락에서 이해할 수 있다(행 7:20). 또한 믿음으로 모세의 부모는 석 달 동안 아기를 숨겼다. 하루하루가 불안하고 두려웠을 것이다. 그것을 견디면서 석 달을 보낸 그들의 인내가 곧 믿음의 표현이었다. 마지막으로 그들은 아기를 살리기 위해 왕의 명령을 거역했다. 하늘의 권력자를 땅의 권력자보다 더 두려워하며 왕에게 맞섰던 용기와 패기 또한 믿음의 다른 이름이었다. 통찰, 인내, 용기, 이 세 가지 모두 히브리서의 독자들에게 그리고 우리에게도 필요한 믿음의 실천 방법이다.

모세가 장성해서 자신의 믿음으로 감행한 첫 번째 결단은 자기의 성장 배경과 성공의 자원을 포기하는 일이었다(24-26절). 무작정 버리고 떠난 것이 아니라 더 고귀한 일을 위해, 더 옳은 것을 위해, 더 위대한 분을 따르기 위해 그렇게 했다. 모세의 이런 떠남은 그의 조상 아브라함의 떠남과도 통하는 면이 있다. 과감한 결단은 분별력을 전제로 한다. 일시적인 것과 영원한 것을 분별하고 나서야 후자를 얻기 위해 전자를 떨쳐 낼 수 있다. 믿음의 행동은 또

---

3. 번역 주를 참고할 것.

4. 1세기 유대 철학자 필로는 여기 쓰인 단어 '풍모'(asteion)를 하나님의 길을 벗어나 쾌락이나 재물을 추구하지 않는 '선한 성품'으로 보았다.《우화적 해석》3.23;《자손》101;《선한 사람》101. 유대 랍비 전통에 따르면 모세의 누이 미리암은 꿈에 그의 남동생이 이스라엘을 구원할 지도자가 될 것을 보고 부모에게 전해 주었다. Cockerill, Hebrews, 566-67.

한 비용을 요구한다. 학대와 모욕을 받아야 하고, 가난하고 약한 처지에 떨어질 각오를 해야 한다. 아브라함처럼 모세도, 보이는 세계 너머 보이지 않는 세계에서 고생에 대한 보답과 보상이 반드시 있을 것을 믿었다.[5]

역사의 무대에서 잊혀져 양치기로 살아가던 모세는 두 번째 믿음의 결단을 내려야 했다(27절).[6] 평범한 가장이자 소시민으로 누리는 안정과 평화를 포기해야 하는 결단이었다. 하나님의 백성을 종살이에서 이끌어 내기 위해 모세는 이집트의 왕에게 맞서야 했다. 모세의 요청에 바로가 얼마나 분노했는지를 우리는 출애굽기에서 읽는다(출 5:1-10:29). 모세는 왕의 분노를 계속 촉발할 수밖에 없었다. 그것으로부터 건짐받는 게 아니라 당하고 견뎌 내는 것이 믿음이었다. 왕의 분노에 모세가 한 번이라도 굴복했다면 이스라엘은 이집트를 떠날 수 없었을 것이다. 모세는 "보이지 않는 분"을 보는 것처럼 행동했다. 인간의 오감에 더하여 하나님의 임재와 능력을 감지할 수 있는 여섯 번째 감각을 그는 지녔던 것이다.

모세가 발휘한 믿음의 세 번째 행동은 유월절의 제정이었다(28절). 이 행동의 본질은 하나님의 지시에 대한 순종이며 의탁이었고 그 결과는 생사의 가름이었다. 이집트의 모든 "처음 난 것들"이 죽던 그 밤에 이스라엘 자손들만이 피 뿌림을 통해 살 수 있었다. 이어지는 홍해 도하 사건에서 민족의 생사는 다시 한 번 갈림길

---

5. 여기에 사용된 단어 '보상'(misthapodosis)은 히브리서 2:2에서 하나님의 법을 어긴 행동에 대한 응징을 뜻했고, 10:35에서는 조만간 다시 오실 그리스도께서 인내하는 성도에게 갚아 주실 상을 의미했다.

6. 27절의 "떠남"이 모세가 이집트인을 살해한 후 도망하는 과정에서 이집트를 떠난 사건을 가리키는지 아니면 후에 하나님의 지시를 받고 이집트로 돌아와 결국 이스라엘을 이끌고 이집트를 떠나게 된 사건을 말하는지 불분명하다. 출애굽기 본문이나 스데반의 연설과는 달리 히브리서 11장에는 모세의 첫 번째 이집트 탈출이 자세히 묘사되지 않는다. 만약 27상반절이 첫 번째 탈출을 말하고 있다면 모세가 "왕의 분노"를 두려워하지 않았다는 설명을 이해하기 어렵다. 출애굽기에 따르면 모세는 자신의 살인 행적을 사람들이 아는 것이 두려웠고 바로는 모세를 죽이려고 했다. 모세는 "바로의 낯을 피하여" 미디안 땅에 머물렀다(출 2:14-15).

에 섰다(29절). 이때도 유월절 때처럼 오직 하나님의 존재와 능력, 그분의 선하심에 대한 철저한 신뢰만이 살길이었다. 물에 삼켜진 이집트인들의 예에서 보듯이 믿음의 행동은 정해진 공식이 아니다. 앞서 행한 대로 따라한다고 해서 같은 성공을 이룰 수 없다. 믿음은 거룩한 상상력을 요구하며, 변화무쌍한 상황 속에서 하나님의 지시하심을 분별할 수 있어야 한다.

설교자는 이제 출애굽기를 지나 여호수아서에 기록된 두 사건을 다룬다. 두 사건 모두 여리고 정복과 관련이 있다. 하나는 이스라엘의 모든 백성이 칠 일 동안 여리고 성벽 둘레를 행진함으로써 성벽을 무너뜨린 일이고(30절) 또 하나는 여리고가 정복당할 때 구원받았던 라합의 행동이다(31절). 앞서 소개한 조상들의 믿음의 핵심적인 속성이 두 사건에서도 작용했다. 이스라엘은 하나님이 계신 것과 그분을 찾는 이들에게 상 주시는 분임을 믿으면서 여리고 둘레를 돌았다. 하나님은 단 하루, 단 한 바퀴의 행진만으로도 충분히 성벽을 무너뜨릴 수 있었다. 아니 이스라엘이 성벽 주위를 행진하는 것과 하나님의 능력 사이에는 아무런 상관 관계가 없다고 보아야 한다. 그럼에도 이스라엘은 육 일간, 하루에 한 바퀴씩, 그리고 칠 일째에 일곱 바퀴를 행진하라는 지시를 받고서 그대로 수행했다. 거기에 그들의 신실함이 담겨 있었다. 묵묵하게 참으면서 하루에 맡겨진 일을 수행함으로써 그들은 하나님을 믿었다. 라합의 경우 노아처럼 "지금 보이지 않는 일들"에 대한 경고를 받았다. 그 경고를 믿었기 때문에 "지금 보이는 일들" 앞에서 지극히 위험한 행동을 감행할 수 있었다. 여리고 성의 "불순종한 자들"이 멸망한 반면, 라합은 순종으로 빛을 발했다. "창녀"라는 과거의 출신과 지위가 믿음의 효력을 막지 못했다. 믿음은 과거의 나를 규정하는 현재의 세계를 두려워하지 않고 미래의 세계에 기준을 두고 현재의 나를 규정하는 것이다.

예증: "믿음으로" 살았던 옛 사람들의 이야기

(가나안 정착 이후)[11:32-38]

32 내가 무슨 말을 더하겠습니까? 기드온, 바락, 삼손, 입다, 다윗과 사무엘 그리고 예언자들에 대해 말하려면 시간이 모자랄 것입니다. **33** 믿음으로써 그들은 여러 나라들을 정복했고, 정의를 실천했으며, 약속된 것들을 얻었고 사자들의 입을 막았으며 **34** 맹렬한 불을 껐고 칼날을 피했으며 연약함으로부터 강해졌고 전쟁에서 용맹해졌으며 외국 군대를 물리쳤습니다.

35 어떤 여인들은 죽었던 식구들을 부활을 통해 받았고, 다른 이들은 더 나은 부활을 얻으려고 풀려나기를 바라지 않고 고문을 받았습니다. **36** 또 어떤 이들은 조롱과 채찍질, 결박과 투옥의 시험까지도 당했습니다. **37** 또 돌에 맞아 죽기도 하고 톱으로 잘리기도 하고 칼에 맞아 죽기도 했습니다. 그들은 궁핍과 고난과 학대를 겪으며 양가죽이나 염소 가죽만 두른 채 돌아다녔고 —**38** 세상은 그들을 받을 만한 가치가 없었습니다— 광야와 산과 동굴과 땅굴을 헤매고 다녔습니다.

설교자는 천지창조부터 라합의 구원까지 살펴보았다. 이만하면 믿음의 본질과 결과가 옛 사람들의 삶 속에 어떻게 나타났는지 충분히 이해할 거라고 생각했다. 그래서 말한다. "내가 무슨 말을 더하겠습니까?" 사사 시대 이후에도 믿음의 주인공들이 많았지만 그들 한 사람, 한 사람을 자세하게 조명할 필요는 없다. 대신 대표적인 몇몇 이름과 몇 가지 성과를 지적한다. 네 명의 사사(기드온, 바락, 삼손, 입다), 한 명의 왕(다윗)과 예언자(사무엘), 그리고 다른 "예언자들"이 한꺼번에 거명되고(32절), 그들의 행적이 아홉 가지로 기술된다(33-34절). 설교자는 각 활동을 누가 행했는지 연결해 주지 않지만 대략 다음과 같이 파악할 수 있다.

활동(33-34절)	주체(32절)
여러 나라 정복	기드온(미디안 왕들, 삿 8:2, 12, 26), 바락(가나안 왕 야빈, 삿 4:23-24; 5:19), 입다(암몬 족속의 왕, 삿 11:12-13), 다윗(주변 나라들, 삼하 8:3, 11-12)
정의 실천	다윗(삼하 8:15; 대상 18:14), 사무엘(삼상 12:3, 23)
약속된 것들을 받음	다윗(삼상 17:45-47), 엘리야(왕상 19:1-3), 엘리사(왕하 6:26-32), 예레미야(렘 26:7-24)
사자들의 입을 막음	다니엘(단 6:22; 1마카비 2:60; 2마카비 67; 4마카비 16:3, 21; 18:13)
맹렬한 불을 끔	다니엘의 세 친구(단 3:1-30; 1마카비 2:59; 3마카비 6:6; 4마카비 16:3, 21; 18:12)
칼날을 피함	다윗(삼상 19:10-18; 21:10; 삼하 15:14), 엘리야(왕상 19:1-8), 엘리사(왕하 6:31)
약함으로부터 강해짐	삼손(삿 16:19-30), 기드온(삿 7)
전쟁에서 용맹해짐	다윗(삼상 17:49-51), 바락(삿 4:14), 유다 마카베우스(1마카비 3:17, 19)
외국 군대를 물리침	기드온(미디안 족속, 7:11, 14, 21), 다윗(블레셋 족속, 삼상 17:46), 마카비 형제들(시리아인들, 1마카비 2:7; 4:12, 26)

위 아홉 가지 활동의 공통점은 원하는 걸 얻거나, 다툼에서 이기거나, 위협 중에도 안전하게 보호받았다는 것이다. 분명 자신의 노력이나 의지만으로 이룰 수 없는 대단한 성과들이다. 그리고 이들의 성공의 비결은 믿음이었다. 그들은 하나같이 하나님의 존재, 능력, 선하심을 전적으로 믿었다. 그렇다고 이 이야기로부터 "믿음으로 살면 결국 잘되고 성공한다"는 일종의 법칙을 만들어 내서는 안 된다.

아홉 가지 중에서 세 번째, 즉 "약속된 것들을 받음"을 눈여겨볼 필요가 있다. 원문의 뜻은 "약속을 받음"이다. 하지만 나머지 여덟 가지에 견주어 볼 때 이 표현의 의미는 사실 "약속된 내용의 성취"가 맞다. 다윗, 엘리야, 엘리사, 예레미야의 경우에 하나님이 약속하신 내용은 그들 시대에 부분적이나마 성취되었다. 구약 예언은 종종 예언을 받은 사람들 당대에 일차적으로 성취되고, 신약 시대에 예수의 삶과 죽음, 부활 그리고 초대교회의 사역을 통해 보다 온전하게 성취된다. 심지어 예수의 재림과 종말에 이르러서 완전히 성취되기 위해 아직까지 유효한 예언으로 남아 있는 구약 예언들도 있다. 11장 13절에서 아브라함과 그 이전 인물들이 "약속(된 것)을 받지 못하고 멀리서 그것을 보고 반기다가" 죽었다고 말하는 이유는 예수 그리스도를 통한 구원사의 절정, 혹은 종말론적이고 최종적인 구원의 완성을 그들이 맛보지 못했기 때문이다(이어지는 39절의 의미도 이와 같이 이해해야 한다). 하지만 33-34절의 맥락에서는 약속의 온전한 성취를 뜻하는 것이 아니라 구약 시대에 부분적으로, 역사적으로 이루어졌던 성취를 가리킨다.

부연: 우리를 통한 온전함의 성취 11:39-40

39 이 사람들은 모두 믿음을 통해 인정을 받았지만 약속된 것을 얻지는 못했습니다. **40** 하나님께서 우리를 위해 더 좋은 것을 내다보셨기 때문에 우리 없이 그들은 온전케 될 수 없습니다.

11장 전체의 결론이라고 할 수 있는 39-40절과 일종의 중간 결론이 내려지는 11장 13절을 함께 놓으면 유사성이 잘 드러난다.

13절	39-40절
이들은 모두 믿음을 따라 죽었습니다. 약속된 것을 받지 못했지만 멀리서 그것을 **보고** 반겼습니다.	**이 사람들은 모두 믿음을 통해** 인정을 받았지만 **약속된 것을 얻지는 못했습니다.** 하나님께서 우리를 위해 더 좋은 것을 **내다보셨기** 때문에 우리 없이 그들은 온전케 될 수 없습니다.

약속된 것을 받지 못했지만 멀리서 그것을 보고 반겼던 "그들"은 아브라함과 사라 부부만이 아니다. 실제로 고향을 떠나 외국인과 난민처럼 평생 지냈던 아브라함만이 아니라 이름이 거명된 열다섯 명과 무명의 다수 신앙인들 모두가 하늘 본향을 갈망했고 땅에 미련을 두지 않았다. 1절에서 역설한 것처럼 결국 믿음의 본질은 소망이다. 미래 가치를 위해 현재 가치를 포기하는 헌신과 결단, 그리고 지혜가 믿음을 만들고 지탱한다. 그래서 믿음은 관념이나 철학, 사상 안에 담기지 않고 항상 삶의 구체적인 행동과 선택으로 변환된다.

전제: 그리스도를 모델로 한 인내 12:1-3

1 바로 그런 이유로 우리에게 이렇게 많은 증인들이 구름처럼 에워싸고 있으니 우리도 온갖 짐과 우리를 쉽게 덫에 빠뜨리는 죄를 떨쳐버리고 인내하면서 우리 앞에 있는 시합에서 달립시다. 2 또한 믿음의 선도자이자 완결자이신 예수를 주목합시다. 그는 그의 앞에 있는 기쁨을 위해 수치를 아랑곳하지 않으면서 십자가를 견뎠습니다. 그리고 하나님의 보좌 오른쪽에 앉으셨습니다. 3 죄인들이 그분 자신을 향해 행했던 그러한 적대 행위를 견디신 분을 생각해 보십시오. 그러면 여러분은 낙심하여 지치지 않게 될 것입니다.

12장의 첫 단어, "바로 그런 이유로"는 11장을 12장과 이어주는 중요한 이음말이다. 11장만 따로 떼어서 읽기보다는 12장 1-13절까지 이어서 읽어야 한다. 신앙 선배들의 영웅담은 그 자체로도 은혜롭지만 히브리서 저자가 11장을 쓴 이유는 12장 1-13절을 말하기 위해서라는 사실을 잊어서는 안된다. 12장 1절에서 말하려는 결론은 사실 설교자가 지금까지 여러 번 강조해 왔던 것이다. 가깝게는 10장 32-39절에서, 멀게는 3장 1-6절에서부터 이 주제를 내세웠다. "우리는 담대함, 그리고 그 소망에 대한 긍지를 **끝까지 지켜야** 합니다"(3:6), "하나님의 뜻을 행함으로 약속된 것을 얻으려면 인내가 필요합니다"(10:36). 이 두 구절에 공통되는 열쇳말이 있는데 그것은 "인내"이다. 그리고 12장 1절은 다시 한 번 인내하라고 권고한다. "우리도… 인내하면서 우리 앞에 있는 경주에서 달립시다"(12:1). 설교자는 인내를 설명하려고 철학이나 심리학을 동원하지 않는다. 그의 설명 방식은 크게 두 갈래이다. 첫 부분에서는 예수의 모범을 제시한다(2-3절). 두 번째 부분에서는 신자의 고난 이면에 계신 아버지 하나님의 존재를 상기시킨다(4-13절).

12장 1절은 11장의 결론에 해당한다. 설교자는 11장에 묘사했던 인물들을 "증인들의 구름"이라고 부른다. 많다는 뜻이기도 하고 어우러져서 구름처럼 강력한 존재감을 발산한다는 의미일 수도 있다. 하지만 여느 구름과 달리 증인들의 구름은 세월의 바람에 날아가 버리지 않았다. 증인들은 지금도 우리를 둘러싸고 지켜보면서 증언하고 있다. 그들이 증언하는 내용은 굉장히 다양하다. 어떤 사람은 세속적 기준에서 보더라도 성공했지만 다른 사람은 그렇지 못하다. 뛰어난 재능, 성실한 노력, 높은 인격을 닦아서 대단한 성과를 낸 사람도 있지만 지극히 평범하거나 부족한 중에도 하나님의 은혜만으로 신실함을 지킨 사람도 있다. 하지만 그들 모두는 하나같이 하나님께 끝까지 충성을 바쳤고, "믿음에서 믿음에 이른" 삶을 살았다. 이런 증언을 들을 때 신자는 자신의 생각과 행동을 바꿀 용기와 자극을 얻는다. 그 증인들처럼 살 수 있고 살아야 한다는 도전을 받는다.

1절 말미에서 설교자는 인내라는 주제에다 다른 색깔을 하나 입히는데, 그것은 운동경기, 특히 달리기 경주의 비유이다. 설교를 귀 기울여 듣는 동안 청중은 설교자가 10장 32-39절에서 이미 경주 비유를 사용했다는 사실을 기억할 것이다. 더구나 내적 성숙을 위한 수양이나 공부의 과정을 운동경기에 빗대는 것은 1세기 그리스-로마 문화에서 낯선 현상이 아니다.[7] 다른 종목들과 달리 육상은 다른 이들과의 경쟁에 앞서 자신과 싸워야 하는 종목이다.

생각이 집중되어야 하고, 옷차림이나 꾸밈새도 되도록 단순하게 해서 몸을 가볍고 자유롭게 해야 한다. 그런 관점에서 "쉽게 덫에 빠뜨리는 죄를 떨쳐버리라"는 권면을 음미하면 어떨까? 출발선에서 준비하고 있는 경주자처럼 우리는 일상이 되어 버린, 습관이 되어 버린 죄를 떨치지 않으면 안 된다.

그러나 기독교 신앙은 과거의 위인들을 숭배하는 종교가 아니다. 죄를 떨치고 인내하는 믿음조차도 예수를 떠나서는 성립할 수 없다. 그분이 "믿음의 선도자와 완결자"이시기 때문이다. 이 호칭에 대한 해설은 일차적으로 2하반절에 나온다. 예수께서는 십자가 고난을 받으심으로 믿음을 성립시키셨고 하나님의 보좌 오른쪽에 앉으심으로 믿음을 완성하셨다. 그분이 받으신 고난의 본질은 자신을 대적하는 사람들을 견디는 일이었다. 그 인내의 모범을 "생각해" 봄으로써 신자는 낙심과 피곤함을 견딜 수 있다. 신앙은 예수께서 가르치신 교리와 그분의 말씀만으로 성립하지 않는다. 그분을 생각함을 통해, 바라보고 마음에 품고 모방함을 통해 우리는 신앙을 배우고 또 유지한다(3절).

"믿음의 선도자"라는 호칭은 히브리서, 더 나아가 신약성경 전체의 기독론과 구원론을 압축한 표현이다. 번역 주에서 살펴본 대로 그리스어 '*archēgos*'는 이미 2장 10절에서 예수를 지칭하는 데 사용된 적이 있다. '무언가를 처음으로 만들어 낸 사람'뿐 아니라 '맨 앞서 가는 사람', '선구자, 개척자', '인도자'를 뜻할 수도 있다. 설교자가 그동안 예수 그리스도에 대해서 언급한 내용을 정리해 보면 이 호칭의 풍성한 의미가 잘 드러난다. 이 책의 첫 문장에서 설교자는 예수를 하나님의 계시의 새로운 중개자로 소개했다 (1:2). 그분은 많은 사람을 이끌어 구원받게 하려고 고난받으시고 죽음을 당하셨다(2:9-10). 우리를 형제라고 부르시고 모든 점에서 우리와 같아지셨다(2:11, 17). 순종으로써 온전케 된 그분의 행동을 보

---

7. 11장 각주 1을 참조할 것.

고 우리는 그분께 순종할 수 있게 되었다. 또 다른 곳에서 설교자는 예수를 우리 구원의 근거라고 단언한다(5:9). "믿음의 선도자" 사역의 절정은 십자가에서 일어났다. 단번에 자기 몸을 제물로 드리셔서 우리의 죄를 대속하신 그 십자가 위에서 우리를 구원하는 믿음이 생겨났다(9:11-22). 우리가 죽음과 멸망의 막다른 골목에 처해 있을 때 예수께서는 구원의 돌파구를 내셨고, 하나님의 임재가 있는 장막을 향해 앞서 걸어가셨다(9:24). 그 결과 그분이 내신 길, 그분의 발자취를 따라가기만 하면 우리는 성소에 이르게 된다(10:19-20).

"믿음의 선도자" 예수는 동시에 "믿음의 완결자"도 되신다. "완전함"은 히브리서 여러 곳에서 거듭 언급되는 열쇳말 중 하나이다. 설교자는 크게 두 가지 측면에서 완전함을 설명한다. 첫째, 예수께서는 하나님의 아들로서 완전함을 표상하신다. 예수를 통해 주어진 계시, 예수의 순종, 예수의 중보 그리고 죄를 대속하는 예수의 희생 제사는 완전하다. 새 언약은 옛 언약보다 뛰어나며 완전한데, 그 이유는 새 언약의 실현자가 완전하신 존재이기 때문이다. 이점은 삼위 하나님을 고백하는 신자가 쉽게 이해하고 받아들일 수 있다. 성자 하나님의 인격과 능력의 완전함을 의심할 이유가 없다.

우리는 거기에서 한 발 더 나아가야 한다. 예수께서 완전하시고 예수의 대속 사역이 완전하시다는 사실을 아는 데서 멈추지 말아야 한다. 예수의 완전함은 하나의 선언이거나 과거에 대한 추억이 아니다. 지금 이곳에서 우리의 일상에 작용하는 능력이며, 우리도 그 완전함에 동참하도록 끊임없이 독려하는 부르심이다. 히브리서 설교자도 이 점을 소홀히 하지 않았다. 여러 곳에서 "온전함"의 주체는 하나님 혹은 하나님의 아들만이 아니라 "너희", 즉 신자들이라고 말한다. 그리스도를 통해 하나님은 우리를 "거룩하게 하셨고"(10:10), 거룩해진 이들을 "영원히 온전하게 하셨다"(10:14). 동물의 피로 드리는 제사가 죄인의 양심을 온전하게 하지 못하는 반면(9:9), 그리스도의 피는 신자의 양심을 온전하게 한다(9:14). 신자의 온전함은 자가발전의 결과가 아니라 예수의 온전함에 전적으로 기대어 있다. 단 한 번의 대속의 제사가 우리를 영원히 하나님 앞에 온전하게 하셨다. 악한 양심으로부터 정결케 된 우리는 "온전한 믿음으로" 하나님께 나아갈 수 있다(10:22).[8]

예증: 잠시 받는 징계의 유익 12:4-11

4 여러분은 아직 피 흘릴 정도까지 죄와 맞서 싸우고 있지는 않습니다. **5** 여러분은 그분이 아들들에게 하듯 여러분에게 했던 권면을 잊었습니다.

> "내 아들아, 주의 훈육을 하찮게 여기지 말고 그분께 책망을 받아도 낙심하지 말아라.
> **6** 주께서는 사랑하시는 이를 훈육하고 자녀로 인정하시는 모든 이를 채찍질하신다."

7 하나님께서 여러분을 자녀들처럼 대하셔서 내리는 훈육이라 여기고 견뎌내십시오. 아버지가 훈육하지 않는 자녀가 어디 있겠습니까? **8** 여러분 모두가 훈육에 동참하지 않는다면 여러분은 사생아이지 자녀가 아닙니다. **9** 게다가 우리 육신의 아버지를 훈육자로 두고 있고 우리는 그분을 공경했습니다. 하물며 영들의 아버지께는 더욱 순복하여 우리가 살도록 해야 하지 않겠습니까? **10** 육신의 아버지들은 자기들의 생각대로 우리를 잠깐 훈육하지만 그분께서는 우리에게 유익하도록 훈육하셔서 우리가 당신의 거룩함에 동참할 수 있게 해주십니다. **11** 모든 훈육이 당장은 기쁨이 아

---

8. 혹자는 이러한 히브리서의 "완전" 개념이 도덕적 차원을 말하는 게 아니라고 본다. 예를 들어, 10:14에 대한 주석에서 칵커릴은 피터슨[D. G. Peterson, *Hebrews and Perfection: An Examinatioin of the Concept of Perfection in the Epistle to the Hebrews*(SNTSMS 47; Cambridge: Cambridge Univ. Press, 1982), 149]을 참조하면서 히브리서 설교자의 "완전" 개념이 전적으로 그리스도를 주체로 한 속죄 사역의 효력에 적용되어야 하며, 하나님의 심판대 앞에서 완전하게, 그리고 영원히 의롭다고 여김을 받게 됨을 의미한다고 설명한다. 이 "완전" 개념을 점진적 성화의 개념과 연결시킬 수 없다는 입장이다. Cockerill, *Hebrews*, 245-46. 하지만 히브리서 5:12-14과 같은 부분에는 신앙의 성장 혹은 성숙의 모티프가 명백하게 전제되어 있다.

니라 슬픔으로 여겨집니다. 그러나 그것으로 단련된 이들에게 나중에는 평화로 가득한 열매를 의로움으로부터 가져다 줍니다.

1절에서 신자가 참고 견뎌야 할 것에 대해서 설교자는 "우리를 쉽게 덫에 빠뜨리는 죄"라고 말했었다. 우리 내면에서 자아와의 투쟁이 벌어지고 있다는 말이다. 하지만 모든 죄가 우리 안에 있는 것은 아니다. 우리를 둘러싼 삶의 상황에도 죄가 도사리고 있다. "아직 피 흘릴 정도까지"는 아니지만 우리는 그 죄와 맞서 싸우고 있는 중이다(4절). 바깥에서 우리를 옥죄고 공격하는 이 죄의 정체는 아마도 하나님에 대한 신앙 고백을 버리도록 압박하는 사회의 폭력적 힘을 일컬을 것이다(10:32-34 참고). "피 흘릴 정도"는 극심한 육체적 고통, 더 나아가 죽음을 에둘러 표현한다. 이 표현을 들을 때 청중의 마음속에는 두 가지 이미지가 떠오른다. 하나는 십자가에서 피를 흘리며 죽으신 예수의 모습이고(12:2) 또 하나는 앞서 11장에서 믿음을 지키다가 죽음에 이른 몇몇 신실한 이들의 모습이다(예를 들어 죽음으로 의롭다고 인정받은 아벨, 11:4). 아직 그 정도의 시험과 고난이 히브리서의 청중에게 그리고 우리에게 임하지 않았지만 조만간 그렇게 될 것이라는 예고가 담겨 있다.

그리스도인은 사회적 배제, 경제적 손해, 육체적 상해를 동반한 핍박과 어려움에서 면제되지 않는다. 설교자는 히브리서의 그리스도인들이 그동안에도 이런저런 모양으로 고난을 당해 왔음을 알고 있다. 그러나 그들을 단지 쓰다듬고 위로하는 데 그치지 않는다. 더 큰 아픔이 다가올 것이라고 경고한다. 부드러운 격려가 때로는 필요하지만 만병통치약은 아니다. "다 잘될 거야"라는 막연한 위로 일변도의 권면은 진실에 눈을 멀게 하고 의지를 무르게 할 수 있다. 피 흘려 싸워야 할 싸움을 앞둔 신자에게 감상에 젖을 여유는 없기 때문이다. 신자에게도 고통은 찾아온다. 신자라서 더 많은 고난에 노출될 수도 있다. 설교자는 고통을 피하는 법을 가르치는 대신 그것을 달게 받고 견디라고 권면한다.

곧이어 설교자는 잠언 3장 11-12절(칠십인역)을 인용하면서 고통을 "아들과 딸로 칭함받는" 신자의 신분과 연결한다. 고난과 시험의 맥락에서 '아버지-자녀' 관계를 거론하는 이유는 무엇일까? (5절 이하) 첫째, 신정론(神正論)적 물음에 대한 하나의 대답으로서이다. 인간의 고통 너머에 계신 하나님은 자비롭고 전지전능하신가? 더구나 하나님 백성이 겪는 고난의 의미가 무엇인가? 이 물음에 대해 설교자는 하나님이 우리의 아버지 되심으로 답한다. 세상의 여느 부모가 그렇듯, 하나님도 자녀를 위해 가장 좋은 것 주기를 기뻐하신다. 그러니 우리는 고난을 통해서라도 궁극적인 복을 내려 주실 아버지 하나님을 신뢰할 수 있다.

하나님의 아버지 되심을 부각시키는 두 번째 이유는 신자와 그리스도와의 연대성을 확인하기 위해서이다. 히브리서 2장 10절 이하에서 우리는 예수와 마찬가지로 하나님이라는 한 근원에서 난 형제자매라고 전제했다. 우리도 예수처럼 "그가 사랑하시는 자"(6절)라고 불리며, 우리도 예수처럼 아버지의 징계와 채찍질을 당한다. 하나님의 자녀 됨은 곧 예수의 형제자매 됨이다. 그래서 우리는 예수께서 이루시고 누리신 '거룩함'에 참여하게 될 것이다(10절).

세 번째로 설교자는 '육신적인' 부자 관계를 부분적 유비로 사용해서 징계를 통한 하나님의 섭리와 자비를 설명한다. 부모는 자녀를 징계할 책임과 권위를 지녔다. 우리가 받는 채찍질과 징계는 사생아가 아니라 친자녀라는 신분을 증명한다(7-8절). 체벌이 효과적인 양육의 방법인가에 대한 논쟁이 있을 수 있다. 설교자도 육신의 부모가 "자기의 생각대로" 자녀를 훈육한다는 사실을 알고 있다. 하지만 여기서 논점은 부모와 자녀 간의 근원적인 신뢰와 사랑이다. 육신의 부모로부터 징계와 훈육을 받을 때 그것을 기꺼이 받아들이고 순복한다면, 하물며 하늘의 부모에게 우리는 더욱 그래야 하지 않겠느냐는 것이다.

"훈육"이라는 표현은 하늘 아버지께서 우리를 대하시고 또 우리로부터 기대하시는 것이 무엇인지 일러 준다. 본래 이 단어는

202

운동선수들이 체력과 기술을 단련하는 활동을 가리킨다. 1절에서 이미 사용했던 운동경기의 심상이 다시 나오고 있다. 신자가 받는 고난은 긴 경주에서 다투어 승리하기 위한 영적 훈련의 일환이다. 우리가 바라보고 달려야 할 목표는 "거룩함"이고(10절), 또한 "의로움으로부터 나온 평화로 가득한 열매"이다(11하반절, 번역 주 참조). 하나님은 신자의 잘못을 벌하시기 위해 적대적인 세상을 사용하시는 것이 아니다. 고난에는 뜻이 있다. 고난을 통과하면서, 그리고 고난을 통과함으로써 빚어지고 체득되는 평화로 가득한 열매가 있다.

부연: 연단을 견디라는 권면 12:12-13

12 그러므로 "맥 풀린 손과 힘 빠진 무릎을 바로 세워" 13 "똑바로 걸으십시오." 그러면 절름거리는 다리가 접질리지 않고 오히려 낫게 될 것입니다.

고난을 참고 견디라는 권면의 결론을 내리면서 설교자는 두 개의 구약성경 말씀을 사용한다. 하나는 신명기 35장 3-10절이고(12절) 다른 하나는 잠언 4장 26절이다(13상). 전자는 "맥 풀린 손과 힘 빠진 무릎"을 곧게 세우라는 명령, 후자는 가야 할 길을 곧게 만들라는 명령의 근거가 된다. 신자는 영원한 안식(4:11)이 있는 하늘의 도성(11:10, 16; 12:28)을 향해서 믿음의 여정, 신앙의 경주를 하는 중이다. 때로 고단하고 아파서 그만두고 싶은 생각이 들 때 이 명령을 기억하자. 절름거리는 다리를 그대로 가지고는 경주를 계속할 수 없다. 먼저 고장난 것을 고치고 약한 것을 보충해야 한다(13하). 그것은 우리 앞서 가신 개척자 그리스도를 주시하면서 아버지 하나님의 신실한 사랑과 자비를 신뢰하는 일이다.

질문

1. 11장 3절부터 시작하는 '믿음의 열전'은 구약성경에 기록된 내용에 기초하고 있지만, 그 내용을 그대로 되풀이하기보다는 해석과 의미를 더합니다. 구약의 이야기와 그 이야기를 언급했던 신약의 다른 부분들과 비교해 볼 때 히브리서만의 독특한 해석이 나타난 부분을 찾아봅시다.

2. 11장의 주인공들 중에 특히 아브라함의 믿음의 측면을 네 가지나 조명한 이유가 무엇일까요?

3. 11장을 따로 떼어 읽지 말고 12장 1-3절에서 11장의 결론을 찾아야 하는 이유가 무엇입니까? 그렇게 하면 11장의 의미가 어떻게 다르게 다가옵니까?

4. 그리스도를 "믿음의 선도자이자 완결자"(12:2)라고 부를 때 그 두 호칭은 동의어입니까 혹은 반대말입니까? 특히 고난 중에 이렇게 예수님을 불러야 하는 이유가 무엇입니까?

묵상

하나님 아버지의 훈육을 통해 우리는 하나님의 자녀된 신분, 거룩함, 평화로 가득한 열매, 의로움(12:5-11)과 같은 유익을 얻습니다. 하지만 어찌된 일인지 우리는 이것들을 '유익'이라고 잘 생각하지 못합니다. 어쩌면 우리의 가치관, 귀한 것을 판단하고 알아보는 눈이 아직 하나님의 그것에 이르지 못했는지도 모릅니다. 하나님이 주시는 유익을 유익으로 받는 성숙한 감각을 주시도록 기도합시다.

13
실천을 위한 권면들

히 12:14-13:19

세 권면 12:14-17

14 모든 사람과 함께 평화와 거룩함을 추구하십시오. 15 여러분 중
아무도 하나님의 은혜로부터 뒤처지지 않도록 조심하십시오. 또
쓴 열매를 맺는 뿌리가 생겨서 문제를 일으키고 그것 때문에 많은
사람이 더럽혀지지 않도록 조심하십시오. 16 아무도 에서처럼 음
란하거나 세속적인 사람이 되지 않도록 하십시오. 그는 음식 한
그릇에 맏아들의 권리를 팔아 넘겼습니다. 17 에서가 나중에 아버
지의 축복을 상속받기를 원했지만 거절당했다는 사실을 여러분
은 알고 있습니다. 비록 그가 눈물로써 회개할 기회를 구했지만
그것을 얻지 못했습니다.

11장이 믿음의 영웅들을 통한 예증이었다면 12장 1-13절에서 설교
자는 그 예증을 현실로 가져와서 그것을 근거로 실제적인 권면을
제시했다. 설교자의 어조는 내내 비장하고 진지했다. 고통 중에 있

는 신자들의 아픔을 공감하면서도 다가올 더 큰 어려움을 대비하도록 다그쳤다. 비장함의 어조는 여기서도 계속된다. 14-17절에는 크게 보아 세 개의 권면이 담겨 있다. 첫 번째 권면은 평화로운 인간관계와 거룩한 삶의 추구이고(14절), 두 번째 권면은 "쓴 열매를 맺는 뿌리"를 주의하라는 것이며(15절), 세 번째 권면은 에서로 대표되는 음란하고 세속적인 방식을 버리라는 것이다(16-17절).

14상반절을 교회 밖 사회 생활에서 인간관계를 맺는 원리로 이해해서는 곤란하다. 우선 번역 주에서 설명한 것처럼 그리스어 원문의 문장 구조는 "모든 사람과 함께"를 "평화"라는 명사보다는 "추구하라"는 동사에 연결시키고 있다. 평화와 거룩함을 추구함에 있어서 홀로 하지 말고 '모든 사람', 즉 신앙 공동체의 지체들과 함께하라는 권면이다. 불신자들을 포함한 '모든 사람'과 갈등하지 말고 잘 지내라는 권면이 아니다. 이 권면은 14-17절의 전체 맥락에도 잘 어울린다. 15상반절을 14절에 이어서 읽으면 의미가 잘 통한다. 설교자는 "하나님의 은혜로부터 뒤쳐지지 않도록"[1] 개인이 아니라 공동체가 함께 애써야 한다고 말하는 것이다.

두 번째 권면(15절) 역시 원문을 충분히 살펴보지 않으면 오해하기 십상이다. "쓴 뿌리"라는 표현은 본래 신명기 29장 17절에서 유래했다(번역 주 참조). 이것은 어린 시절 상처나 극심한 고통의 기억 때문에 생긴 마음의 병을 말하는 게 아니다. 신명기 29장의 맥락에서 이 표현은 쓴 열매, 즉 우상숭배와 교만을 일으키는 죄악된 의도, 경향성을 말한다. 그리고 이런 죄악된 행동의 결과는 개인의 삶만이 아니라 공동체 전체에 영향을 준다. 그것 때문에 공동체에 문제가 생기고 "많은 사람이 더럽혀질" 수 있다.

세 번째 권면에는 이삭의 쌍둥이 아들 중 큰아들 에서가

---

1. 여기서 하나님의 은혜는 추상적인 표현이 아니다. 대제사장 예수께서 자신을 희생제물로 드리심으로 우리에게 주어진 "큰 구원"(히 2:3)과 연관된 은혜다(히 4:16 참조). 따라서 그러한 은혜로부터 뒤쳐진 상태(경주 이미지)는 단지 신앙의 일시적 침체만이 아니라 배교를 뜻할 것이다. Cockerill, *Hebrews*, 637.

등장한다. 창세기 25장 29-34절에서 에서는 그의 장자의 권리를 팔아넘겼다. 그 대가는 당장의 허기를 채울 죽 한 그릇이었다. 이렇게 해서 에서는 아브라함과 맺으신 하나님의 언약을 능멸하고 하찮게 여겼으며, 그의 가치관의 기준은 지극히 물질적이고 육체적인 욕구 충족이었음을 보여 주었다. 에서는 잠깐 신앙생활을 게을리한 것이 아니었다. 적극적으로 하나님을 무시했고 등진 배교자였다. "세속적인 사람"이라는 표현이 그리 심각하게 들리지 않을지 모르지만 그것은 "음란함"에 상응한다. 왜냐하면 그 두 형용사는 물질적 욕구에 종속된 에서의 정신과 마음 상태를 반영하기 때문이다. 앞서 누누이(6:4-6; 10:26-31) 경고했듯이 배교자의 회복은 불가능하다. 신실함의 요청은 그만큼 엄중하다.

시내산과 시온산 12:18-29

18 여러분은 만져지는 곳, 불이 타오르고 어둠과 음침함과 폭풍이 있는 곳에 나아온 것이 아닙니다. 19 나팔이 울리고 말소리가 들리는 곳도 아닙니다. 그 말소리를 들은 이들은 더 이상 자기들에게 말씀이 내리지 않게 해 달라고 빌었습니다. 20 왜냐하면 다음과 같은 경고를 견디지 못했기 때문입니다.

"짐승이라도 산에 닿으면 돌로 침을 당할 것이다."

21 그 광경이 그토록 무서웠기 때문에 모세는 "내가 두렵다"고 말하며 몸을 떨었습니다. 22 여러분은 시온산에 나아왔습니다. 이곳은 살아 계신 하나님의 도성, 천상의 예루살렘입니다. 거기에 무수한 천사들이 있고, 23 하늘에 등록된 처음 난 자들로 이루어진 축제 집회와 총회가 열리며 모든 이의 심판자 하나님과 온전하게 된 의인들의 영들이 있습니다. 24 새 언약의 중개자 예수께서 계시고, 아벨보다 더 나은 것을 말하는 뿌려진 피도 그곳에 있습니다. 25 말씀하는 분을 거부하지 않도록 주의하십시오. 땅에서 경고한 이를 거부하고서 피할 수 없었다면 하물며 하늘로부터 경고하시

는 분에게 등을 돌리는 사람이겠습니까? 26 그때에는 그분의 음성이 땅을 흔들었지만 이제는 "내가 땅만 아니라 하늘까지 한 번 더 뒤흔들 것이다." 하고 약속하십니다. 27 "한 번 더"라는 말은 흔들리는 것들, 즉 만들어진 것들이 제거되고 흔들리지 않는 것들만 남게 될 것임을 가리킵니다. 28 우리는 흔들리지 않는 나라를 받게 되었으니 감사를 드립시다. 그리고 경건함과 경외심을 가지고 하나님의 마음에 드는 예배를 드립시다. 29 하나님은 다 태워 버리는 불이십니다.

이 단락은 비록 이야기의 소재는 다르지만 논리 구조에 있어서는 2장 1-4절, 4장 12-13절 그리고 10장 26-31절과 흡사하다. 앞서 세 단락과 지금 이 단락에는 두 가지 요소가 공통으로 발견된다. 첫째는 이스라엘의 반역과 그것 때문에 받은 심판의 엄중함을 비교의 기준으로 삼는다는 점이다. 그렇게 하는 이유는 지나간 역사를 말하고 싶은 것이 아니라 지금 우리의 상황을 돌아보기 위함이다. 이스라엘의 처지와 비교할 때 우리에게 허락된 은혜와 구원이 얼마나 더 큰지, 그렇기 때문에 그 구원을 저버릴 때 받는 심판 또한 얼마나 더 엄중한지를 우리는 알아야 한다. 설교자는 그 엄중함을 "두렵다"는 말로 표현한다(10:31; 12:21, 28). 둘째는, 네 단락 모두 하나님 나라의 초월적인 현실을 전망한다는 점이 형벌과 심판을 생각하면 자연스럽게 역사의 종말을 떠올릴 수밖에 없기 때문이다.

이 단락 전체의 흐름을 보면 내용상 세 개의 소단락이 나타난다. 18-21절은 출애굽기 19장과 신명기 4장을 기초로 시내산에서 율법을 받을 당시 상황을 묘사한다. 불, 어둠, 폭풍(18절) 그리고 나팔 소리는(19절) 하나님이 자신을 나타내 보이시거나 직접 말씀하실 때 동반되는 자연현상이었다. 특이하게도 설교자는 이 산의 이름을 언급하지 않는다. 또한 이 묘사가 시내산에서의 율법 수여 사건인데도 그때 주어진 율법이나 언약은 전혀 언급하지 않는다. 분명 하나님의 "말소리"가 들려왔다. 하지만 그 소리를 들은 이들은 "더 이상 자기들에게 말씀이 내리지 않게 해 달라고" 간청했다. 설교자가 인용하는 구약의 구절은 두 개인데 하나는 아무도 하나님의 음성이 들리는 곳에 가까이 와서는 안 된다는 경고(출 19:12-13)이고 다른 하나는 떨면서 "두렵다"고 말했던 모세의 외침(신 9:19)이었다.[2] 이렇게 설교자는 신현(神現)의 현장에서 사람들이 느꼈을 두려움을 생생하게 묘사한다. 이 본문이 말하는 더 중요한 사실이 있다. 시내산에서 언약 백성 이스라엘은 하나님의 음성으로부터 멀어져 있었다는 사실이다. 하나님이 닫으시고 멀리 떠나신 것이 아니었다. 25절의 설명처럼 "말씀하는 분을 거부"한 것은 이스라엘이었다. 눈앞에 보이는 두려움을 핑계로 말씀하시는 하나님을 회피했는데 히브리서의 설교자는 이 단락의 전후 문맥을 통해 그런 태도 속에 하나님과 하나님의 말씀에 대한 무시, 무관심, 경멸이 담겨 있었다고 암시한다.

반면, 히브리서의 신자들 그리고 우리가 다다른 곳은 "어둠침침한" 곳이 아니라 시온산이다(22절). 이 전환을 통해서 시내산과 정반대의 성격을 띠는 시온산이 부각된다.[3] 가장 큰 대비점은 시온산에는 살아 계신 하나님이 계실 뿐 아니라 무수한 천사들, "하늘에 등록된 맏아들들",[4] 그리고 "온전하게 된 의인들의 영들"이 있다는 사실이다(22-23절). 그들 모두는 하나님의 말씀이 두려워 숨는

---

2. 모세도 다른 백성처럼 하나님의 계시를 거부한 것은 아니다. 그는 계시의 접수자였고 그것을 백성에게 전달할 책임을 맡았던 중재인이었다. 신명기 9장의 맥락에서 모세가 "두렵다"고 말했던 이유는 하나님의 말씀을 듣는 일 혹은 그 말씀의 내용 자체가 본질적으로 공포스럽기 때문이 아니었다.

3. 시내산과 시온산의 대비는 구약성경은 물론 제2성전기 유대 전통에서도 매우 중요한 신학적 주제였다. 이 주제에 관해 중요한 연구를 남긴 존 레벤슨(Jon Levenson, 《시내산과 시온》, 홍국평 역, 서울: 대한기독교서회, 2012)에 따르면 시내산에서 주어진 율법과 시온산에서 성립된 다윗 언약은 언약 백성 이스라엘의 정체성을 형성하는 두 기초가 된다. 비록 후자는 전자를 계승했다고 할 수 있지만 대체는 아니며, 그 둘은 서로를 보완, 심지어 교정하면서 함께 이스라엘의 삶의 방식을 형성했다.

4. 명사 'prōtotokos'는 칠십인역에서는 이스라엘 민족 전체를 가리키는 단어였고(출 4:22-23) 신약에서는 예수 그리스도에 대해 사용되었다(골 1:15, 18). 또 "하늘에 등록됨"은 구약의 이스라엘은 물론(출 32:32-33; 사 4:3; 단 12:1), 신약에서도 그리스도를 믿는 신자들에게 적용되었다(눅 10:20; 빌 4:3; 계 3:5; 13:8; 17:8; 20:12). Cockerill, *Hebrews*, 654, n. 55 참조.

대신 "축제 집회"에 함께 참여한다.[5] 무엇보다 "아벨보다 더 나은 것을 말하는 뿌려진 피"의 주인공 예수께서 거기 계신다. 시온은 공포의 산이 아니라 기쁨의 산이다. "참 안식"(3:1-4:11)을 누릴 수 있는 "하늘의 고향"이(11:13-16) 바로 여기다. 하나님께서 그 성읍의 건축자와 창조자가 되신다(11:10).

하지만 천상의 예루살렘에서 벌어지는 축제에 우리도 참여할 수 있을까? 분명히 그렇다. 22절에서 설교자는 신자들이 거기에 이미 "이르렀다"(완료시제)라고 말했다. 또 이제까지 히브리서를 통해 이 점을 여러 번 밝혔다. 그리스도를 "선구자" 혹은 "선도자"(2:10; 12:1-3)라고 부르는 이유는 그분이 우리를 이끌고 그곳으로 들어가셨기 때문이다. 물론 그 과정에는 그리스도의 대제사장적 대속 사역이 필요했다. 그분은 자기 피가 뿌려진 "새롭고 산 길"(10:20)을 놓아 주셨고 우리가 그 길을 따라 휘장 안 성소에까지 들어가게 하셨다. "악한 양심으로부터 정결케"(10:22) 된 우리를 그분은 "영원히 온전케 하셨다"(10:14). 시온산 축제 참가자 중 천사들을 제외한 "하늘에 등록된 처음 난 자들"은 특정 집단을 지칭하기보다는 구약과 신약 시대, 히브리서의 청중과 그 후 모든 시대의 신자들까지 통칭한다.[6] 모든 신자들은 심판자 하나님 앞에 서게 될 것이다. 하지만 새 언약의 중개자이신 예수의 뿌려진 피가 우리를 의롭다고 선언하실 것이다. 그 결과 모든 신자들은 "온전하게 된 의인들의 영들"에 합

---

5. 케스터는 이 축제 집회에 1세기 당시 지중해 도시들에서 널리 행해졌던 축제의 이미지가 관련되어 있다고 보고 "맏아들들의 총회"를 시민들의 민회에 연계시킨다. 두 명사 'panēgyris'와 'ekklēsia'의 문화적 맥락에 대해서는 번역 주를 참조할 것. 케스터는 또 "뿌려진 피"라는 표현을 제전에서 그 시작을 알리는 의식 때 행했던 제물의 피 뿌림과 연결시키는가 하면, "말하는" 역할을 맡은 뛰어난 연사의 연설 역시 축제의 한 부분이었다는 사실도 지적한다. Koester, *Hebrews*, 550-51.

6. 어떤 주석가는 이 두 그룹을 구별한다. 특히 "처음 난 자들의 총회"를 구약 성도 혹은 그리스도 이전의 하나님 백성이라고 한정짓기도 한다("처음 난 자들"의 번역에 대해서는 번역 주 참조). 하지만 피조물과 부활의 "맏아들"이신 예수께서 우리를 형제자매로 인정하신 점, 그리고 "하늘에 등록됨"이 어느 특정 그룹이 아니라 전체 신자들에 해당될 수 있는 점 등으로 미루어 보아 이 두 그룹이 모든 시대의 신자들을 통칭한다고 볼 수 있다. 이에 대한 자세한 논의는 Cockerill, *Hebrews*, 655 참조.

류할 것이다. 이 소단락은 그리스도인의 현재 신분은 물론, 장차 누리게 될 미래의 신분까지 모두 포착해 낸 한 장의 사진이라고 할 수 있다.

세 번째 소단락은 25-29절이다. 여기에 앞의 두 단락에서 시내산과 시온산을 대비했던 이유가 밝혀진다. 설교자는 이전에 사용했던 "하물며" 수사법을 다시 동원한다(2:1-4; 10:28-29). 옛 언약 아래에서도 불순종과 배교에 대한 형벌이 내려졌다. 하물며 새 언약을 거부한 이에게 그만큼 더 무서운 형벌이 내려지지 않겠는가?(25절). "땅에서 경고한 이"는 모세를 가리키고, "하늘로부터 경고하시는 분"은 예수를 가리킨다. 둘 다 그 경고의 내용이 하나님의 계시였다는 점에서 비길 만하다. 하지만 그 두 사람의 신분과 지위, 그들이 하나님의 계시를 받았던 과정, 계시의 성격과 온전함의 정도에 있어서 땅과 하늘만큼의 차이가 있다. 더 우월하신 계시의 전달자를 거부한다면 형벌도 그에 비례하여 가중될 것이다. 같은 이유로 심판의 강도는 더 강해질 것이다. 모세에게 말씀하실 때 하나님의 음성으로 지진이 발생했다. 그리스도께서 하늘로부터 임하실 때에는 땅뿐만 아니라 하늘까지 흔들릴 것이다(26절). 땅과 하늘은 우리가 삶의 기반으로 여기는 그 어떤 것보다 크지만 하나님의 심판 때에 다 제거될 것이다(27절).

결론은 '지금 우리는 어떻게 살 것인가?'라는 질문으로 귀결된다. 우리는 흔들리지 않는 나라, 하늘의 예루살렘을 '받고 있다'(28절).[7] 이것은 기정사실이며, 진행 중인 현실이다. 설교자는 무엇보다 감사하는 태도와 행동을 내세운다. 그리고 이것은 "하나님의 마음에 드는" 예배로 자연스럽게 나타난다. 하늘에 속한 시민이며, 지금도 하나님의 현존이 우리 가운데 임하신다는 우리의 정체성과 역사에 대한 인식을 지닐 때 할 수 있는 가장 소중한 일은 하나님을

---

7. 이 현재분사의 번역에 대해서는 번역 주 참조.

예배하는 일이다. 모든 묵상, 모든 토론, 모든 연구의 마지막은 하나님을 높이며 섬기는 우리의 목소리, 손짓, 그리고 시선이어야 한다. 나아가 예배는 삶을 살기 위한 충전과 조정의 시간이다. 삶을 살아갈 지혜와 용기를 주지 않는 예배는 뭔가 잘못되었다. 히브리서의 설교자가 여기서 그의 설교에 마침표를 찍지 않고 이어지는 13장에서 여러 실제적 권면을 이어 가는 이유도 바로 그것일 것이다.

이어지는 권면들 13:1-19

1 형제사랑이 지속되어야 합니다. 2 낯선 이들을 대접하는 일을 소홀히 하지 마십시오. 이 일 때문에 어떤 이들은 모르는 사이에 천사들을 대접하기도 했습니다. 3 감옥에 갇힌 이들을 여러분 자신이 갇힌 것처럼 기억해 주고, 학대받는 이들을 여러분 자신이 몸으로 겪는 것처럼 기억해 주십시오. 4 결혼이 모든 면에서 존중되어야 하고 부부의 잠자리는 더럽혀지지 말아야 합니다. 음행하는 자와 간음하는 자를 하나님께서 심판하실 것입니다. 5 생활 태도에 있어서 돈을 사랑하지 말아야 하며 지금 가진 것으로 만족해야 합니다. 왜냐하면 그분께서 "나는 너를 결코 떠나지도 않고 버리지도 않겠다"라고 말씀하셨기 때문입니다. 6 그래서 우리는 다음과 같이 확신 있게 말합니다.

> "주님이 나를 돕는 분이시니 나는 두려워하지 않으리라.
> 사람이 나에게 무엇을 할 수 있겠는가?"

7 하나님의 말씀을 일러 주던 여러분의 지도자들을 기억하십시오. 그들의 생활 방식의 결말을 살펴보고 그들의 믿음을 본받으십시오. 8 예수 그리스도는 어제와 오늘, 같은 분이시며 또 영원히 그러하십니다. 9 갖가지 이상한 가르침에 끌려가지 마십시오. 음식으로써가 아니라 은총으로써 마음을 굳게 하는 게 좋기 때문입니다. 음식으로써 행하는 이들은 아무런 유익을 얻지 못합니다. 10 우리에게 한 제단이 있는데 장막에서 예배하는 이들은 이 제

213

단으로부터 나오는 것을 먹을 권리가 없습니다. 11 오히려 대제사
장은 짐승의 피를 속죄 제물로서 성소 안에 가져갑니다. 12 그래
서 예수께서도 자기의 피로 그 백성을 거룩하게 하려고 성문 밖에
서 고난을 받으셨습니다. 13 그러니 우리가 진영 바깥 그분께 나아
가 그분의 치욕을 당합시다. 14 우리는 여기에 영구적인 도성을 갖
고 있지 않고 다가올 도성을 추구하기 때문입니다. 15 그분을 통해
항상 찬양의 제물, 다시 말해서 그분의 이름을 인정하는 입술의
열매를 드립시다. 16 선행과 나눔을 소홀히 하지 마십시오. 이것이
하나님 마음에 드는 제물입니다.
17 여러분의 지도자들을 신뢰하고 복종하십시오. 그들은 직접 하
나님께 아뢰야 할 사람인 것처럼 여러분의 영혼을 위해 깨어 지켜
보고 있습니다. 그래서 그들이 기쁘게 이 일을 하고 한숨을 내쉬면
서 하지 않게 하십시오. 그것은 여러분에게 유익을 주지 않습니다.
18 우리를 위해 기도해 주십시오. 우리는 선한 양심을 지녔다고 확
신하며, 모든 일에 있어서 존중받을 만한 방식으로 처신하기를 원
하기 때문입니다. 19 특히 내가 여러분에게로 속히 복귀하도록 기
도를 부탁합니다.

설교자는 다시 권면을 이어 간다. 13장의 첫 단어, "형제사랑"(phila-
delphia)[8]은 이어지는 열 가지 정도의 권면을 아우르는 열쇳말이다.
형제사랑을 실천하기 위한 구체적인 방안으로서 설교자는 그 권면
들을 제시한다.
　　"낯선 이들을 대접하는 일"(philoxenia, 2절)은 두 가지 맥락
에서 살펴보아야 한다. 첫째는 순회 설교자들을 영접하고 섬겨야

---

8. "형제사랑"은 신약성서를 둘러싼 고대 문화에서 아주 관심 있는 주제였고 신약에도 여러 번 언급된다
(롬 12:10; 살전 4:9; 벧전 1:22; 벧후 1:7). 주의할 점은 이 단어를 포괄적이고 일반적인 우정이나 돌봄
혹은 감정적인 연대감 정도로 이해해서는 안 된다는 것이다. 그리스-로마 사회에서 "형제사랑"은 일
종의 전문용어로서, 재산을 공유하거나 함께 어떤 활동을 하는 구체적인 행동을 포함했다. Johnson,
Hebrews, 339.

214

할 필요성이다. 1세기 기독교 공동체에는 여러 지역을 돌아다니며 복음을 전하거나 교회에서 말씀을 전하는 순회 설교자들의 역할이 컸다. 이런 정황을 뒷받침해 주는 증언과 단서들이 신약성경에 있다. "이 작은 자 하나"(마 10:42)라는 복음서의 표현은 여러 지역을 계속 여행하면서 신자들의 가정에 숙식을 의존해야 했던 열두 제자들, 그리고 그들과 같은 전도자들을 가리킨다. 하지만 신약에서 "이 작은 자"가 항상 순회 전도자를 지칭하는 것은 아니다. 때로 그 단어는 신체적·사회적 약자, 결핍된 자, 소외받는 자를 의미할 수 있다(마 18:6, 10, 14; 25:40). 히브리서의 설교자가 이 말씀을 통해 의도했던 것은 이 두 가지 중 무엇이었을까? 그는 바로 앞에서 '형제사랑'을 내세웠다. 이어지는 3절의 권면도 신자들 상호 간의 관계를 염두에 두고 있다고 볼 수 있다. 그렇다면 2절 역시 순회 설교자들을 섬기도록 격려하는 권면이라고 보아야 자연스럽다. 모르는 사이에 천사를 대접한 경우는 아마 아브라함을 두고 한 언급일 것이다(창 18:2-15).[9]

하지만 여기에 보다 넓은 의미의 손대접을 배제해야 하는 것은 아니다. 마태복음 25장 40절, 45절에서 예수께서 "이 작은 자"를 신자에 한정하지 않으셨다는 사실을 기억할 필요가 있다. 또 누가복음 14장 13-14절과 같은 가르침은 손대접의 정의와 범위를 크게 넓혀 준다. 하나님께서 친히 궁핍하고 불우한 이들을 영접하신다. 그리고 그 사람들을 통해 하나님 자신이 영접받으신다. 이것이 성경의 손대접 정신이다. 낯선 이들을 통해 천사를, 더 나아가 그리스도 자신을 우리는 만날 수 있다.[10]

형제사랑은 말로 하는 게 아니다. '감옥에 갇힌 이들', '학대받는 이들'을 우리는 "기억해야"(3절) 한다. 2절과 마찬가지로 여기

---

9. 유대인들은 아브라함에게 나타났던 세 사람을 천사라고 해석했다(필로, *Abraham* 107, 113; 요세푸스, 《유대고대사》1. 196).

10. 손대접이라는 주제를 성서적·교회사적 관점에서 잘 설명한 연구로 크리스틴 폴, 《손대접》(정옥배 역; 서울: 복있는사람, 2002)이 있다.

서도 모든 수감자들, 모든 학대받는 이들을 염두에 두었다기보다는 믿음 때문에 그런 시련을 받게 된 형제와 자매들을 우선 생각했을 것이다(11:36-37 참조). "기억하라!"는 권면은 단지 잊어버리지 말라는 의미를 넘어 관심을 가지고 돌보는 적극적인 행동을 포함한다.[11] 따라서 기억의 대상은 지나간 옛일이 아니다. 같은 공간에서 같은 시대를 살아가는 우리의 형제와 이웃을 우리는 기억해야 한다. 먼저, 고난당하는 형제를 기억하는 방법은 찾아가서 함께 시간을 보내고 필요한 도움을 주는 일이다. 갇힌 형제들과 "갇힘을 함께함"으로써 그들을 기억한다(10:34 참조). 또한 "학대받는 이들"(번역 주 참조)을 우리 자신이 "몸"으로 겪는 것처럼 기억해야 한다. 그리스도께서는 몸을 가지셔서 우리와 같은 처지가 되심으로써 우리의 모든 아픔을 공감하셨다(2:14-18). 마찬가지로 우리의 사랑은 관념과 말이 아니라 몸으로, 현존으로, 물질과 시간으로 나타나야 한다.

이어지는 권면은 "몸"과 물질이 관여된 두 가지 첨예한 이슈, 즉 성과 돈을 다룬다.[12] 결혼과 성 윤리(4절), 그리고 돈을 사랑하는 생활 태도(5절)가 그것이다. 결혼과 성 윤리에 대한 신약성경의 가르침은 대체로 문란함과 방종으로부터의 탈피이다. 하지만 성경적 결혼 관계는 금욕이 아니다. 4절의 첫 문장, 즉 부부 관계가 존중할 만한 것이 되어야 한다는 권면에는 무엇을 하지 말라는 금지가 아니라 역동적이고 생명력 있는 부부 관계를 만들어 가라는 적극적인 의미가 담겨 있다. 자유롭고 충만한 성적 관계는 결혼을 신뢰와 사랑에 든든히 뿌리박게 한다. 건강한 부부 관계 속에 간음과 음행이 들어설 자리는 없어진다.

돈에 대한 탐욕 또한 인간의 본질적 욕구인 하나님과의 신

---

11. "기억"의 적극적 의미의 근거로 에픽테투스, 요세푸스, 창 30:22, 그리고 눅 23:42을 드는 내용은 L. T. Johnson, *Hebrews*, 340 참조.

12. 성적 타락과 돈에 대한 집착의 근원적 원인은 탐욕이라는 점에서 동일하며, 그 둘은 종종 서로를 부추기거나 동시에 표출된다. 그리스 문헌은 물론 성경(눅 16:9-18; 고전 5:1-6:11; 엡 5:3-5; 골 3:5; 살전 4:3-7)도 그런 사실을 증거한다. Johnson, *Hebrews*, 341 그리고 Attridge, *Hebrews*, 387 참조.

뢰가 깨어졌을 때 나타나는 병적 징후이다. 하나님을 궁극적인 보호자로 발견하지 못한 사람에게 어쩌면 돈은 생존을 위한 가장 믿을 만한 보호 장치일지 모른다. 돈은 마지막 희망, 반석, 산성이다. 그래서 "돈을 의지하고 사랑하는 그리스도인"은 모순형용이다.[13] 경제적 번영을 하나님의 복이라고 여기거나 하나님의 이름을 내걸고 돈 벌기를 정당화하는 일는 금송아지를 하나님의 현현으로 믿고 예배하는 행동과 멀지 않다. 더 많이 벌어 더 크게 하나님께 영광 돌리기를 하나님이 원하실까? 아니다. "지금 가진 것으로 만족함"(5절)이며, 오직 주님으로 만족함이다. 지도력을 막 넘겨받은 여호수아(신 31:6, 8)처럼, 집을 떠나 방랑길에 들어선 야곱(창 28:15)처럼, 위험에 처한 시인(시 118:5)처럼 신자는 위기와 고난의 때일수록 더 하나님을 신뢰해야 한다.[14]

　　　　7절부터는 주제가 전환된다. 히브리서의 설교자는 공동체 지도자들에게 특별한 관심을 보이는데, 이것은 신약의 서신서 중 독특한 점이다. "지도자들"은 특정한 지위나 역할을 가진 사람들에 한정되지 않는다. 고대 그리스 사회에서 이 용어는 정치 지도자들을 지칭했었다. 히브리서의 청중에게 이 사람들은 하나님의 말씀을 일러 주었던 설교자 혹은 교사들을 떠올렸을 것이다. 그들은 지금은 떠나고 없다. 교회가 옛 지도자들에 대해 지녀야 할 태도가 세 개의 동사로 요약된다—"기억하라, 살펴보라, 본받으라." 갇힌 자들과 학대받는 자들을 기억하라는 권면과 마찬가지로 지도자들에 대한 기억은 단지 옛 이야기를 떠올림이 아니다. 과거를 통해 현재를 변화시키는 창조적 힘을 기억으로부터 캐내야 한다. 그 힘의 원천은 무엇보다 지도자들이 전해 준 하나님의 말씀에 있다. 또 교회는

---

13. 13장 첫머리에 설교자는 세 가지 "사랑"을 언급한다. "형제사랑"(phila-delphia), "낯선 사람을 대접하기를 사랑"(philoxenia), "돈에 대한 사랑"(philagyros)이며, 세 번째 것과 앞의 두 가지는 서로 공존할 수 없다. Cockerill, *Hebrews*, 685.
14. 각 구약 말씀의 원문맥에 대한 상세한 묵상은 Johnson, *Hebrews*, 343-35 참조.

지도자들의 생활과 그 결말을 살펴보고 그들의 믿음을 모방해야 한다(7절). 왜 지도자들의 가르침만이 아니라 그들의 삶의 결말을 살펴야 하는가? 삶의 정황이 소거된 말씀은 생명력도 적용성도 없기 때문이다. 말씀을 전하는 지도자들 스스로가 그 말씀의 실천자가 되어야 하기 때문이다. 신자는 지도자들의 말을 기억하고 삶을 살피며 믿음을 본받아야 한다. 말과 삶을 추동했던 신실함과 열정, 그것을 본받아야 한다.

예수 그리스도는 어제, 오늘 그리고 영원히 동일하시다(8절). 이 명제는 그 자체만으로도 심오한 신학적 명제이다. 문제는 이 명제가 지도자들을 기억하라는 권면에 이어서(7절), 그리고 '이상한 가르침'을 경계하기 전에(9절) 나왔다는 사실이다. 먼저 앞선 구절과의 맥락에서 보자면 예수 그리스도의 변함 없으심은 지나간 시대의 지도자들을 오늘 우리가 기억해야 할 근거가 될 수 있다. 이전 세대 우리의 지도자들을 온전케 하신 예수 그리스도께서 지금 우리를 온전케 하신다. 문화적·시대적 상대성에도 불구하고 기독교 진리의 절대성을 확보할 수 있는 근거는 우리 신앙의 선구자이신 그리스도의 존재, 인격, 능력의 동일성이다. 다른 한편으로 그리스도의 동일성을 깨달음으로써 우리는 "갖가지 이상한 가르침"의 허망함을 간파할 수 있다. 거짓된 가르침은 종종 변화무쌍함과 다채로움으로써 그 오류와 거짓을 포장한다. 예수 그리스도는 변함 없는 사랑의 진정성으로 우리 마음속 중심을 사로잡으신다.

"갖가지 이상한 가르침"과 그것에 곧바로 이어 나오는 "음식으로써 마음을 굳게 함" 혹은 "음식으로써 행함"이 어떤 관계일까? 히브리서의 설교자와 청중들에게 골칫거리였던 여러 신학적 문제 중에서 음식과 관련한 문제가 대표적인 것이었을 것이다. 그 문제의 내용을 정확히 규정하기는 어렵지만 아마 유대교의 음식법(kosher), 우상에게 바쳐진 제물, 이방인과 유대인의 공동 식사 등과 관련이 있으리라는 추정이 가능하다. 이런 문제들은 특히 이방인 그리스도인들의 신앙생활에서 실제적인 문제로 신약 여러 곳에서

218

제기된 바가 있기 때문이다.[15] 게다가 "마음을 굳게 함"은 음식법과 유사한 속성을 가진 어떤 금욕주의적 생활방식을 가리킬 수도 있다. 설교자가 비판하는 점은 경건한 삶을 이유로 음식과 같은 눈에 보이는 특정 행동이나 규율의 준수를 강요하려는 시도이다. 이에 대해 설교자는 어떤 행동, 규칙보다 본질적이고 근원적인 동력이 은 혜라는 가르침으로 응대한다.

곧바로 이어서 설교자는 제단에서 섬기는 자, 피 그리고 영 문 밖에서의 치욕 등을 다룬다(10-16절). 왜 음식과 은혜의 대조 다음 에 이 주제를 거론할까? 음식에 대한 어떤 신학적인 가르침이 이 문 단의 중심 아이디어는 아니지만, 9절까지의 음식 비유와 10절에 "먹 음"이라는 비유 간에 연결이 성립하고 있는 건 분명하다. 음식이 신 앙의 유익을 줄 수 없듯이 제단에 바쳐지는 제물을 제사장들이 먹 을 수 없다(10절). 이 규정은 특별히 속죄일 제의에 해당한다(레 16장).[16] 제사장의 제물 취식 여부보다 더 중요한 사실은 그 제물, 특히 고기 가 어떻게 처리되는가의 문제였다. 고기를 제사장이 먹지 않을 경 우, 거의 항상 그것은 번제단에서 불살라졌다. 하지만 유독 속죄일 제의에서만큼은 죽임당한 염소의 고기를 가죽, 똥과 함께 진영 바 깥으로 내다가 불살라야 했다(레 16:27). 물론 피는 제단과 휘장, 언약 궤 위에 뿌려졌다. 이 두 가지 제물 처리 과정, 즉 피는 성소에 가지 고 들어가서 뿌리고(11절) 고기는 진영 바깥으로 가지고 나가서 불 태우는 절차는(10절) 예수에게 하나의 사건으로 결합되어 표상된다 (12절). 예수께서는 성문 밖에서 피를 흘리심으로 백성을 거룩하게

---

15. 명사 "음식"(brōma)이 복수형이기 때문에 여러 가지 음식"들"이 관련된 문제일 것이다. 존슨은 이어 지는 10-16절에서 속죄일 제의가 거론되기 때문에 유대교의 율법체계 전체가 문제가 되고 있고 그중 한 부분인 음식법이 대두되었을지 모른다고 추정한다. L. T. Johnson, Hebrews.
16. 이 규정의 적용을 받지 않는 제사의 한 예로 레위기 6장에 따르면 제사장들은 속죄제의 희생제물로 바치는 짐승의 고기를 먹을 수 있었다(레 6: 26). 히브리서 설교자는 앞에서(히 9:23-10:20) 이미 예 수를 속죄일의 희생제물로 전제했었다. 그렇기 때문에 여기서 속죄일의 염소와 골고다의 예수 간의 병행은 낯설지 않다.

하신 것이다. 앞서 가신 예수의 발자취를 따르고자 한다면 우리도 진영 밖으로 나아가야 하고, 거기서 그분의 치욕을 겪어야 한다.[17] 음식은 모든 종교적 시스템, 형식, 규율을 대표하는 제유법적 상징이다. 눈에 보이고 맛볼 수 있고 손으로 만질 수 있는 종교적 행동은 신앙을 가리키는 손가락일 뿐 신앙 자체가 아니다. 정해진 종교적 요구사항을 만족시킬 때 우리는 편안함을 느낀다. 하지만 그것은 이 땅의 도성의 질서이다. 종교적 형식이 우리에게 일정한 유익을 줄지 몰라도, 영구적인 가치를 지니지 못했음을 잊어서는 안 된다. 음식이 아니라 은총이 우리 마음을 단단하게 할 것이다. 우리는 여기에 영구적인 도성을 갖고 있지 않고 다가올 도성을 추구한다(14절). 확립된 질서, 객관적인 시스템과 표준 바깥, 성문 밖으로 우리는 나아가야 한다. 그곳은 예수께서 고난당하시며 아파하신 곳이다. 제도화된 교회 안이 아니라 그 바깥에 우리가 당해야 할 그리스도의 치욕이 있다.[18]

15-16절의 두 권면—하나님께 항상 찬양을 드릴 것, 그리고 선행과 나눔을 소홀히 하지 말 것—은 10-14절의 내용과 무슨 관련이 있는 걸까? 언뜻 보기에 무관한 듯 보이는 내용들이지만 실은 10-14절과 15-16절은 "제물"이라는 열쇳말로 단단히 이어져 있다. 옛 언약에 속한 제사장은 속죄 제물인 짐승의 피를 성소 안에 가져간 반면, 예수께서는 스스로 제물이 되셔서 자기의 피를 성문 밖에서 흘리셨다. 우리가 그분의 치욕을 함께 짊어지기 위해서는 성문 밖으로 나가야 하는데, 그것은 다시 말해서 여기에 있는 도성에 우리 자신을

---

17. 12절의 "성문 밖"과 13절의 "진영 밖"은 같은 대상을 지칭한다. 후자의 경우 이스라엘의 광야 여정을 배경으로 한 표현인데, 그곳은 저주, 형벌의 장소를 상징하기도 하고(레 24:14; 민 15:35) 그 반대로 하나님의 구원이 펼쳐지거나(왕하 6:17), 하나님을 대면하는 장소(출 33:7)로 여겨지기도 한다. 한편, 계 18:4에서 하나님은 그의 백성들에게 "거기서", 즉 "큰 성 바벨론"에서 나와서 죄에 참여하지 말고 재앙들을 피하라고 권하신다.
18. 명사 "치욕"의 의미에 담긴 구약성경(칠십인경)의 용례와 의미에 대해서는 11:26의 번역 주를 참조할 것.

의탁하지 말고 다가올 도성을 바라보는 생활 태도를 의미한다. 예수께서 우리를 위해 바치신 속죄의 제사는 역사 안에 한 사건으로 끝나지 않는다. 그 사건이 기독교의 기초인 것은 틀림없으나, 우리가 기독교 신앙을 영위하는 방식은 십자가 사건의 뜻을 생각하는 데 그쳐서는 안 된다. 우리는 그리스도가 가신 길을 따른다. 거룩해진 양심을 가지고 하나님을 기쁘시게 하는 예배의 삶을 산다. 하나님 마음에 드는 예배는 항상 수직과 수평의 두 차원을 병행한다. 위로 하나님께 바치는 찬양의 제물과 옆으로 형제자매, 그리고 이웃들을 섬기며 우리의 것을 나누는 선행의 제물이 바로 그것이다.

17절에서 설교자는 7절에서 다뤘던 주제를 다시 거론하는데, 그것은 지도자들을 대하는 태도이다. 7절에서 옛 지도자들을 염두에 두었다면, 여기서는 지금 히브리서의 청중들을 목회하고 있는 지도자들에 관해 말한다. 그들을 신뢰하고[19] 또 그들에게 복종하라고 권면하면서 세 가지 이유를 든다. 첫째, 교회의 지도자는 여느 집단의 지도자와 달리 신자들의 영혼을 깨어 지켜본다. 각 신자는 심판대 앞에서 하나님께 자신의 행한 대로 아뢸 것이다. 지도자가 그것을 대신해 줄 수는 없다. 하지만 마치 그렇게 하기라도 할 것처럼 지도자는 애절하고 안타까운 심정으로 신자를 사랑하고 돌보며 가르친다. 둘째, 그런 지도자도 약점과 약함을 지닌 사람이기 때문에 신자들이 자신을 어떻게 대하는가에 따라 신이 나기도 하고 한숨을 내쉬기도 한다. 신자의 전폭적인 신뢰와 지지를 받은 지도자는 목회의 직무를 기쁘고 즐겁게 수행할 것이다. 셋째, 그래서 그 결과 유익을 얻는 사람은 신자들 자신이다. 교회 공동체의 지도자와 교우들은 고용주와 피고용인의 관계가 아니다. 고객에게 서비스를 판매하는 상업적 관계도 아니다. 그들은 하나님을 주례자로 모신 언약의 당사자들이고 서로 형제와 자매된 영적 가족이며 한 몸에 붙은 지체들이다.

---

19. "신뢰하다"에 대해서는 번역 주 참조.

설교자가 주는 마지막 권면은 자신과 자신의 일행을 위한 중보기도의 부탁이다(18-19절). 그런데 기도 제목의 구체적인 내용이 바울이 쓴 서신들이나 요즘 우리가 우리의 목회 지도자들을 위해 중보기도하는 제목과 다르다. 예를 들어 바울은 에베소 교인들에게 선교사인 자신이 "입을 열어 복음의 비밀을 담대히 알리게" 하도록 기도를 부탁했었다(엡 6:19). 히브리서 설교자는 자신이 "존중받을 만한 방식으로 처신하도록"[20] 기도를 부탁한다. 자신이 선한 양심을 지니고 있다고 단언하는 것은 교만의 표현이 아니라 신앙의 확신과 관련된 문제이기 때문이다. 사실 이것은 설교자 자신에게만 적용되어야 할 기도의 제목이 아니라 이제껏 히브리서에서 내내 청중에게 권면했던 내용이다. 설교자는 자신을 청중과 분리시키거나 그들보다 뛰어난 지위에 있다고 전제하지 않는다. 목회자나 평신도나 결국 하나님 앞에서 선한 양심을 지니고 존중받을 만한 방식으로 처신하는 것이 믿음의 목표이다. 여기에 덧붙이는 또 하나의 기도 제목은 설교자가 청중에게 "속히 복귀하는" 일이다. 아마 설교자는 이전에 청중과 한 공동체에 소속했었을 것이다. 어떤 이유에서 잠시 떠나 있었다가 다시 그 공동체로 돌아가기를 뜻하는 것 같다.

---

20. 이 표현의 의미에 대해서는 번역 주 참조.

질문

1. 에서는 어떤 면에서 "음란하고 세속적"(12:16)이었습니까?
2. 12장 18-29절에서 시내산과 시온산이 대비됩니다. 이 내용에서 하나님에 대해, 종말에 대해, 교회에 대해 무엇을 배울 수 있습니까?
3. 13장 1-29절의 긴 권면을 아우르는 열쇳말인 "형제사랑"(1절)은 이어지는 권면의 말씀들과 각각 어떻게 연결됩니까?
4. "우리가 진영 바깥 그분께 나아가 그분의 치욕을 당합시다"(13:13)를 처음 들었던 히브리서 청중들은 이 말씀을 어떻게 적용했을까요? 우리는 어떻게 적용할 수 있을까요?(14절 참고)

묵상

공동체의 예배와 개인 경건의 시간에 우리는 하나님을 높이고 찬양하며 또한 형제자매들과 이웃을 기억합니다. 예배를 드리면서 우리는 예배드리지 않는 시간을 준비하며, 예배를 기억하고 기대하면서 일상을 삽니다. 이 단락에 나온 열 가지 권면 하나하나를 지금 우리의 상황에 적용하기 위한 구체적인 방법을 찾아봅시다.

14
축도와 마무리 인사

히 13:20-25

이제 결말을 맺어야 할 때다. 하나님을 향한 송축, 독자들을 향한 축복, 그리고 안부와 함께 히브리서는 마무리된다. 히브리서의 시작 부분은 편지라고 보기 어려웠지만 결말 부분은 편지의 요소를 잘 갖추고 있다. 신약성서의 다른 편지들에 있는 형식적인 요소들이 여기서도 발견된다. 이 단락 직전까지 히브리서는 설교문의 성격을 강하게 띠었지만 마지막은 편지 형식이다. 그 둘이 조화되지 못할 이유는 없다. 신약의 다른 서신들도 사사로운 편지이기보다는[1] 여러 공동체들이 돌려 읽으면서 깨우쳐야 할 교리와 권면을 담고 있기 때문에 설교적 성격을 띤 것이다. 따라서 히브리서의 본문과 결말을 어색한 조합으로 볼 필요는 없다. 더구나 이 결말 단락에조차 히브리서다운 주제 의식, 신학, 어조가 나타난다. 길지 않은 이 결말부를 다시 세 부분으로 나누어 살펴보자.

---

1. 아마 명백하게 개인 앞으로 쓰여진 네 개의 편지들(빌레몬서, 디모데전서, 디모데후서, 디도서)은 예외가 될 것이고 회람하도록 의도되지는 않았을 것이다.

224

송축과 축도 13:20-21

20 평화의 하나님께서는 양 떼의 위대한 목자, 즉 우리 주 예수를 영원한 언약의 피로써 죽음으로부터 이끌어 올리셨습니다. 21 나는 그분이 모든 선한 것들로써 여러분을 갖추어 주셔서 그분의 뜻을 행하게 하시기를 기원합니다. 예수 그리스도, 영원히 영광을 받으실 그분을 통해 하나님은 당신 마음에 드는 일을 여러분 안에 행하실 것입니다.

히브리서의 결말에는 바울이 편지를 끝낼 때 사용한 것 같은 분명한 송축(롬 16:25-27; 빌 4:20; 딤전 6:15-16; 딤후 2:18)이나 축복의 표현은 나오지 않는다. 하지만 설교자는 압축된 표현을 사용해서 망설임 없이 하나님과 예수님을 높이고 기린다. "평화의 하나님"이라는 칭호 자체가 이미 송축의 역할을 한다. 하나님은 평화를 가져오시고 평화가 널리 퍼지게 하신다. 평화를 사랑하시며 평화를 가득 담아 말씀하시고 행동하신다. 무엇보다 단 한 번 십자가 죽음으로 우리와 하나님 사이의 반목과 질시를 흩으시고 평화를 회복하셨다. 하나님이 이 세계를 위해 이루신 가장 값진 평화는 그리스도의 십자가 죽음이었다.

평화의 주인공이신 주 예수를 하나님께서는 죽음으로부터 "이끌어 올리셨다". 신약성경에서 예수의 부활을 묘사할 때 사용한 동사는 거의 항상 '일으키다'(egeirō)였다. 히브리서 설교자는 왜 그것 대신에 잘 쓰이지 않는 "이끌어 올리다"(anagō)로 표현했을까? 가장 큰 이유는 그리스도의 십자가 사역에 대한 독특한 이해일 것이다. 부활은 단지 '땅 아래 무덤에서 일어나서 땅을 딛고 서는 동작'이 아니다. 히브리서의 예수는 땅 아래로부터 일어나셔서 하늘의 성소에까지 올라가셨다. 부활과 승천은 연속된 하나의 사건의 두 양상일 뿐이다. 히브리서에서 예수께서 하나님 우편에 앉으신 사건을 되풀이해서 말하는 이유는 그것이 예수님의 중보 사역, 평화를 만드는 사역의 완성 지점이기 때문이다(1:3, 13; 6:20; 9:12, 24; 10:12).

예수께서 하늘 성소에 들어가셔서 보좌 우편에 앉으심으로 우리도 그분이 열어 주신 성소로 난 길을 따라갈 수 있게 되었다. 이것은 우리도 승천해야 한다는 말이 아니다. '선한 양심'을 가지고 하나님이 우리에게 허락해 주신 "모든 선한 것들"을 갖추고서 이 땅에서 그분의 뜻을 행해야 한다는 뜻이다. 하나님 마음에 드는 생활을 하고자 애쓸 때 우리는 예수 그리스도와 연결된다. 외적 행실은 물론 마음속 생각에서 시작하므로 우리가 행하기 전에 예수께서 우리 "안"에서 우리의 생각을 통해 행하실 것이다.

영접의 당부 13:22-23

> 22 형제들이여, 이렇게 짧게 써 보냈으니 이 권면의 말을 부디 받아들이기를 부탁합니다. 23 우리의 형제 디모데가 풀려났다는 사실을 여러분에게 알립니다. 만약 그가 빨리 오면 나는 그와 함께 여러분을 볼 것입니다.

앞 소단락과 마찬가지로 이 소단락에도 편지의 결말을 알리는 전형적인 내용, 그리고 형식이 나타난다.[2] 이 편지를 잘 받아 달라는 부탁(22절)은 일종의 수사적 인사일 수도 있다. 그 인사는 저자와 독자가 서로를 배려하고 신뢰하는 관계임을 내비친다. "권면의 말"은 히브리서 전체를 가리키며 따라서 이것을 히브리서의 성격, 즉 장르를 표현하는 전문용어이다. 전체의 구성에서도 드러나듯이 히브리서에는 신학적 묵상과 실천적 권면이 짝을 이루어서 작은 단락들을 구성한다. 그 작은 단락들이 이어지면서 하나의 굵은 권면, 즉 인

---

2. 바울도 종종 편지의 말미에 편지를 어떻게 다루라며 당부하곤 했고(살전 5:27; 골 4:16) 독자들이 알고 있는 어떤 인물의 근황이나(고전 16:10-12; 딤후 4:12) 독자들을 만나기 위한 여행 계획도 언급했다(고전 16:4-8; 딛 3:12).

내와 신실함이라는 권면이 전체를 아우르도록 짜여 있다. 그래서 '권면의 말'이라는 장르는 히브리서에 잘 어울린다.

23절에 언급된 이름은 바울의 '영적 아들'이자 가장 가까운 동역자 중 한 명인 디모데이다. 설교자는 그를 "우리의 형제"라고 묘사한다. 히브리서의 저자와 독자가 바울의 영향권 아래 있었음을 시사하는 중요한 단서다. 23절의 첫 단어인 *ginōskete*가 명령법 동사인지 아니면 직설법 동사인지에 따라 번역이 약간 달라진다("내가 여러분에게 알립니다" 혹은 "여러분은 알고 있습니다"). 그리스어 구문만으로는 가늠하기 어렵다. 어쨌든 중요한 사실은 디모데의 석방이 히브리서의 독자들에게 중요한 뉴스라는 점이다. 디모데가 어떤 사유로 투옥되었는지 알 수 없지만 히브리서의 독자들은 디모데를 잘 알고 있었을 것이다. 그리고 그의 석방은 분명 기쁜 소식이었다. 설교자와 디모데는 함께 히브리서의 독자들을 방문할 계획을 세운다.

안부와 인사 13:24-25

24 여러분의 모든 지도자들, 그리고 모든 성도에게 안부를 전해 주십시오. 이탈리아에서 온 이들이 여러분에게 안부를 전합니다. 25 은혜가 여러분 모두와 함께하기를 기원합니다.

바울서신에서 자주 그랬듯이 히브리서의 결말에도 문안 인사가 나온다. 안부를 묻는 대상에 있어서 로마서 16장처럼 많은 사람을 일일이 열거하진 않고, 그 대신 "모든 지도자들, 그리고 모든 성도"로 통칭한다. 여기서 굳이 지도자들과 성도들을 나눈 점이 독특하다. 교회의 지도자들에 대한 각별한 관심은 이미 7절과 17절에 나타났다.[3] 앞의 그 두 구절에서 지도자들은 "말씀을 알려주던 자들"이며 성도들의 "영혼을 깨어 지켜보는 자들", 다시 말해서 목회자들이다.

---

3. 바울도 비슷한 관심을 표명한 적이 있다(살전 5:12; 갈 6:6).

"이탈리아에서 온 이들"이라는 표현은 저자 혹은 독자의 위치를 드러내 주는 작은 단서이다. 단, 이 표현에는 두 가지 상반되는 가능성이 드러나 있기 때문에—저자가 이탈리아에서 이 편지를 쓰고 있거나 아니면 독자들이 이탈리아에서 이 편지를 받고 있을 것이다—그중 하나일 거라고 추정할 수밖에 없다(각각에 대한 상세한 설명은 번역 주 참조).

228

질문

1. 히브리서 설교자의 축도(13:20-21)가 평소에 우리가 듣는 축도와 비슷한 점 혹은 다른 점이 무엇입니까?
2. '권면의 말'이 왜 히브리서의 장르가 될 만합니까?

묵상

"하나님은 당신 마음에 드는 일을 여러분 안에 행하실 것입니다"(13:21). 오늘도 하나님 마음에 드는 일이 우리 안에서 일어나도록 기도합시다. 우리 자신과 가족들, 주변 사람들의 마음속에 평생에 걸쳐 하나님께서 마음에 드는 일들을 행하고 계심을 믿읍시다. 사람은 믿지 못하지만 하나님은 믿을 수 있습니다. 하나님이 사람들 속에 행하시는 일을 믿는다면 사람까지도 믿을 수 있습니다.

히브리서

번역과 번역 주

일러두기

이 주석에서 사용하는 성경 본문은 사역(私譯)한 것으로 그리스어 원문에서 직접 번역했다. 사용한 원문은 *Novum Testamentum Graece*(28th revised edition; Barbara Aland et al. eds.; Stuttgart: Deutsche Bibelgesellschaft, 2012)이며 뒤에 정리한 역본도 두루 비교 및 참고했다. 특히 우리말로 번역하는 과정에서 발생하는 구문, 어휘, 신학 이슈는 주를 따로 두어 제시했고 여러 역본 간 차이점을 드러내면서 해당 번역에 이르게 된 까닭도 설명했다. 전문적으로 신학 수업을 받지 않은 독자들을 위해 성경 원문의 히브리어와 그리스어 표기는 로마자 음역을 사용했다.

약칭	역본명	발행	최종 출판연도
《개역》	《성경전서 개역한글판》[1]	대한성서공회	1961
《개역개정》	《성경전서 개역개정판》[2]	대한성서공회	1998
《바른》	《바른성경》	한국성경공회	2008
《새번역》	《성경전서 새번역》[3]	대한성서공회	2004
《공동》	《공동번역 성서 개정판》[4]	대한성서공회	1999
《쉬운》	《쉬운성경》	아가페	2001
《우리말》	《우리말성경》	두란노서원	2004
《현대인》	《현대인의 성경》[5]	생명의 말씀사	1985
《현대어》	《현대어 성경》[6]	성서원	1991
《성경》	《성경》	천주교중앙협의회	2005
ISV	*International Standard Version*[7]	The ISV Foundation	2011
HCSB	*Holman Christian Standard Bible*[8]	Holman Bible Publishers	2009
ESV	*English Standard Version*[9]	Crossway Bibles	2011
NIV	*New international Version*[10]	Biblica	2011
NLT	*New Living Translation*[11]	Tyndale House Foundation	2013
NRSV	*New Revised Standard Version*[12]	National Council of Churches of Christ in the USA	1989
NASB	*New American Standard Bible*[13]	Lockman Foundation	1995
KJV	*King James Version*		1611
NET	*New English Translation*[14]	Bible Studies Press	2005

1. 1911년 출간된 《성경전서》를 두 차례 크게 개정(1938년 《성경 개역》, 1952년 《성경전서 개역한글판》)하고 최종적으로 1965년에 개정함.
2. 《성경전서 개역한글판》에 대한 개정. 1998년 출간 후 개정을 거듭하여 2005년 제4판 출간됨.
3. 1993년 대한성서공회가 번역한 《성경전서 표준새번역》은 2001년에 한 차례 개정되어 《성경전서 표준새번역 개정판》으로 출간되었고, 2004년에 이를 다시 개정한 것이 《성경전서 새번역》임. 형식적 일치 번역에 역동적 일치를 가미함.
4. 신구교의 공동 번역 작업의 결과로 초판은 1977년에 나왔고 이를 소폭 개정하여 1999년에 출간함. 역동적 일치 원칙을 따름.
5. *The Living Bible*의 우리말 번역. 1977년에 신약이, 1985년에 신구약 완역본이 나옴.
6. 1978년에 초판이 나왔고 신구약 완역은 1991년에 나옴. 역동적 일치 번역. 2002년에 절판된 후 인명, 지명 및 높임말 표기법 등을 수정하여 2012년 《쉬운말 성경》이라는 이름으로 발행되고 있음.
7. 신약은 1998년에 완역, 2.0 버전이 2011년에 출간됨.
8. 신약은 1999년에 출간, 2004년 신구약 출간 후 2009년에 개정됨. 형식적 일치를 우선으로 삼고 역동적 일치로 보충함.
9. 2001년에 출간된 초판을 2007년 소폭 개정 후 2011년에 재개정. 1971년 출간된 *Revised Standard Version*의 개정판으로 기획되었고 기본적으로 문자적(essentially literal) 번역을 함.
10. 1973년 신약, 1978년 구약 초판이 나왔고 1984년과 2011년에 개정됨. 제2판까지는 International Bible Society가 출간함. 형식적 일치와 역동적 일치 번역이 혼재함.
11. 본래 *New Living Bible*의 개정판으로 시작했으나 결국 원문에서 새롭게 번역함. 1996년 초판을 2004년에 대폭 개정하고 2007년과 2013년에 재개정함. 역동적 일치 번역이며 최신 영어 문체를 사용함.
12. 1952년 출판된 *Revised Standard Version*의 개정판. 형식적 일치와 역동적 일치의 중간 입장임.
13. 1901년에 출판된 *American Standard Version*의 개정판. 1963년 신약 초판, 1971년 신구약 초판 완간됨. 1972, 1973, 1975, 1977년에 각각 소폭 개정판이 나왔고 1995년에 마지막으로 개정됨. 형식적 일치 번역을 함.
14. 본문 번역과 아울러 난하주에 두 개의 주석, 즉 역주(translators' notes)와 사본비평주(textual notes)를 넣음. 본문 번역 자체는 역동적 일치를 따르지만 원문과의 거리를 설명하기 위해 역주를 사용하여 형식적 일치에 대응함.

1장

1 여러 부분으로 그리고 여러 방법으로[1] 옛적 우리 조상들에게 예언자들을 통해 말씀하셨던 하나님이 2 이 마지막 때에[2] 우리에게 아들을 통해 말씀하셨습니다.[3] 하나님께서는 아들을 만물의 상속자로 정하셨을[4] 뿐 아니라 그분을 통하여 온 세상을 만들기까지[5] 하셨습니다. 3 그는 그의 영광의 광채이며 본질의 모상(模像)으로서, 만물을 그의 능력의 말씀으로[6] 지탱하십니다. 그리고 죄의 정결함을 이루시고 높은 곳에 계신 존엄의 오른쪽에 앉으셨습니다. 4 그는 천사들보다 뛰어난 이름을 물려받음으로써[7] 그만큼 그들보다 더 위대하게 되셨습니다.[8]

239

1. 두 부사 *polymerōs*와 *polytropōs*는 명사 *meros*(부분, 나뉜 것)와 *tropos*(방법, 방식, 수단)에 '많은, 여럿의'를 뜻하는 접두어 poly-가 붙어 있다. 첫 번째 부사의 의미는 '여러 조각으로 나누어서'이므로 빈도를 지시할 수도 있다. 따라서 "여러 번[에 걸쳐]"(《새번역》, 《바른》, 《공동》, 《성경》) 또는 "수없이"(《쉬운》, 《현대인》)와 같은 번역도 가능하다. 영역본은 대개 "at many/various times"로 옮겼지만, NASB는 《개역개정》("여러 부분과 여러 모양으로")과 유사하게 "in many portions"로 옮겼다.
   두 번째 부사의 경우 "여러[여러 가지] 모양으로"(《개역개정》, 《바른》, 《공동》, 《우리말》)보다는 "여러[여러 가지] 방식/방법으로"(《새번역》, 《쉬운》, 《현대인》, 《성경》)가 더 정확하고 자연스러운 번역이다. 표준국어대사전에 따르면 우리말 '모양'은 '겉으로 나타나는 생김새나 모습'이 우선되는 의미이고 '어떤 방식이나 방법'은 부수적 의미이다. 영역본은 모두 "in various/many ways"로 옮겼다. 어떤 영역본은 이 두 부사를 거의 동의어처럼 취급했지만(ISV, "in fragmentary and varied fashion" / NRSV, "in many and various ways") 지나친 의역으로 보인다.

2. 부사구 *ep' eschtou tōn hēmerōn toutōn*은 히브리어와 아람어에서 흔한 관용적 표현이며 단순히 '마지막 때'를 지칭한다.

3. 원문은 4절까지 하나의 문장으로 이어진다. 우리말에는 관계대명사가 없어서 문장을 나누었다.

4. 동사 *tithēmi*는 '놓다, 두다'라는 기본 의미에서 여러 의미가 파생된다. 여기서는 '어떤 사람을 어떤 지위에 임명, 지명하다'를 뜻한다. 여러 우리말 성경은 "세우다"라고 옮겼고 영어 성경은 대부분 "appoint"로 옮겼다.

5. *kai*는 여기서는 접속사('그리고')가 아니라 부사('~도 또한, ~까지도')이다. 이것을 제대로 살려 번역한 역본은 《성경》이고 영어 성경 중에는 ISV, ESV, NRSV, NASB, KJV가 그러하다("also he made" 또는 "he also made").

6. 그리스어 구문에서 한 명사에 잇닿은 명사가 속격일 때, 그 속격 명사는 종종 형용사 기능을 한다. 연속하는 세 개의 속격 구문 중("영광의 광채", "본질의 모상", "능력의 말씀") 세 번째 것은 형용사적으로 옮기는 것이 적절하다("능력 있는 말씀" 또는 "강력한 말씀", 《새번역》, 《쉬운》, 《우리말》, 《현대인》, 《성경》 / "powerful word", ISV, HCSB, NIV, NRSV). 하지만 두 번째 것은 형용사적으로 번역할 경우("본질적인 모상") 의미가 불분명하다. 첫 번째 것을 형용사적으로 옮길 경우("영광스러운 광채") 의미는 명확하지만 소유의 의미("영광의 광채")와는 구별되어야 한다. 이것을 《공동》은 "영광을 드러내는 찬란한 빛"으로, NRSV는 "reflection of God's glory"로 옮겼다.

7. 동사 *klēronomeō*를 "기업/유업으로 얻다/받다"로 번역한 경우(《개역개정》, 《바른》) 일상생활에서 우리말 '기업'의 일반적 의미(회사, 사업체)와 혼동할 우려가 있다. "물려받다"가 더 정확하고 간명한 번역이다. 영어 성경은 모두 "inherit"로 옮겼다.

8. 《개역개정》을 비롯한 대부분 우리말 성경은 정도관계대명사 *tosoutos ~ hosos* 구문을 문자적으로 번역하지 않았다. 원문에는 그리스도가 가진 이름이 천사들의 이름보다 뛰어난 그만큼 그리스도의 지위도 뛰어나다는 의미가 담겨 있다.

5 그분이 천사 중 누구에게

"너는 내 아들이다. 내가 오늘 너를 낳았다."[9]

하고 말씀하신 적이 있습니까? 또

"나는 그의 아버지가 되고 그는 내 아들이 되리라."[10]

하고 말씀하신 적이 있습니까? 6 그런데 그분이 또다시[11] 그 처음 나신 분을[12] 세상에 이끌어 들이실 때

"하나님의 천사들은 모두 그에게 경배하여라."[13]

하고 말씀하십니다. 7 또 천사들에 관해서는

"그는 자기 천사들을 바람처럼 만들고 자기의 예배자들을[14] 타오르는 불처럼 만든다."[15]

라고 합니다. 8 그러나 아들에 관해서는 이런 말씀이 있습니다.

9. 칠십인역 시편 2:7의 인용.

10. 칠십인역 사무엘하 7:14의 인용.

11. 원문에서 부사 *palin*의 위치가 동사("이끌어 들이다") 바로 앞이다. 이 점을 충실히 살린 번역은 HCSB("When He **again** brings His firstborn into the world")와 《개역개정》, 《200주년 기념성서》("그런데 그분이 **또다시** 맏아들을 세상에 보내실 때에는")이다. 나머지 역본들은 "또"를 문장 맨 앞에 두어서 하나님께서 말씀하신 행위가 반복된다는 의미를 드러낸다. 앞에서 이 부사가 "말하다"를 여러 번 수식했다고 해서 항상 그럴 것이라고 단정할 필요는 없다(히 4:7). 이처럼 원문의 어순을 충실히 살리면 이 문장은 예수님의 다시 오심을 지칭할 수 있다.

12. 형용사 *prōtotokos*는 *prōtos*와 *tokos*의 합성어로 "처음 난 것, 초태생(初胎生)"이다. 구약성경에서 이 단어는 동물과 식물의 처음 난 것(초태생)을 모두 지시할 수 있었다(출 12:29; 13:2; 민 3:13 외). 우리말 성경이 대다수 취하는 "맏아들"은 원문의 포괄적 의미를 제한하는 번역이다. 영어 성경은 대부분 "eldest son"이나 "firstborn son" 대신 "firstborn"으로 옮겼고 NLT만이 "supreme Son"으로 의역했다. 우리말로 "firstborn"을 한 단어로 옮길 수 없으므로 "처음 난 자"가 가장 가까운 표현이다. 이 단어는 특히 유월절 사건에서 유래했고 11:28에서 그 점이 부각된다. 사람과 짐승의 모든 초태생은 하나님께 속했으므로(거룩했으므로) 하나님께 돌리거나(목을 꺾거나) 대속해야 한다(출 13:2, 12, 13).

13. 칠십인역 신명기 32:43의 인용. 히브리어 구약성경(마소라 사본)에는 "하나님의 아들들"로 되어 있지만 사해사본 히브리어 본문은 칠십인역과 일치한다. 칠십인역이 마소라 사본보다 원본에 더 가까울 가능성을 보여 주는 사례이다.

14. 명사 *leitourgos*는 동사 *leitourgeō*(신을 섬기다, 예배하다, 제사드리다)와 친족어이며 또다른 명사형 leitourgia에서 영어 liturgy(예배, 의식)가 파생했다. 이 단어는 제의적 상황을 염두에 둔다. 또 이 명사가 여기서 히브리 시의 평행법에 따라 "천사"와 대구를 이루므로 천사의 직무가 하나님 예배라고 이해할 수 있다(1:14 번역 주 참조). 우리말 성경은 "사역자들"(《개역개정》, 《바른》), "일꾼들"(《공동》, 《쉬운》), "종들"(《현대인》, 《현대어》), "시중꾼들"(《새번역》), "시종들"(《성경》) 등 다양하게 옮겼고, 영어 성경은 대체로 "servants"를 썼다(NASB와 KJV는 "ministers"). '예배하다'라는 말이 고대 이스라엘의 제의 활동과 정확히 상응하지는 않지만 근접하므로 그대로 사용했다. 본 주석에서 이 번역은 같은 단어가 사용된 1:14; 8:2; 9:1, 6, 9; 10:2; 12:28; 13:10에도 일관된다.

15. 칠십인역 시편 104:4의 인용. 히브리어 본문(시 103:4)에는 "그는 바람을 그의 사자로, 불꽃을 그의 종으로 삼으셨다"(《개역개정》)로 되어 있다. 대다수 우리말 성경이 동사 *poieō*를 "삼다"로 옮겼지만 "만들다"가 원문에 가깝다. 표준국어대사전은 '삼다'의 으뜸 의미를 '어떤 대상과 인연을 맺어 자기와 관계있는 사람으로 만들다'로 정의한다. 영역은 모두 "make"로 옮겼다.

"오, 하나님! 당신의 왕좌는 영원무궁하며[16] 당신의 왕국의 홀은 올곧음의 홀[17]입니다.[18]

9 당신은 정의를 사랑하시고 불의를 미워하셨습니다.

그러므로 하나님, 곧 당신의 하나님은 당신의 동료들을 제쳐 놓고[19]

기쁨의 기름을 당신에게 바르셨습니다."[20]

10 또 이런 말씀이 있습니다.

"주님, 당신은 태초에 땅의 기초를 놓으셨으며 하늘도 당신 손의 작품입니다.

11 그것들은 사라져 가도[21] 당신께서는 그대로 계십니다.[22]

그것들은 다 옷처럼 낡을 것입니다.

12 당신께서는 그것들을 외투처럼 말아 치우시고[23] 그것들은 옷처럼 변할 것입니다.

그러나 당신은 한결같으시고 당신의 햇수는[24] 끝이 없을 것입니다."[25]

13 하나님께서 천사 중 누구에게

"내가 네 원수들을 네 발의 발등상으로 삼을 때까지 여기 내 오른쪽에 앉아라."[26]

하고 말씀하신 적이 있습니까? 14 그들 모두는 예배하는[27] 영들로서 구원을 상속받게 될 이들을 섬기라고[28] 보내지지 않습니까?

16. 그리스어 구문상 *ho theos*를 문장의 주어로 보고 "하나님은 영원토록 당신의 왕좌입니다"라는 번역도 가능하다. 하지만 여기 인용된 칠십인역의 원본이 히브리어 본문이었음을 고려한다면 히브리 시의 평행법이 살아나도록 번역해야 할 것이다.

17. 여기 속격 명사를 위 3절에서와 같이 형용사적으로 번역할 수 있다("공평한/공의로운 홀"《개역개정》, 《바른》 / "공의의 막대기"《새번역》 / "정의의 지팡이"《공동》, 《현대인》 / "정의를 올곧게 세우는"《현대어》). 명사 *euthutēs*는 '곧음, 반듯함, 일직선'이라는 원 의미에서 '공평, 공정함'이라는 의미가 갈라져 나온다. 두 가지 의미를 살리기 위해 "올곧다"로 옮겼다. 영역본은 "scepter of justice/righteousness/uprightness"(HSCB, NLT, KJV, ESV) 혹은 "righteous scepter"(ISV, NRSV, NASB)로 옮겼다.

18. 칠십인역 시편 44:7의 인용. 한편 히브리어 본문(시 45:6)를 JPS는 "Your divine throne is everlasting; your royal scepter is a scepter of equity"로 옮겼다.

19. 전치사 *para*는 일차적으로 출처, 기원, 분리(~로부터)를 표현하며 비교대상(~보다)을 지시할 수도 있다. 대부분의 우리말 성경과 여러 영어 성경(ESV, NIV, NRSV, NASB)이 후자를 선택한 듯하다. 하지만 두 가지 이유에서 "~보다 뛰어나게 하셨다"《개역개정》, 《바른》는 부적합하다. 첫째, 원문에는 "뛰어나게 하다"에 해당하는 동사 혹은 "더 뛰어난"의 의미를 갖는 형용사가 없다. 동사 *chrizō*("기름 붓다")가 있을 뿐이다. 둘째, *chrizō*는 구약에서 "[왕, 제사장, 또는 예언자로] 선택하여 임명하다"를 의미하며 이러한 의미는 전치사 *para*(~옆에, ~로부터 떨어져서)와 결합할 수 있다.

20. 칠십인역 시편 44:8의 인용.

21. 우리말 '멸망하다'에는 대개 제도, 조직, 단체가 주어로 온다. 자연 사물에는 잘 사용되지 않는다. 그리스어 *apoluō*의 여러 의미 중 하나를 문자적으로 옮긴 결과로 보인다.

22. 대다수 영어 성경이 "remain"으로 옮겼듯이 동사 *diamenō*(《dia+menō》)는 '그대로 있다, 계속 어떤 상태로 존재하다'를 뜻한다. 여러 우리말 성경이 사용한 "영존하다"나 "영원히 계시다" 속의 '영원함'의 개념은 아마 접두어 *dia*로부터 유추된 듯하다.

23. 동사 *helissō*(둘둘 말다, roll/fold up)를 "갈아입다"《개역개정》로 옮긴 것은 지나친 의역이다. 하나님께서 하늘과 땅마저 겉옷처럼 다루실 능력을 지니셨음을 시적으로 표현하는 동사이기 때문이다.

24. 《개역개정》, 《바른》, 《현대인》의 "연대"는 '1970년대'처럼 특정 연도를 표시하는 숫자 뒤에 붙으며 단독으로는 잘 사용되지 않는다. "주의 세월은 끝이 없다"《새번역》과 《우리말》 번역도 어색하다. "주님은 영원히 늙지 않으십니다"는 《공동》의 지나친 의역이다. 영어 성경은 대개 "your years will never end"로 옮겼고, NLT("you will live forever")와 GNT("your life never ends")는 의역했다.

25. 칠십인역 시편 102:25-27의 인용.

26. 칠십인역 시편 110:1의 인용.

27. 《개역개정》을 비롯한 여러 우리말 성경은 두 명사 *leiturgia*와 *diakonia*를 모두 "섬김"으로 옮겼다. 위 7절에서 설명했듯이 앞의 단어는 하나님을 섬기는 예배나 제의 활동을 표현하는 일종의 전문용어이다. 《공동》이나 《쉬운》("하나님을 섬기는 영"), 《성경》("하느님을 시중드는 영"), 영어 성경 중에는 NRSV("spirits in divine service")와 ISV("spirits on a divine mission")가 이 점을 잘 반영한다.

28. '섬김' 또는 '봉사'가 포괄하는 의미는 매우 넓으며 신약에서 *diakonia*와 그 친족어 번역에 사용되었다. 음식을 차려 내는 일(행 6:10)도 원문에는 이 단어를 썼다. 천사가 "구원의 상속자들" 즉 신자들을 섬기는 사례가 신약 곳곳에 제시되어 있다(행 5:19; 12:6-11; 8:26; 10:3, 22; 27:23; 마 18:10).

2장

1 그러므로 우리는 들은 것을 더욱 유념하여 그것으로부터 흘러 떠내려가지 않도록[1] 합시다. 2 천사들을 통하여 하신 말씀이[2] 유효하고[3], 모든 범죄와 불순종이 정당한 보응을 받았는데[4] 3 하물며 우리가 이렇듯 고귀한 구원을 소홀히 하면[5] 어떻게 보응을 피할 수 있겠습니까? 이 구원은 처음에 주께서 말씀하셨고 그것을 들은 이들이 우리에게 확증해 주었습니다. 4 하나님께서는 당신의 뜻에 따라 표적과 기사와 갖가지 능력과 성령께서 나누어 주시는 것들로써[6] 함께 증언하셨습니다.

1. 동사 *pararuomai*는 *pararreō*(흘러 떠내려 보내다)의 수동태이다. 주어는 일인칭 복수이므로 '들은 것'이 흘러 떠내려가는 게 아니라 '우리'가 흘러 떠내려간다.《바른》이나 KJV는 주어를 혼동하고 있다. 대다수 영어 성경이 "drift away"로 직역한 반면 우리말 성경은 여러 방식으로 의역을 시도한다("잘못된 길로 빠져들다"《새번역》/ "바른 길에서 벗어나다"《공동》/ "진리에서 멀어지다"《쉬운》/ "진리에서 떠나 표류하다"《우리말》/ "빗나가다"《현대어》).

2. 원문은 수동태 문장이다("천사들을 통해 말해진 것들"). '말하다'의 주체가 명시되어 있지는 않지만 "하나님" 외에 다른 존재는 상정하기 어렵다. 그럼에도 불구하고 이 문맥의 논지는 천사들과 아들의 대비이므로 수동태 구문 속에 천사들을 계시의 중개자로 내세운 것 같다.

3. 형용사 *bebaios*는 물질, 물건 따위의 '단단함, 견고함, 안정성'을, 덕목과 같이 추상적 개념에 대해서는 '지속성, 확실성'을, 사람에 대해서는 '성실함, 꾸준함' 등을 의미한다(BDAG). 신약성경에서는 소망이나 미래를 예언한 말씀의 확실성을 뜻하거나(히 6:19; 고후 1:7; 벧후 1:19), 어떤 제도나 직위의 유효성을 가리킨다(롬 4:16; 히 9:17; 벧후 1:10). 여기서는 '율법'을 수식하는데 어원적 의미와 신약성경의 용례를 충분히 고려한다면 "유효한"이 가장 적절하다(영어로는 "reliable, valid, binding"으로 번역했다).《개역개정》은 이를 "견고하게 되어"라고 옮겼고 NASB는 특이하게 "unalterable"로 표현했다.

4. 원문에는 조건문이지만 조건절의 동사가 가정법이 아닌 직설법으로 표현되었기 때문에 실제 일어난 사건을 지시한다. "만약 ~라면"과 같은 기계적 해석은 불필요하다.

5. 동사 *ameleō*는 *melō*(마음에 두다, 신경을 쓰다, 관심을 가지다)의 반대말이다. "등한히 여기다"《개역개정》, "무시하다"《바른》,《우리말》, "무관심하다"《현대어》, "소홀히 하다"《새번역》,《공동》,《현대인》,《성경》 등 다양한 번역이 제시되었고, 영어 성경은 "neglect"(ISV, HCSB, ESV, NRSV, NASB, KJV) 또는 "ignore"(NIV, NLT)로 옮겼다. 구체적으로 어떤 생각이나 행동이 구원을 소홀히 함인지에 대해서는 해석의 여지가 여럿 있다.

6. 명사 *merismos*는 동사 *merizō*(나누다)에서 파생하여 '나누어 준 것, 배급'을 의미하는데《개역개정》과《바른》("나누어 주신 것/것들")을 제외한 우리말 성경에서는 "선물"《새번역》,《공동》,《쉬운》,《현대인》,《성경》 또는 "은사"《우리말》,《현대어》)로 옮겼다. 영역본은 하나같이 "gifts"를 썼다.

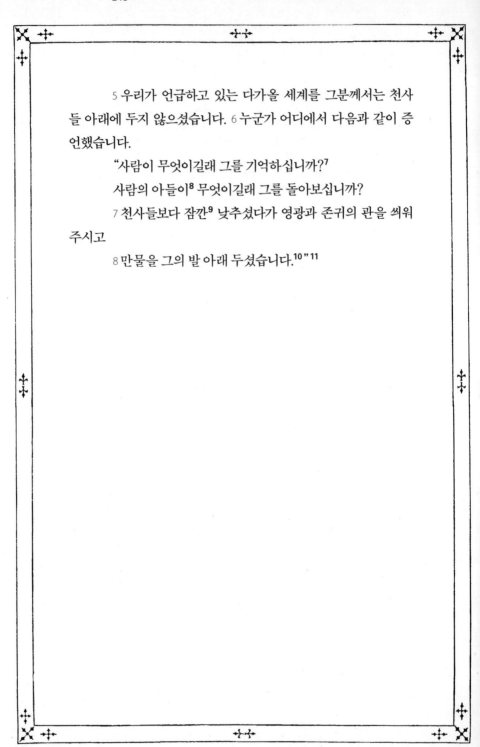

5 우리가 언급하고 있는 다가올 세계를 그분께서는 천사들 아래에 두지 않으셨습니다. 6 누군가 어디에서 다음과 같이 증언했습니다.

"사람이 무엇이길래 그를 기억하십니까?[7]

사람의 아들이[8] 무엇이길래 그를 돌아보십니까?

7 천사들보다 잠깐[9] 낮추셨다가 영광과 존귀의 관을 씌워 주시고

8 만물을 그의 발 아래 두셨습니다.[10]"[11]

7. 동사 *mimneskomai*의 일차적 의미는 "기억하다"이지만 칠십인역에서 자주 히브리어 *pōqad*의 그리스어 번역으로 사용되었기 때문에 "방문하다, 임하다 / 주의를 기울이다, 격려하다 / 지정하다, 임명하다" 등 다양한 의미를 가진다. 히브리어 원 단어와 마찬가지로 *mimneskomai*도 회상이나 기억 활동 자체보다는 그것을 위해 신경을 쓰고 주의를 기울이는 노력, 보호하고 돌보는 행동을 표현한다("염두에 두다, 고려하다, 염려하다, 신경 쓰다"). 따라서 "생각하다"(《개역개정》, 《바른》, 《현대어》)보다는 "생각해 주다"(《우리말》, 《현대어》), "기억해 주다"(《새번역》, 《성경》), "잊지 않다"(《공동》)가 원문의 의미와 가깝다. 영역은 크게 "remember"(HCSB, ISV, NASB)와 "mindful of"(ESV, NIV, NRSV, KJV)로 나뉘며 후자가 더 적절하다.

8. 여기서 사용된 명사구 *ho huios anthrōpou*를 복음서의 *ho huios tou anthrōpou*와 동의어로 보기어렵다. '인자'는 예수께서 자신을 지칭하실 때 사용하신 복음서의 메시아 칭호였다. 시편 8편의 문맥 자체에서 *ho huios anthrōpou*는 메시아적 의미를 갖지 않는다. 히브리서 설교자가 시편 8:5-7을 인용했을 때, 특히 제3행과 4행에서 그리스도의 성육신을 염두에 둔 것은 사실이다. 하지만 제1행과 2행은 히브리 운문의 평행법에 따라 "사람"과 "사람의 아들"이 동일한 대상을 지시해야 한다. 우리말 역본은 "인자"(《개역개정》, 《바른》, 《새번역》, 《우리말》) 혹은 "사람의 아들"로 옮겼다(《공동》, 《쉬운》, 《현대인》). 《성경》은 그냥 "사람"으로 번역했다. 영역본은 "the son of man"(ISV, HCSB, ESV, NIV, NASB, KJV, NET)이 다수이고, "mortals"(NRSV)나 "human beings"(TNIV)도 있다.

9. 부사구 *brachy ti*는 시간(잠시 동안)과 정도(약간, 조금) 둘 다 의미할 수 있다. 《현대인》, 《현대어》는 후자를 택했고 NIV, HCSB, NLT, KJV도 그랬다. 시편 8편에서는 인간 존재의 한계 즉 천사에 비해 상대적으로 "조금" 열등하다는 내용이 적합하지만, 그것을 인용한 히브리서의 맥락에서는 하나님의 아들 예수의 성육신을 가리키고 있기 때문에 "잠시 동안"의 낮추어지심이 더 적합해 보인다.

10. 동사 *hypotassō*(〈*hypo*+*tassō*)는 어원적으로 '아래에 두다, 지정하다'이지만 사회적 관계에서는 '종속시키다, 복속시키다, 굴복하게 하다' 등을 의미할 수 있다. 이 단어를 여러 우리말 역본이 "복종하게 하다"로 옮겼지만 무생물을 포함한 만물을 "복종"의 주체로 묘사하는 것은 다소 어색하다. 영역본은 대체로 동사나 형용사 "subject"를 썼다.

11. 칠십인역 시편 8:5-7의 인용. 히브리어 본문(에 기반한 우리말 역본)에서는 8:4-6로 표기된다. 시편 대부분에서 히브리어 본문과 칠십인역 본문의 장절 표기가 다른데 필사 과정에서 혼동이 있었기 때문이다. 자세한 설명은 본 주석의 서문을 참조하라.

하나님께서는 만물을 그의 아래에 두시면서 그의 아래에 들지 않은 것이 아무것도 없게 하셨습니다. 하지만 지금 우리가 보기에는[12] 아직 만물이 그의 아래에 들지는 않았습니다. 9 그러나 우리는 "천사들보다 잠깐 낮아지셨다가" 죽음의 고난을 통해 "영광과 존귀의 관을 쓰신" 예수를 보고 있습니다. 그렇게 하신 목적은[13] 그분이 하나님의 은혜로써 모든 이들을 위해 죽음을 맛보기 위해서였습니다. 10 이처럼 하나님께서, 만물이 그분을 위하고 그분을 통해 존재하는[14] 그 하나님께서, 그분의 많은 자녀들을 영광으로 이끄시는 분, 즉 그들의 구원의 선도자이신 분을[15] 고난의 순간들로써[16] 완전하게 만드신 것은 당연한 일이었습니다.

12. "우리는 아직 보지 못한다"(《개역개정》,《바른》,《쉬운》,《우리말》,《현대인》,《현대어》)로 번역할 수도 있지만 "우리가 보기에는 아직 ~이 아니다"(《공동》,《성경》)가 해석의 가능성을 더 열어 준다.

13. 접속사 hopōs는 목적 또는 결과를 표현한다. 《개역개정》,《우리말》,《현대인》 등은 목적절로,《공동》과 《성경》은 결과절로 번역했다. 《바른》과 《새번역》은 아무런 번역도 하지 않았다. 영어에서는 목적과 결과 모두 "so that" 구문으로 표현할 수 있다. 여기서는 결과보다는 목적이 두 절의 관계를 이해하는 데 더 적절하다.

14. 원문에 전치사 dia는 두 개의 목적어를 취하는데 하나는 대격이고 다른 하나는 속격이다(di' hon ta panta kai di' hou ta panta). 'Dia+대격'은 보통 '~을 통하여'로 번역하고 'dia+속격'은 '~때문에'로 옮기지만 신약에서 그 구분이 분명하지 않은 경우가 많다. 여기서 전자는 목적을, 후자는 발생 원인을 드러낸다. 따라서 "만물은 그분을 위하고, 또 만물이 그분을 통해 창조되었다/존재한다"(《바른》,《성경》) 또는 "하나님은 만물을 창조하신 분이시고 만물은 그분을 위해서 있습니다"(《공동》) 정도의 번역이 적절하다. 대부분 영어 성경은 "for whom and through/by whom all things exist"와 같이 번역했다.

15. 명사 archēgos는 '시작, 처음, 기원, 지배, 주관' 등을 뜻하는 archē에서 파생되었소 '인도자, 선구자, 선발대, 창시자' 등 여러 가지로 번역이 가능하다. 대다수 우리말 성경은 이 단어를 "창시자"로 옮겼다. 하지만 여기서 그리스도는 하나님의 "자녀들을 영광으로 이끄시는 분"으로 소개되므로, 그러한 활동에 더 어울리는 번역은 "선도자"이다. 《바른》은 "구원의 주"로 옮겼는데 "주"로 번역되는 명사 kyrios와 구별되지 않는 번역이다. 영어 성경은 "pioneer"(NIV, NRSV, NET), "author"(NASB), "captain"(KJV), "founder"(ESV), "perfect leader"(NLT), "source"(HCSB) 등 다양하게 옮겼다. 12:2에도 같은 단어가 사용되었다. 12:2 번역주 참조.

16. 9절에 같은 단어가 단수형으로 쓰였지만 여기서는 복수형(pathēmata)이다. 우리말 '고난'은 추상·불가산 명사이므로 복수 어미 '들'을 붙이기보다는 "고난의 순간들"로 옮겼다. 모든 우리말 역본과 대부분의 영역본은 단수형으로 표현했지만 KJV, HCSB, NASB, NRSV는 "sufferings"로 표기했다.

11 거룩하게 하시는 분과 거룩하게 된 이들이 모두 하나로부터 나왔습니다.[17] 그러한 까닭에 그들을 형제라고 부르기를 부끄러워하지 않으십니다.[18] 12 그분은 이렇게 말씀하십니다.

"내가 당신의 이름을 내 형제들에게 선포하고[19]
회중[20] 가운데서 당신을 찬미하겠습니다."[21]

13 또

"나는 그분을 신뢰하리라."

하시고

"보소서, 나 그리고 하나님께서 나에게 주신 하나님의 자녀들입니다."[22]

하고 말씀하십니다. 14 자녀들이 피와 살을 가지고 있기 때문에 그분도 몸소 그것을 함께 가지셨습니다.[23] 그것은 죽음을 통해서 죽음의 권능을 가진 자 곧 마귀를 파멸시키기 위해서였습니다. 15 또 누구든 죽음의 공포 때문에 평생 종살이에 얽매여 있는 이들을 풀어 주시기 위해서였습니다. 16 그분께서는 분명 천사들이 아니라 아브라함의 씨를[24] 돌보시기[25] 때문입니다. 17 그렇기 때문에 그분께서는 모든 점에서 형제들과 같아지셔야 했습니다. 그럼으로써 하나님께 제사드리는 일을[26] 위한 자비롭고 신실한 대제사장이 되어 백성의 죄를 속량하려 하셨습니다. 18 그분 자신이 유혹을 받으시고[27] 고난을 겪으셨기 때문에 유혹받는[27] 이들을 도와주실 수 있습니다.

253

17. 원문은 동사 없이 전치사구 "하나로부터"(*ex henos*)이고 속격 단수 수사인 *henos*는 남성·여성·중성을 모두 표현할 수 있다. 《개역개정》은 "한 근원에서", 《공동》은 "같은 근원에서"라고 옮겼고, ESV는 "have one source", NET는 "have the same origin", KJV는 단순하게 "of one"으로 옮겼다. NIV는 "of the same family"로, 《쉬운》은 "모두 한 가족입니다"로 옮겼다. 다른 역본들은 "한 분" 또는 "한 하나님"으로 옮겼다.

18. 여러 역본이 과거로 번역했지만 원문의 시제를 따라 현재로 번역했다.

19. 동사 *apangellō*는 *angellō*에서 파생됐다. '전해 주다'가 기본 의미이며 여기에 접두어 apo가 붙어서 '공개적으로, 진술하게, 있는 그대로 전하다'를 뜻한다.

20. 명사 *ekklēsia*는 히브리서 저자가 사용한 단어가 아니라 칠십인역 시편 22:22의 단어를 인용한 것이다. 히브리서 저자의 관점에서 바꾼다 하더라도 "교회"(《개역개정》, 《바른》, 《우리말》)라는 번역은 무리가 있다. 영역본은 대체로 "congregation"을 사용했고(ISV, HCSB, ESV, NIV, NASB, NRSV), "assembly"도 썼다(NET, TNIV, NLT, NKJV). KJV만이 "church"로 옮겼다.

21. 칠십인역 시편 22:22 인용.

22. 칠십인역 이사야 8:17하-18 인용.

23. 동사 *metechō*는 '나누어 가지다, 함께 가지다, 동참하다'를 뜻한다. 여기서는 성육신을 묘사하므로 "[피와 살을] 함께 가지다"가 적절한 번역이다.

24. 속격(소유격)명사 *spermatos*는 단수이다. 《개역개정》은 "자손," 《바른》은 "씨"로 직역했고 대부분 우리말 역본은 "자손들" 혹은 "후손들"로 복수형을 썼다. 영어 성경도 단수 "offspring" 혹은 복수 "descendants"로 옮겼다. NASB는 단수 "descendant"를 썼다. "아브라함의 씨"는 일종의 관용어로 이스라엘 백성 그리고 신약의 신자 전체를 가리킨다(단, 갈 3:16 참조).

25. 동사 *epilambanō*(epi + lambanō)는 신약 전체에서 유일하게 여기에서 중간태로 사용되었다. '옆에 받아 두다, 붙잡다, 꽉 쥐다, 따라잡다, 놀라게 하다, 획득하다, 차지하다, 공격하다' 등 여러 사전적 의미 중 어느 것도 여기에 맞지는 않는다. 《개역개정》의 "붙들어 주다"는 중간태의 의미를 충분히 반영하지 못한다. 대부분 영어 성경은 "help"를 썼고 여러 우리말 역본도 "돕다, 보살피다" 등으로 옮겼다.

26. 명사구 *ta pros ton theon*는 관계를 나타내는 대격(목적격)[accusative of respect] 용법이다. "하나님의 일에"(《개역개정》, 《바른》)는 문자적 번역도 아니고 그 의미 또한 모호하다. 문자적으로 옮기더라도 "하나님께 관한/하나님을 향한 일에 있어서" 정도가 될 것이며, 성경에서 이 구절은 하나님께 드리는 제사 관련 일체 업무를 가리키는 관용구이다. "하나님 앞에서"(《새번역》, 《우리말》)는 원문의 구문 특성을 제대로 나타내지 못한다. 《현대인》과 《성경》이 "하나님을 섬기는 일에"로 번역했다. 영역본 중에는 KJV와 NASB가 가장 문자적이면서도 정확하게 옮겼고("in things pertaining to God"), 다른 역본이 사용한 "in service to God"이나 "in the service of God"도 크게 벗어난 번역은 아니다.

27. 이 문장에 두 번 나오는 동사 *peirazō*와 그 친족어들은 신약성경에 총 52회 나오며(병행구절 제외) 히브리서에는 이곳을 제외하고 6회 더 사용되었다(3:8, 9; 4:15; 11:17, 29, 36). 신약 전체 용례를 검토하면 '시험하다, 유혹하다, 시련을 주다'라는 세 의미가 나타난다. 히브리서에는 앞의 두 의미가 나타난다. 두 번째 것은 인간의 죄와 관련되므로 이 문장은 "유혹받다"로 보아야 한다. 첫 번째 것은 분사라서 예수께서 고난받으신 이유, 고난받으심과 함께 일어난 부대 상황을 표현한다. "시험"과 "유혹" 모두 가능하지만 두 번째 용례와 통일을 위해 "유혹받다"로 옮겼다. 《성경》의 "고난을 겪으시면서 유혹을 받으셨다"나 NASB의 "He Himself was tempted in that which He has suffered"도 가능한 번역이다.

3장

1 그러므로 하늘에 속한 부르심을[1] 함께 받은 거룩한 형제 여러분, 우리 고백의[2] 사도이며 대제사장이신 예수를 깊이 생각하십시오.[3] 2 그는 자기를 세우신 분에게 신실[4] 하셨는데 마치 모세가 "하나님의 온 집에 신실"했던 것과[5] 같습니다. 3 그러나 그분은 모세보다 더 큰 영광을 받을 만합니다. 마치 집을 지은 이가 집보다 더 존귀한 것처럼 말입니다. 4 어떤 집이든 누군가에 의해 지어졌듯이 만물을 지으신 분은 하나님이십니다. 5 모세는 하나님께서 장차 말씀하실 것을 증언하려고 일꾼으로서[6] 신실했고 6 그리스도께서는 그분의 집을 맡은[7] 아들로서 신실하십니다. 우리가 담대함 그리고 그 소망에 대한 긍지를[8] 굳게 지니는 한[9] 우리는 하나님의 집입니다.

257

1. 몇몇 역본들이 택하고 있는 "하늘의"(《개역개정》,《바른》,《새번역》,《우리말》,《성경》)의 원문은 속격명사가 아니라 형용사 epouranios(《epi+ouranos)이다. 이 단어는 '하늘에 속한, 하늘의 속성을 띠는, 하늘로부터의' 등의 뜻을 끌어안고 있다. 영역으로는 형용사 "heavenly" 혹은 역동적 일치 번역으로 "who belong to God"(NLT), "have been called by God"(GNT), "this call to the heights"(Message)로 옮겼다.

2. 명사 homologia(《homo+logia)는 어떤 사상이나 인물에 일치·부합·동의하는 말을 뜻하며 특히 그러한 동의를 공적으로 진술하는 행위를 의미한다. 《개역개정》은 《개역》의 "도리"를 그대로 가져왔는데 표준국어대사전에 따르면 도리(道理)는 '사람이 어떤 입장에서 마땅히 행하여야 할 바른 길'이다. 원어의 사전적 의미와 문맥을 고려할 때 homologia가 이런 의미를 지니는지 분명하지 않다. 우리말과 영어 역본은 대부분 "고백", "confession"으로 번역했다.

3. 동사 katanoeō는 noeō("생각하다") 앞에 kata를 붙인 복합어이다. Kata는 동작의 정도를 강조한다. 우리말 '생각하다'의 강조형은 부사 '깊이'를 덧붙임으로 표현되고, 영어로는 다음과 같이 번역되었다. "focus on"(ISV), "fix one's thoughts"(NIV), "think carefully"(NLT), "take note of"(NET), "consider"(ESV, NRSV, NASB, KJV).

4. 형용사 pistos는 동사 pisteuō와 친족어로 '믿을 만한, 신실한, 충실한, 충성된' 등을 의미한다. 영역본은 한결같이 "faithful"로 옮긴 반면, 우리말 역본은 "충실한, 충성을 다하는, 성실한, 신실한" 등 다양하게 번역했다. 여기서는 "하나님에게"가 이 형용사와 직접 연관되므로 "하나님의 집안 사람을 성실하게 돌보셨다"(《새번역》)는 지나친 의역으로 보인다.

5. 칠십인역 민수기 12:7의 인용.

6. 명사 therapōn은 일반적인 노예인 doulos와 구별되는 '조수, 보조인, 도우미' 등을 뜻한다. 그리스 고전 문헌에서는 군대에서 지휘관의 무기를 관리하는 부관이나 당번병, 또는 의술의 신 아스클레피오스의 신전에서 제의를 담당하는 신전관리인에게 붙여진 호칭이었다. 대부분 우리말 성경이 "종"으로 번역했고(출 4:10; 민 12:7) 《새번역》만이 "일꾼"으로 옮겼다. 영역은 모두 "servant"로 표현했다.

7. 전치사구 epi ton oikon을 단순한 처소격인 "집에서"(《바른》,《우리말》)로 옮기는 것은 그리스어 문법으로나 주어진 문맥상으로나 적합하지 않다. 전치사 epi는 '~위에서'라는 의미가 일차적이다.

8. 원문에서 속격 elpidos(소망, 희망)는 접속사 kai로 연결된 두 명사(parrēsia, 담대함, 확신 / kauchēma, 자랑, 자부심)의 뒤에 놓여 있는데, 두 명사를 모두 수식하는지 아니면 두 번째 명사만을 수식하는지 불분명하다. 그에 따라 번역도 두 가지로 나뉜다. "소망의 확신과 자랑"(《개역개정》) / "그 소망에 대하여 확신과 자부심을 지니고 있으면"(《새번역》) / "우리가 가진 희망에 대하여 확신과 긍지를 지니는 한"(《성경》). 《바른》만이 그 둘을 분리했다("확신과 소망의 자랑"). 영역본에도 두 경우가 모두 발견된다. "our courage and the hope of which we boast"(NIV) / "our confidence and our boasting that belong to hope"(NRSV) / "our confidence and the boast of our hope"(NASB).

9. 이미 앞에서(2:1) 나왔던 동사 katechō(《kata+echō)는 '굳게 붙잡다'를 뜻한다. 그런데 이 동사 앞에 어떤 사본들은 '끝까지 확고하게'(mechri telous bebaian)라는 문구를 포함하고 있다. 《개역개정》,《현대인》,《현대어》, NASB, KJV 등은 이것을 반영하였다.

7 그러므로 성령께서 다음과 같이 말씀하시는 것과 같습니다.

"오늘 여러분이 그분의 음성을 듣는다면,[10]

    8 '너희가 거역했던 것처럼, 광야에서 시험받을 때처럼[11]

    너희 마음을 완고하게 가지지 말라.

    9 거기에서 너희 조상들은 사십 년간[12] 내가 한 일을 보고서도

    나를 떠보며 시험했다.

    10 그래서 나는 그 세대에게 화가 나서 말했다.

    〈언제나 마음이 길을 잃고 헤매는[13] 자들, 그들은 내 길을 알아보지 못했다.〉

    11 그래서 나는 분노하여 맹세했다.

    〈그들은 내 쉼에[14] 들지 못하리라.〉[15]'"[16]

10. 이 문장부터 직접 인용이 시작된다. 8절부터는 인용 속의 인용이다(들여쓰기를 한 번 더 해서 구별했다). 히브리어 본문의 시편 95:7하반절에 접속사 *im*은 일반적으로 조건문("만약 ~하거든")을 만들지만 특히 시편에서 바람이나 완곡한 명령을 표현할 수 있다("부디 ~하기를"). 그래서 이 구절의 번역은 크게 두 부류로 나뉜다. 《개역개정》, 《바른》, 《성경》, ESV, NIV, NASB, KJV, HCSB 등은 조건문으로 옮겼고, 《새번역》, 《쉬운》, 《우리말》, 《현대인》, 《현대어》, NRSV, TNIV, NLT, NET 등은 기원 혹은 약한 명령문으로 번역했다.

11. 시편 95:8의 히브리어 원문은 "므리바에서처럼, 광야의 맛사에서의 날들처럼"이다. 므리바와 맛사는 지명이고 같은 장소를 가리킨다(출 17:7; 민 20:13; 신 6:16; 9:22). 많은 히브리어 지명들처럼, 이 두 지명도 일상적인 단어에서 유래했다. 동사 *rib*(다투다)와 *nissah*(시험하다)가 바로 그 두 어원인데 칠십인역은 두 지명을 음역하는 대신 그 어원적 의미를 사용해서 번역했다. 그래서 여기 원문의 *parapikrasmos*(거역함)와 *peirasmos*(시험)이 본래 지명이었다는 사실이 감추어졌다. 명사 *parapikrasmos*는 동사 *pikrainō*에서 파생했고, 이 동사는 크게 두 가지 뜻을 갖는다. '자극하다, 화나게 하다'(능동태에서 타동사일 때) 혹은 '반역하다, 저항하다, 거스르다'(자동사이거나 중간, 수동태일 때). 이 둘 중 무엇을 취하는가에 따라 번역이 달라진다. 《개역개정》, 《성경》, 《현대인》, 《우리말》, 《새번역》, HCSB, ESV, NIV, NLT, NRSV는 후자를, 《개역》, 《바른》, ISV, NASB, KJV는 전자를 취했다. 어원적으로 두 가지 의미가 다 가능하지만 칠십인역의 용례는 "거역하다"를 더 지지한다.

12. 이 구절은 원문에서 문장 맨 끝에 들어 있다. "거기에서 너희 조상들은 …… 시험했다, 사십 년간. 그래서 나는 ……" 부사 *dio*("그래서, 그러므로")가 "사십 년간"과 "나는" 사이에 끼여 있기 때문에 "사십 년간"이 뒷 문장이 아닌 앞 문장에 연결되었다. 이 말씀의 칠십인역 시편 94:9하-10에는 *dio*가 없다. "사십 년간"이 10절과 연결되어 번역되어도 전혀 문제가 없다. 즉 사십 년간 조상들이 시험한 게 아니라(히 3:9), 사십 년간 하나님이 그 세대에게 진노하신 것이다(시 94:10). Koester, *Hebrews*, 256; Attridge, *Hebrews*, 115 참조.

13. 동사 *planaō*는 "잘못된 길로 이끌다, 호도하다"를 뜻하는데 여러 국역은 이것의 수동태를 "미혹되어"로 옮겼다. 영역본 대부분은 "go astray"라고 표현했다. 바로 이어 나오는 "길을 알지 못하다"와 내용상 댓구를 이룬다.

14. 명사 *katapausis*는 본래 '중단, 휴지, 휴식'을 뜻한다. 어떤 역본들은 이후에 나올 내용을 염두에 두고 "안식처"(《공동》, 《성경》, NLT)로 의역했다.

15. 민수기 14:22-23의 인용인 "그들은 …… 못할 것이다"에 따옴표를 해서 맹세의 내용을 표현해야 한다. 몇몇 우리말 역본들은 그렇게 하지 않았다(《개역개정》, 《새번역》, 《공동》).

16. 7하반절부터 12절까지 인용된 구절은 칠십인역 시편 95:7하-11이다.

12 형제들이여, 여러분 중에 믿지 않는 악한 마음을 품고 살아 계신 하나님을 저버리는[17] 사람이 없도록 조심하십시오. 13 날마다 "오늘"이라고 부르는 그 하루 동안 여러분은 서로 권면하여 죄의 속임수에[18] 넘어가 완고해지는 사람이 없도록 하십시오. 14 왜냐하면 우리는 그리스도를 함께 가진 자들이[19] 되었기 때문입니다. 처음에 가졌던 마음가짐을[20] 끝까지 굳건히 지니는 한 그렇습니다. 15 성경에 이런 말씀이 있습니다:

"오늘 너희가 그분의 소리를 들을 때,

거역했던 것처럼 너희 마음을 완고하게[21] 가지지 말라."[22]

16 누가 듣고도 거역했습니까?[23] 모두[24] 모세의 인도로 이집트에서 나온 그 사람들이 아닙니까? 17 또 하나님께서 사십 년 동안 누구에게 진노하셨습니까? 죄를 지은 사람들이 아닙니까? 그들은 시체가 되어 광야에 쓰러졌습니다. 18 또 하나님이 누구에게 그분의 안식에 들어오지 못하리라고 맹세했습니까? 순종하지 않은 그 사람들이 아닙니까? 19 그래서 그들이 들어가지 못한 이유가 신실하지 않았기 때문이었음을[25] 우리는 알게 됩니다.

17. 동사 *aphistēmi*(〈*apo*+*histēmi*, 떨어져 서 있다)는 '제거하다, 반역하다, 물러나다' 등을 뜻한다. 영역 "fall away from God"(ESV, NIV, NASB)과 《개역개정》, 《바른》, 《공동》, 《현대어》 등 국역본의 "하나님에게서 떨어지다/떨어져 나가다"는 비슷한 듯 보이지만 우리말은 불신앙으로 인한 타락이 사고나 외부적 요인이 만든 결과인 것처럼 오해할 소지가 있다. "떠나다"(《새번역》, 《우리말》, 《현대인》 / 영어는 "turn away from", NRSV, HCSB, ISV, NLT) 혹은 "저버리다"(《성경》 / 영어는 "forsake", NET)가 적절하다.

18. 명사 *apatē*는 거짓, 속임수를 뜻하며, 몇몇 역본에 나타나는 "유혹"(《개역개정》, 《바른》, 《새번역》, 《현대인》, 《현대어》)과는 다를 수 있다. 유혹에는 속임의 요소가 없을 수도 있으며 모든 속임수가 다 유혹인 것도 아니다. 영역본은 하나같이 "deceitfulness"로 옮겼다.

19. 명사 *metochos*는 어원적으로 *meta*(함께)와 *echō*(가지다)가 합쳐진 복합어에서 파생되었고 히브리서에서 네 번 더 사용된다(1:9; 3:1; 6:4; 12:8). 하지만 네 곳의 의미는 다 다르다. ① 1:9(시 44:8)에서는 "동류, 동료"라는 의미이다. ② 3:1에서는 "공동소유자"를 뜻한다. 6:4과 12:8에서는 속격 목적어를 취하여 ③ "~에 참여한 사람"이 된다. 여기서는 원문의 *metochoi tou Christou*에 있는 속격의 기능에 따라 번역이 달라진다. 주어적 속격이면 "그리스도의 동류, 동료", 목적어적 속격이면 "그리스도에 참여한 자"로 번역할 수 있다. 나는 여기 *metochos*의 의미가 히브리서 저자가 바로 전에 이 단어를 썼던 용례(3:1)에 가장 가까울 것으로 판단한다. 국역본 대부분도 ②의 의미에 가깝게 번역했고 《바른》만이 ③의 의미를 취했다. 《성경》은 ①에 따라 번역했다. 이 세 번역은 영역본에도 고르게 나타난다. "partners/companions of Christ"(ISV, HCSB, NRSV, NET) / "share in Christ"(ESV, NIV) / "partakers of Christ"(NASB, KJV).

20. 원문 *tēn archēn tēs hypostaseōs*를 직역하면 "마음가짐의 처음"이다. 명사 *hypostasis*를 "확신한 것, 확신"(confidence, assurance, conviction)으로 옮긴 경우가 많은데, BDAG에 따르면 이 단어는 어원적으로 '내면의 아래에 놓인 것'을 뜻하며 '마음 상태, 계획, 뜻'과 같은 중립적인 의미에 가깝다.

21. 명령법 동사 *sklērunēte*(〈*sklērunō*)는 '굳게 하다, 딱딱하게 하다'이며 "마음"을 목적어로 삼으면 하나님의 말씀에 순종하지 않는 고집, 교만, 사악함을 표현한다.

22. 앞서 3장 7하반절과 8절에서 시 95:7하-8을 인용했던 문장과 다소 차이가 있다. 본래 8절부터는 인용문 속에 또다시 인용된 내용인데 여기서는 그 구분이 없어지고 하나의 명령문으로 재구성되었다.

23. 《개역개정》은 앞서 똑같은 구절을 "거역하다"로 번역했는데 이곳 15절과 16절에서는 "격노하게 하다"로 바꾸었다.

24. 원문의 *pantes*를 형용사로 간주하여 "이집트에서 나온 모든 사람들"로 번역할 수도 있다. 하지만 그 중에는 여호수아와 갈렙이라는 두 명의 중요한 예외가 있다. KJV가 "howbeit not all that came out of Egypt by Moses"로 번역하여 수사의문문을 제거한 것도 바로 그 이유 때문일 것이다. 하지만 *pantes*를 부사로 번역하면 이 문제가 어느 정도 해결된다.

25. 명사 *apistia*는 *pistia*의 반대말이다. 우리말로는 "믿지 않음, 불신앙, 의지하지 않음, 불신" 등으로 번역했지만 히브리서의 맥락에서 보자면 "불신실함"이 가장 적합하다. 2:17에서 예수를 "신실한"(*pistos*) 대제사장으로 인정하고 있으며 3:14에 저자는 "처음 마음가짐을 그대로 유지"할 것을 역설하고 있다.

4장

1 그러므로 그의 쉼[1] 으로 들어갈 약속이 아직 남아 있는 동안 여러분 중 누가 거기에 닿지 못한다고 여겨지지 않도록[2] 조심합시다.[3] 2 사실 그들에게나 우리에게나 마찬가지로[4] 복음이 전해졌습니다. 하지만 들은 말씀이[5] 그들에게 아무런 득이 되지 못했습니다. 믿음으로 그 말씀을 들은 이들과[6] 결합되지 못했기 때문입니다. 3 이미 믿고 있는 우리는 쉼에 들어갑니다. 그것은 하나님께서

"그래서 나는 분노하여 맹세했다. '그들은 내 쉼에 들지 못하리라.'"

하고 말씀하신 그대로입니다. 물론 그분의 일은 세상의 창조 때부터 다 이루어져 있었습니다. 4 일곱째 날에 대해서 어디에선가 이렇게 말씀하셨습니다.

"하나님께서 일곱째 날에 그의 모든 일로부터[7] 쉬셨다."[8]

5 그런데[9] 여기에서는 다시 "그들은 내 쉼에 들지 못하리라" 합니다. 6 어떤 이들이 그리로 들어갈 기회는 아직 남아 있는 반면, 일찍이 복음이 전해졌던 이들은 들어가지 못했는데 그 이유는 불순종 때문입니다. 7 다시 그분은 어떤 날을 "오늘"이라고 정하시고 오랜 세월이 지난 뒤에 앞서 인용한 것처럼 다윗을 통해 말씀하셨습니다.

"오늘 여러분이 그분의 음성을 들을 때,
'너희 마음을 완고하게 가지지 말라.'"

1. 명사 *katapausis*를 "안식"(일부 역본들은 "안식처")으로 번역할 경우, 칠십인역과 신약에서 항상 "안식"으로 번역되는 다른 그리스어 *sabbatismos*와 구별이 안 된다. 동사 *katapauō*가 "멈추다, 중단하다"를 의미하므로 명사 *katapausis*를 "쉼"으로 번역했다. 영역은 모두 "rest"로 옮겼고, 9절의 *sabbatismos*를 "rest"와 구별하여 "a Sabbath rest"로 번역했다.

2. 동사 *hysterēkenai*는 *hystereō* (뒤쳐지다, 낙오하다)의 부정사인데, 이 부정사를 지배하는 주동사는 *dokē*(〈*dokeō*, ~처럼 보이다, 여겨지다)이다. 우리말 역은 이 주동사를 아예 무시하고 *hystereō*만 번역한 경우가 대부분이고 몇몇 영역본도 그렇다. 하지만 "낙오하다"와 "낙오한 것처럼 여겨지다"는 분명 의미상 차이가 있다(《성경》, ESV, NIV, NRSV, NASB, KJV, NET).

3. 동사 *phobeomai*는 '두려워하다, 무서워하다'이지만 여기서는 우리말 쓰임이 자연스럽지 않아 "조심하다"로 옮겼다(《새번역》, 《현대인》, 《현대어》, NIV, NRSV, NET).

4. 원문에는 "그들과 마찬가지로 우리도 복음 전함을 받았다"이지만 문맥상 부각되어야 할 내용은 도리어 "우리와 마찬가지로 그들도 복음 전함을 받았다"이므로 이 둘을 조화시켜서 번역했다.

5. 원문은 *ho logos tēs akoēs*로서 직역하면 "들음의 말씀"이다.

6. 보충해서 표현하면 "왜냐하면 그들(광야 세대)이 '믿음으로 말씀을 들은 이들'(우리)과 결합되지 못했기 때문입니다"이다. 원문을 보면 이 부분에 일부 사본들이 이문(異文)을 보여 주는데 그 때문인지 대부분 우리말 역본과 몇몇 영역본이 "듣는 자가 믿음과 결부시키지 아니함이라"처럼 번역했다. 하지만 그런 번역을 뒷받침하는 사본적 증거(외적 증거)는 표준 본문의 증거보다 훨씬 약하다. 이어지는 부분에서 믿음으로 복음을 받은 "우리"와 복음을 받았지만 불순종한 "그들"이 계속 대조된다. 또 11장에 기술되는 모범적 신앙의 선배들을 염두에 두고 "말씀을 들은 이들"이라고 표현했을 수 있다(《성경》, ISV, HCSB, ESV, NRSV, NASB, NET).

7. 우리말 동사 '쉬다'는 일반적으로 자동사로 쓰인다. 따라서 "모든 일을 쉬다"(《개역개정》, 《우리말》)는 부자연스럽다.

8. 칠십인역 창세기 2:2의 인용.

9. 접속사 *kai*는 순접과 역접 모두를 표현하는데, 여기서는 역접이 더 어울림에도 불구하고 대부분의 역본들은 순접으로 옮겼다(《바른》, 《우리말》, 《현대어》, NLT, NET 제외).

8 만약 여호수아가 그들을 쉬게 했다면 하나님께서 그 후에 다른 날에 관해 말씀하지 않으셨을 것입니다. 9 그러므로 하나님의 백성에게는 아직 안식이[10] 남아 있습니다. 10 그의 쉼에 든 사람은 하나님께서 자신의 일로부터 쉬셨던 것처럼 그도 역시 자기의 일로부터 쉬었습니다.[11] 11 그러므로 저 쉼에 들기를 힘씁시다. 아무도 똑같은 불순종의 본을 따르다가 넘어지지 않도록 해야 합니다. 12 왜냐하면[12] 하나님의 말씀은 살아 있고 활동력이[13] 있으며 양쪽에 날이 선 어떤 칼보다 예리하기 때문입니다. 그래서 사람 속을 꿰찔러[14] 혼과 영, 관절과 골수를 갈라[15] 마음의 생각과 의도를 분별해 냅니다. 13 그분 앞에 보이지 않는 피조물은 없고 그분 눈에는 모든 것이 벌거벗겨지고 항복한 채로[16] 드러나 있습니다. 그분께 우리의 결산을[17] 해드려야 합니다.

10. 명사 *sabbatismos*를 *katapausis*(쉼)와 구별하기 위해 "안식"이라고 번역했다. 일부 우리말 성경은 "안식할 때"라고 옮겼고(《개역개정》, 《현대인》). 《공동》과 《성경》은 "참 안식"이라고 번역함으로써 일반적인 쉼과 구별되는 종말론적 완성을 암시한다.

11. 동사 *katepausen*은 아오리스트 시제이다. 직설법에서 아오리스트는 특별한 경우가 아니면 우리말의 과거시제로 번역하는 게 옳다. 단, "쉬다"가 일종의 상태동사라서 "쉬었다"와 "쉬고 있다"의 차이가 크지 않은 것은 사실이다. 대부분 국역본은 현재형으로 옮겼고, 몇몇 영역본은 현재완료 "has rested"를 사용했다. 하지만 이를 미래시제로 번역하기는 어렵다(《쉬운》).

12. 이유를 표현하는 접속사 *gar*를 매번 번역하기는 어렵다 하더라도 이 문맥에서는 살리는 게 좋겠다. 바로 앞절의 내용을 받아 이어가기 때문이다. 국역 중에는 이유 구문으로 옮긴 것이 하나도 없고 영역은 거의 전부가 "for"를 내세웠다. 단, 《성경》은 부사 "사실"을 내세웠고 이는 NRSV의 "indeed"에 상응하는 듯하다.

13. 형용사 *energēs*는 일이나 움직임과 관련된 힘을 뜻하므로 "활력"(《개역개정》)보다 "활동력"에 가깝다.

14. 동사 *diikneomai*에서 *dia*는 "관통"의 의미를 가진다.

15. 원문에 이 네 명사는 두 개씩 묶여 있다. 즉 앞의 둘은 접속사 *kai*로 묶이고 세 번째와 네 번째가 *kai*로 연결된다. 구문으로만 이해하자면 "혼과 영"이 한 묶음이고, "관절과 골수"가 한 묶음이다.

16. 완료수동태 분사 *tetrachēlismenoi*(〈*trachēlizō*)는 어원상 '목덜미가 잡히다, 목이 젖혀지다'를 의미하며 대결이나 전쟁에서 완전히 패배한 상태를 뜻한다. 바로 앞의 형용사 *gymnos* 역시 패전병들을 연상시킨다.

17. 원문에는 동사가 없다. 주격 명사만 있고 동사가 없는 그리스어 문장은 보통 *eimi*(~이다, 있다)가 생략된 것으로 본다. "그분을 향해 우리의 *ho logos*가 [있다]." 명사 *logos*는 신약에서 보통 "말씀" 또는 "신탁"(히 6:1)이라는 뜻을 갖지만 여기서는 그렇게 옮기기 어렵다. 이 단어는 의미가 아주 다양하다. 그중 '계산, 셈, 결산, 계산서'가 가장 적합한 뜻이다(히 13:17 참조). 종말의 심판 때 이생에서 각자가 행한 죄와 불의의 목록, 혹은 그에 따른 종합적인 평가가 적힌 문서 혹은 진술을 의미한다. 개인 행위를 심판한다는 사상은 신약 곳곳에 나타난다(롬 14:12; 눅 16:2; 벧전 4:5). 우리말 성경에는 "결산/셈을 드리다"(《개역개정》, 《성경》), "청산하다"(《바른》), "심판을 받다"(《공동》), "낱낱이 설명하다"(《현대어》), "모든 것을 드러내 놓다"(《새번역》) 등 다양한 번역이 나오고, 영어 성경은 "give/render (an) account"(NIV, NRSV, HCSB, NET) 또는 "with whom we have to do"(NASB, KJV), "to whom we are accountable"(NLT) 등으로 옮겼다.

14 그러나 우리에게는 한 큰 대제사장, 즉 하늘에 오르신 예수 하나님의 아들이 계십니다. 그러니 이 고백을 굳게 지켜 나갑시다. 15 그분은 우리의 연약한 부분들을[18] 공감할 수 없는[19] 대제사장이 아닌, 모든 면에서 우리와 같아지심에 따라[20] 유혹을 받으신[21] 대제사장입니다. 다만 그분은 죄는 짓지 않으셨습니다. 16 그러므로 확신을 가지고[22] 은혜의 보좌로 나아갑시다. 그러면[23] 자비를 얻고 은혜를 받아 적시에 도우심을[24] 입을 수 있을 것입니다.

18. 대부분 우리말 성경이 "연약함"이라고 번역한 이 명사는 원문에서 복수형이다. 영역은 하나같이 복수형으로 표현했지만("weaknesses") 우리말 '연약함'은 추상명사이기 때문에 복수형으로 만들 수 없어서 "연약한 부분들"로 옮겼다.

19. 동사 *sympatheō*는 '함께'(*syn*)와 '고통받다, 경험하다, 겪다'(*patheō*)의 합성어이다. "동정, 체휼하다"보다는 "공감하다"가 오늘날 한국어 쓰임새에 더 적절하다.

20. 원문(*kata panta kath´ homoiotēta*)을 직역하면 "모든 것에 따라, 같음을 따라"이다. 전치사 *kata*는 그 자체로 여러 추상적 의미가 있기 때문에(~에 의하면, 따르면, 따라서, 각 ~마다, ~에 있어서, ~이기 때문에 등) 우리말로 번역하기가 까다롭다. 게다가 여기에는 그 전치사가 접속사도 없이 두 번 연이어 쓰였다. 우리말 성경이든 영어 성경이든 거의 차이가 없이 "모든 면에서 우리가 유혹받은 것과 똑같은 방식, 혹은 똑같은 종류의 유혹을 받으셨다"의 취지로 번역했다. 역사적으로 말하면 성육신하신 예수의 경험은 유한했으므로 모든 인간의 모든 경험을 공유했다고 하기는 어렵다. 하지만 신학적으로는 성육신과 십자가에서 당하신 예수의 고난과 죽음, 부활이 모든 인간의 모든 연약함을 포괄적으로 대속했다. 나는 여기서 피터슨(D. G. Peterson)의 견해를 따라 예수께서 우리와 같은 방식으로 유혹을 받으신 게 아니라 "우리와 같아지심에 따라"(according to his likeness to us) 유혹을 받으셨다고 번역했다. D. G. Peterson, *Hebrews and Perfection: An Examination of the Concept of Perfection in the Epistle to the Hebrews*(SNTSMS 47; Cambridge: Cambridge University Press, 1982), 78.

21. 동사 *peirazō*는 2:18에서 두 번 쓰였고(번역 주 참조), 그 외에도 히브리서에서 다섯 번 더 나온다(3:8, 9; 11:17, 29, 36). 히브리서에서 이 단어는 두 가지 의미를 표현하는데, 여기서도 크게 두 가지 번역이 발견된다. 대부분 우리말 성경은 "시험받다"로 옮긴 반면, 《공동》과 《성경》은 "유혹받다"를 채택했다. 영역본에도 "tested"(HCSB, NRSV)와 "tempted"(NASB, KJV, NIV, ESV)가 모두 나타난다. 광야 여정에서 "시험을 받아" 넘어진 이스라엘의 이야기에 비추어 보면(3:8), 여기서도 같은 표현을 사용할 수 있다. 하지만 이어지는 하반절에서 제기하는 죄의 문제와의 관련성을 생각하면 "유혹"이 더 어울린다.

22. 명사 *parrēsia*의 어원을 따져 보면 '말을 할 때 망설이지 않고 툭 터놓고 말하는 태도'를 의미한다. 이 뜻이 발전해서 대담하고 확신에 찬 마음이나 자세, 하나님 앞에서 확신, 기쁨에 찬 태도를 일반적으로 뜻하게 되었다(BDAG). 우리말로는 대체로 "담대히, 용기를 내어" 등으로 옮겼고 영어로는 "boldly"(HCSB, NRSB, NLT, KJV), "with confidence"로 옮겼다(NASB, NIV, ESV).

23. 11절과 마찬가지로 *hina* 절을 주절보다 뒤에 배치했고, 본래 목적절이어야 하지만 의미상 큰 차이가 없기 때문에 결과절로 옮겼다. 《개역개정》, 《바른》, 《현대인》은 목적절로 번역했고, 《새번역》, 《공동》, 《쉬운》, 《현대어》, 《성경》 등이 결과절로 표현했다.

24. 16하반절의 원문 *hina labōmen eleos kai charin eurōmen eis eukairon boētheian*을 직역하면 "시의적절한 도움을 받고자 우리가 자비를 얻기 위해 그리고 은혜를 발견하기 위해"이다. 일부 우리말 번역은 "도움"을 오직 "은혜"에만 연결했는데 원문의 구조상 이것은 적절하지 않다. 더구나 "때를 따라 돕는 은혜"(《개역개정》) 또는 "필요한 때에 도우시는 은혜"(《바른》)와 같은 번역은 "돕다"라는 동사의 주어를 "은혜"인 것처럼 표현하므로 비문에 가깝다. 은혜가 우리를 돕는 게 아니라, 우리에게 주시는 자비와 은혜를 통해 하나님이 우리를 도우신다.

5장

1 모든 대제사장은 사람들 중에서 취해져서 사람들을 대표해서 하나님을 섬기는 일을[1] 하도록 지명됩니다. 그 일은 죄를 위해 예물과 제물을 바치는 일입니다. 2 그는 알지 못하여 길을 벗어난 이들을[2] 너그러이 대할[3] 수 있습니다. 자신도 연약함투성이[4]이기 때문입니다. 3 그렇기 때문에 백성만을 위해서가 아니라 자신을 위해서도 속죄 제사를 드려야 합니다. 4 아무도 이 영예를 스스로 얻지 못하며, 아론처럼 하나님에게서 부르심을 받아 얻게 됩니다. 5 이처럼 그리스도께서도 자신을 영광스럽게 하여 대제사장이 되시지 않았습니다.

1. 명사구 *ta pros ton theon*은 대격이며 관계를 나타내는 대격(accusative of respect) 용법에 속한다. 전치사 *pros*의 기본 의미는 '~을 향하여'이지만 '~을 위해, 대표해서'나 '~에 관한 한'(as far as), '~가까이에, 곁에서' 등도 뜻할 수 있다. "하나님께 속한 일"(《개역개정》, 《바른》) 혹은 "하나님과 관계되는 일"(《새번역》)은 가능한 번역이고 영역도 대체로 그렇게 옮겼다("matters relating/pertaining/related to God"). 제사장이 제물을 들고 하나님을 향해 나아가는 동작을 *prosferō*라는 동사로 표현하는데, 전치사 *pros* 역시 그런 제의적 동작을 표현할 수 있다. 따라서 "하나님을 섬기는 일"(《공동개정》, 《현대인》, 《성경》)이 적절한 번역이다.

2. 동사 *agnoeō*(분사 *agnoousin*)는 '알다'(*gignoskō*)의 반의어이므로 "알지 못하다, 모르다"가 적당한 번역이다. "무식하다"(《개역개정》, 《바른》, 《현대어》)라는 번역은 *agnoeō*가 가지지 않는 비하적 뉘앙스를 띠기 때문에 부적절하다. 한편 "알지 못함"이 죄와 관련될 때 죄의 경중을 가리는 기준이 될 수 있다. 모세의 율법에 따르면 알지 못하고 지은 죄(sins of ignorance, 레 5:18; 22:4)와 의도하지 않은 죄(unintentional sins, 레 4:2, 13, 22, 27; 민 15:24, 27-29)는 제사장을 통한 속죄제사로 사해질 수 있다. 반면 "뻔뻔하게"("with a high hand") 죄 지은 사람은 사죄받을 길이 없고 백성에게서 끊어질 것이다(민 15:30-31). 더 자세한 논의는 이곳(Koester, *Hebrews*, 286)을 참조하라. 분사 *planōmenois*(길을 잃은, 방황하는)를 *agnoousin*과 결합해서 "[알지 못하여] 죄를 지은"이라고 옮길 수 있다.

3. 동사 *metriopatheō*는 형용사 *metrios*(절제된, 중용의, 적당한)와 동사 *paschō*(고통당하다, 겪다)의 복합어이다. 누군가를 대면할 때 일어나는 내면의 감정적인 요동, 특히 분노를 절제하는 것을 뜻한다. 제사장 자신도 범죄 가능성에 노출되어 있으므로 죄인을 마주할 때 느껴지는 혐오나 분노의 감정이 누그러진다.

4. 동사 *perikeimai*는 중간태로서 '자신을 ~에 둘러싸이게 하다'를 뜻하고 "연약(함)"(*astheneia*)은 이 동사의 직접 목적어이다. "연약[함]에 [휩]싸여 있다"(《개역개정》, 《바른》, 《우리말》) 또는 "휘말려 있다"(《새번역》) 등은 문자적 번역이고, "연약한 인간이므로"(《공동개정》, 《현대인》), "약한 사람이기 때문에"(《쉬운》) 또는 "약점을 짊어지고 있으므로"(《성경》) 등은 의역이다. 영역에는 "is subject to weakness"(NRSV, HCSB, NIV, NLT), "is beset with weakness"(NASB, ESV) 등이 나타난다.

"너는 내 아들이다. 내가 오늘 너를 낳았다."⁵

하고 그분께 말씀하신 분께서 그렇게 해주셨습니다. 6 또 성경의 다른 곳에서도,

"너는 멜기세덱과 같은 유형의⁶ 제사장이다."⁷

하고 말씀하십니다. 7 그분의 육의 기간에⁸ 그분은 자신을 죽음에서 구하실 수 있는 분께 큰 소리로 부르짖고 눈물을 흘리며 기도와 탄원을 올리셨고, 그분의 그런 경외하는 마음 때문에⁹ 하나님이 들으셨습니다. 8 그분은 아들이시지만 그가 겪으신 고통스러운 일들로부터¹⁰ 순종을 배우셨습니다. 9 그리고 완전하게 되심으로써¹¹ 당신에게 순종하는 모든 이에게 영원한 구원의 근거가¹² 되셨고 10 하나님에 의해 "멜기세덱과 같은 유형의 대제사장"이라고 불리셨습니다.¹³

5. 칠십인역 시편 2:7의 인용.

6. 영어 성경은 하나같이 명사 *taxis*를 "order"로 번역했고, 우리말 성경은 "반차"(《개역개정》), "계열"(바른, 《현대인》), "계통"(《새번역》,《쉬운》) 등으로 옮겼다. "반차"라는 번역이 사용된 유일한 다른 용례는 눅 1:8이다. 누가는 사가랴가 "그의 일별 순번에"(en tē taxei tēs ephēmerias) 제사장 직무를 수행했다고 기록한다. 하지만 제사 직무의 순번과 히브리서의 *taxis*는 관련이 없고(특히 7:11, "아론의 반차"), 칠십인역에서도 *taxis*는 그런 의미를 표현한 적이 없다. 총 다섯 군데에서 *taxis*는 멜기세덱과 결합되어 있는데, 그 의미는 "멜기세덱과 흡사한 대제사장"(hiereus kata tēn homoiotēta Melchisedek, 7:15)과 사실상 차이가 없다. 케스터(C. Koester, Hebrews, 287-88)는 그래서 이 단어를 "shape" 또는 "pattern"으로 이해할 수 있다고 제안한다. 몇몇 우리말 성경은 이런 점을 반영한다(《공동》, "멜기세덱의 사제 직분을 잇는" / 《현대어》, "멜기세덱과 같은 위치에 서는" / 《성경》, "멜기세덱과 같은").

7. 칠십인역 시편 11:4의 인용.

8. 이것은 원문 en tais hēmerais tēs sarkos autou의 직역이다. 명사 *sarx*는 흔히 신약성경에서 "육체"로 번역되지만 우리말 히 2:14에서는 *haima*와 함께 "혈과 육"이라고 번역된다. 성경에서 "육체"라는 단어는 종종 죄악된 본성이나 죄의 원리가 작용하는 기제를 말하는 부정적인 단어다. 히브리서에는 그런 부정적 뉘앙스는 나타나지 않고, 단지 성육신을 묘사하는 데 *sarx*가 사용된다: "육체에 계실 때에"(《개역개정》,《바른》) / "육신으로 세상에 계실 때"(《새번역》).

9. 명사 *eulabeia*는 어원상 '조심, 주의, 경계심' 등을 뜻하고 일반적으로는 '두려움'을, 특수한 경우 신적 대상에게 가지는 '경외심'을 뜻할 수 있다. 우리말 성경은 "경건" 혹은 "경외심"으로 옮겼으며, 영어 성경은 "devotion"(ISV, NET)과 "piety"(NASB), "reverence"(ESV, HCSB, NLT), "reverent submission"(NRSV, NIV) 등으로 옮겼다. 앞서 기도의 방식인 외침과 눈물을 언급하는 것으로 보아 경외심에서 우러나온 기도의 태도나 자세를 뜻할 가능성이 있다.

10. 관계절 aph' hōn epathen에는 중성 복수 관계대명사가 들어 있어서 구체적인 "일들"을 가리킨다. "고난으로"(《개역개정》,《바른》,《쉬운》) 또는 "고난을 겪음으로써"(《새번역》,《공동》,《성경》,《현대어》)는 이 점을 잘 드러내지 못한다.

11. 아오리스트 분사 teleiōtheis의 원형 teleioō는 어원상 '완전, 온전, 성숙, 완성, 끝' 등을 의미한다. 영어 성경은 하나같이 "perfect"로 옮긴 반면 우리말 성경에는 "완전"과 "온전"이 혼재한다. 표준국어대사전에 따르면 '온전하다'는 두 가지 뜻을 가진다. ① 본바탕 그대로 고스란하다. ② 잘못된 것이 없이 바르거나 옳다. 반면 '완전하다'는 표준국어대사전에 따르면 '필요한 것이 모두 갖추어져 모자람이나 흠이 없다'를 의미한다. 문맥을 보면 여기에서는 후자가 더 적절해 보인다. 또한 분사는 시간("완전하게 되신 후에")과 이유("완전하게 되었기 때문에")가 모두 가능하지만 문맥상 후자가 더 어울린다.

12. 명사 *aitios*는 '이유, 원인, 근원, [법률적] 책임' 등을 뜻한다. 대체로 영어 성경은 "source"를, 우리말 성경은 "근원"을 채용하고 있다. 그리스도의 사역이 신자의 구원을 발생시키는 과정은 물리적 관계보다 법적 관계로 묘사하는 것이 적절하다고 판단하여 여기서는 "근거"로 번역했다.

13. 동사 *prosagoreuō*에는 '시장'을 뜻하는 명사 *agora*가 있다. 즉 어원상 '시장에서 사람을 만나 인사하는 행동'을 묘사하며, 그럴 때 상대의 이름을 부르는 것도 의미할 수 있다. 이것을 "임명하다"(《새번역》,《공동》,《현대어》,《성경》,《우리말》)라고 옮기는 것은 무리다. 영어 성경의 "designate"는 '지정하다, 지명하다'라는 의미 이전에 '~를 ~라고 부르다'라는 의미를 가지므로 무리가 없다.

11 이것에 관해서는[14] 우리가 많은 말씀을 들어야 하지만 여러분이 듣는 데에 둔해졌기 때문에 설명하기가 어렵습니다. 12 사실 지금쯤[15] 여러분은 벌써 교사가 되었어야 합니다. 하지만 무엇이 하나님의 계시의[16] 기초적인 요소인지를[17] 다시 가르쳐 줄 사람이 필요합니다. 단단한 음식이 아닌 젖이 필요한 이들이 된 것입니다. 13 젖을 먹고 사는 사람은 누구나 의의 말씀에[18] 무지합니다.[19] 그 사람이 어린아이이기 때문입니다. 14 반면에 단단한 음식은 성숙한 사람들을 위한 것입니다. 그들은 지속적인 연습을 통해서[20] 선한 것과 악한 것을 구별하는 훈련된 감각을[21] 가지고 있습니다.

14. 속격 관계대명사 *hou*는 남성일 수도 있고 중성일 수도 있다. 남성이라면 선행사는 멜기세덱이라는 인물이 될 것이다. 만약 중성이라면 앞 문장 내용 전체, 즉 멜기세덱의 대제사장직, 혹은 예수께서 그와 같은 유형의 대제사장이라는 사실을 가리킨다. 대부분 우리말 성경은 "멜기세덱에 관해서는"으로 옮겼고 영어 성경은 "about this"로 옮겼다.

15. 전치사구 *dia ton chronon*을 "시간으로 보면"(《성경》, 《새번역》)으로 옮길 수 있고 "벌써 오래전에"(《공동》)도 의역이지만 같은 의미를 전달한다. 다만 "때가 오래 되었으므로"(《개역개정》)는 우리말 어법상 어색하다.

16. 명사 *to logion*은 신약성경에서 항상 복수형(*ta logia*)으로 쓰인다. '길이가 짧은 말'이라는 기본 의미를 가지며 성경 외 문헌에서 '신이 내린 신탁'(divine oracle)을 뜻하는데 고대 그리스의 신탁은 대체로 길이가 짧은 데서 유래한 듯하다. 성경에서는 하나님께서 주신 계시(벧전 4:11), 명령(행 7:38), 약속(롬 3:2)을 가리키는 데 사용되었다. 우리말 성경은 대부분 "하나님의 말씀"으로 옮겼는데 이것은 그리스어 *ho logos tou theou*와 구별되지 않는다. 후자는 하나님이 하신 말씀과 아울러 그리스도 자신을 가리키기도 하지만 *ta logia tou theou*는 그런 의미를 가질 수 없다. 영어 성경은 "God's word"와 더불어 "God's revelation"(HCSB) 또는 "the oracles of God"(NASB, NRSV, KJV, ESV) 등으로 옮겼다.

17. 명사구 *ta stoixeia tēs archēs*는 직역하면 '처음의 기본 요소들'이다. 여러 우리말 성경이 "초보" 또는 "초보적인 원리"로 옮겼다. 명사 *archē*의 원 의미는 '처음, 시작'이며 여기서 '기원, 근원, 기본, 토대'가 파생되었다. "토대가 되는 원리, 근본 원리"라는 번역도 가능하다.

18. 《새번역》과 《쉬운》은 *logou dikaiosynēs*를 형용사적 속격으로 보고 "올바른 말씀", "옳은 말씀"으로 옮겼다. 《공동》과 《성경》 그리고 ISV는 "옳고 그름을 가리는 일"로 의역했고 HCSB나 NIV는 내용적 속격으로 이해하고 "the message/teaching about righteousness"로 옮겼다.

19. 형용사 *apeiros*는 어떤 것을 겪어 보지 못해서 모르는, 문외한인 상태를 뜻한다. 경험이 없는 상태 자체보다는 그 결과로 알지 못한다는 것에 핵심이 있다.

20. 명사 *heksis*는 동사 *echō*(가지다)에서 파생했고 '오랫동안 지속적 행동을 통해 몸 혹은 마음에 밴 상태나 능력'을 의미한다. 이에 상응하는 하나의 우리말 단어는 존재하지 않지만, 그런 능력의 습득에 있어서 '실행, 실천, 연습'과 같은 요소가 중요하다는 사실은 분명하다. 우리말 성경은 대부분 이 전치사구(*dia tōn heksin*)를 번역하지 않았고(예외적으로 《성경》과 《새번역》은 "경험으로", 《공동》은 "훈련을 받아서"로 번역), 영어 성경은 "by constant use"(NIV), "through training"(NLT), "by constant practice"(ESV), "by practice"(NRSV, NASB, NET) 등으로 옮겼다.

21. 분사 *gegumnasmena*(훈련된, 연단된)는 *asthētēria*(감각, 지각, 인식)를 수식하고, *asthētēria*는 동사 "가지다"의 목적어이므로 "훈련된 감각을 가지다"가 적절한 번역이다. "그들은 지각을 사용하므로 연단을 받아"(《개역개정》과 《바른》) 등은 오역의 가능성이 있다. 연단된 것은 '그들의 지각'이지 '그들 자신'이 아니다.

6장

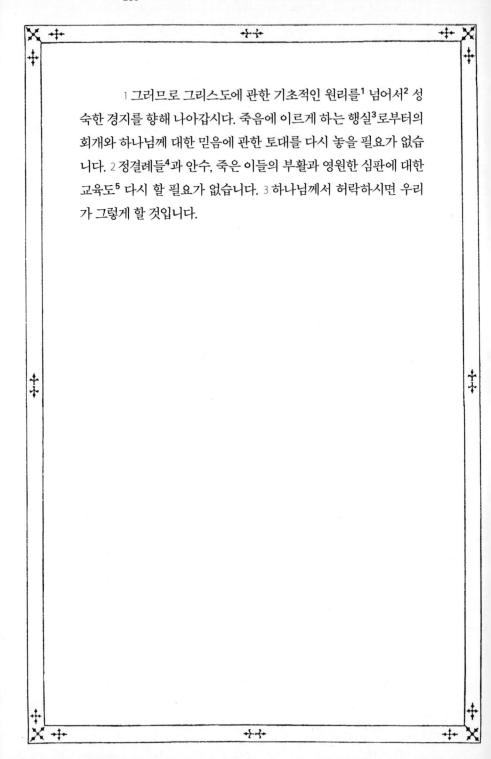

1 그러므로 그리스도에 관한 기초적인 원리를[1] 넘어서[2] 성숙한 경지를 향해 나아갑시다. 죽음에 이르게 하는 행실[3]로부터의 회개와 하나님께 대한 믿음에 관한 토대를 다시 놓을 필요가 없습니다. 2 정결례들[4]과 안수, 죽은 이들의 부활과 영원한 심판에 대한 교육도[5] 다시 할 필요가 없습니다. 3 하나님께서 허락하시면 우리가 그렇게 할 것입니다.

281

1. 우리말 성경은 *logos*의 일반적인 의미인 "말씀" 대신 "교리, 교훈, 가르침" 등으로 번역했다. 영역본에는 "teachings"(NRSV, NIV, NASB), "instructions"(NET), "doctrine"(ESV, KJV) 등이 사용되었다. 두 속격 명사 *tēs archēs tou Christou*가 *logos*에 걸려 있는데 소유 관계라기보다는 '내용의 속격'(genitive of description)이라고 봐야 한다. "그리스도에 대한 교리"(《바른》, 《쉬운》, 《우리말》, 《성경》, ISV, HCSB, NIV, NLT, NRSV, NASB)와 "그리스도교의 교리"(《새번역》, 《공동》)를 보라. 이에 비해 일부 역본은 '주어적 속격'(subjective genitive)으로 간주했다. "그리스도께서 가르치신 기본적 가르침." 하지만 세례나 안수를 예수의 핵심적인 가르침이라 보기 어려울 뿐 아니라 히브리서 설교자가 예수의 가르침을 "넘어서"야 할 어떤 것으로 상정했을 가능성은 낮다. Koester, *Hebrews*, 303-304; Cockerill, *Hebrews*, 261, n. 34.

2. 동사 *aphiēmi*는 '놓아주다, 해산하다, 포기하다, 내버리다, 취소하다, 이혼하다, 떠나다, [죄를] 용서하다, [빚을] 탕감하다'를 뜻하며 관계의 단절, 분리를 함축한다. 대부분 역본은 "버리다" 혹은 "떠나다"로 옮겼고 《성경》은 "놓아두고"라고 했다. 문맥상으로는 "초보 진리를 배우느라 같은 자리에서 언제까지나 맴도는 일은 그만두고"(《우리말》)에 가까울 것이다. 영역은 대체로 "leave" 또는 "leave behind"로 옮겼지만 "move beyond"(TNIV)나 "go over"(GNT)와 같은 표현도 사용됐다.

3. 명사구 *nekrōn ergōn*을 직역하면 자칫 "행실이 죽었다"라고 오해할 수 있다. "죽음에 이르는 행실"(《공동개정》, 《현대인》, 《쉬운》)이나 "acts that lead to death"(NIV)와 같은 의역이 오해를 줄여 준다.

4. 남성 복수 명사 *baptismōn*은 초기 기독교 문헌에서 세례를 뜻했던 중성 명사 *baptisma*와 쓰임과 의미가 다르다. 엄연한 복수명사를 단수 "세례"로만 옮긴 대부분 우리말 역본과 "세례들"로 옮긴 《개역개정》은 원문의 어휘의 의미를 제대로 포착하지 못했다. "Washings"(ESV, NASB), "ritual washings"(HCSB), 또는 "cleansing rites"(TNIV) 등의 영역들과 대비를 이룬다.

5. 명사 *didachē*(가르침)는 다수 사본에 속격으로 나오지만, P⁴⁶ B D 등 몇 초기 사본에는 대격이다. 1하-2절이 속격 명사들로 이어지다 보니 원래 대격이었던 것을 속격으로 필사했을 가능성이 높고, 1하반절의 *themelion*이 2절의 항목들을 포괄하기에는 내용상으로나 구문상으로 어색하므로 초기 사본들에 나타나는 대격이 속격보다 원문에 더 가까울 것으로 추정된다. Attridge, *Hebrews*, 163. 또한 *didachēn*의 내용은 그 앞의 "정결례들"뿐 아니라 그 뒤에 이어 나오는 세 속격 명사 "안수, 부활, 심판"를 포괄할 수 있다(《개역개정》, 《바른》, 《공동》).

4 한 번 빛을 받아서[6] 하늘의 선물[7]을 맛보고 성령을 함께 받은 사람들, 5 또 하나님의 선한 말씀과 다가오는 세상의 능력을 맛본 사람들이 6 배교한다면[8] 다시 새롭게 하여 회개하도록 만들 수가 없습니다. 그런 사람들은 하나님의 아들을 다시 십자가에 못 박고 공개적으로 욕을 보이는 것입니다.[9] 7 사실 땅이 자주 내리는 비를 흡수하여 농사짓는 이들에게 유익한 농작물을 내면 땅은 하나님에게서 복을 받습니다. 8 그러나 가시나무와 엉겅퀴를 내게 되면 무가치해져서[10] 곧 저주를 받고 결국 불에 태워질 것입니다.

9 하지만 사랑하는 여러분, 우리가 이렇게 말하기는 하지만 여러분에게는 더 좋은 것이, 바로 구원을 얻게 하는 것이 있음을 확신합니다. 10 하나님은 불공평한[11] 분이 아니셔서 여러분이 성도들을 섬겼고 지금도 섬기면서, 그 분의 이름을 위해 보여 준 행위와 사랑을 잊지 않으십니다. 11 우리는 여러분 각자가 끝내 소망이 성취되도록[12] 같은 열성을 보여 주기를 간절히 바랍니다. 12 그렇게 해서 게을러지지 않도록,[13] 그리고 약속된 것을 믿음과 인내로 상속받는 이들을 본받도록 하기 위함입니다.

6. 원문의 *phostisthentes*는 *photizē*(빛을 비추다)의 아오리스트 수동 분사이다. '비침을 받다', '빛을 받다'로부터 '깨닫게 하다, 각성시키다'와 같은 의미가 파생했다. 우리말과 달리 영어 "enlightened"는 그리스어처럼 구상적 의미와 추상적 의미를 모두 표현한다. 국역 중에 《현대인》("계시의 빛을 받고")과 《현대어》("복음을 이해하고")는 추상적 의미를 잘 표현했다.

7. 명사 *hē dōrea*는 일반적인 "선물"도 뜻하지만 신약에서 종종 신자들에게 주시는 "은사"를 의미한다. 영어 "gifts"는 그런 이중 의미를 고스란히 담아낸다.

8. 동사 *parapiptō*는 어원상 '옆으로 넘어가다, 넘어져서 옆으로 벗어나다'를 뜻하지만 칠십인역에서 "범죄하다, 하나님을 거역하다, 저버리다" 등을 의미하기도 했다(솔로몬의 지혜서 6:9; 12:2; 겔 14:13; 15:8; 22:4). 신약성경에서 동사형은 오직 이곳에만 나타나고, 명사형 *paraptōma*는 "범죄, 죄악"이라는 의미로 여러 차례 나온다(마 6:14-15; 막 11:25; 롬 5:15, 17, 20; 11:11-12; 갈 6:1). 우리말 성경은 대체로 "타락하다"를 선호하며, 《공동》은 "배반하고 떨어져 나가다," 《성경》은 "떨어져 나가다"로 옮겼다. 영역본 중에는 "fall away"가 가장 많고, "turn away from God"(NLT), "abandon their faith"(GNT), "turn their back on it"(Message)도 나온다. NET는 아예 직선적으로 "commit apostasy"라고 번역했다.

9. 동사 *deigmatizō*에 전치사 *para*가 붙어 만들어진 이 단어는 "옆으로 내보이다"라는 어원적 의미를 가진다. 형벌 등을 가함과 동시에 누군가를 공개적으로 모욕하는 행위를 가리킨다.

10. 형용사 *adokimos*는 *dokimos*의 반대말이며, 동사 *dokimazō*("지위와 가치를 시험하다, 검사하다")에서 파생했다. 주화 등의 성분을 검사한 결과, 그것이 일정한 기준을 통과하지 못한 상태를 말한다. 사람에게 사용될 때는 "거짓되거나 비열한, 혹은 저급한" 성품을 묘사한다.

11. 형용사 *adikos*는 *dikos*("정의로운, 공정한, 공평한")의 반대말이다. 가치나 선악을 있는 그대로 공명정대하게 판단하지 않는 성품을 말한다.

12. 원문 *spoudēn pros plerophorian tēs elpidos achri telous*를 문자적으로 번역하면 '끝까지의 희망의 확신을 위한 열성'이다. 문장 끝의 부사구 "끝까지"가 주동사 "열심을 나타내다"를 수식하는지 혹은 보다 가까운 거리에 있는 명사 "확신/완성"을 수식하는지에 따라 번역이 달라진다. 또한 *plerophoria*의 두 가지 의미인 '확신'과 '완성, 완전' 중 무엇을 택하는가도 중요하다. 우리말 성경은 "소망의 완성"(《우리말》), "이룸"(《바른》, 《새번역》), "성취"(《공동》), "실현"(《성경》) 등으로 수렴되며 《현대인》은 "소망의 확신"으로 옮겼다. 《개역개정》의 "소망의 풍성함"은 지나친 의역으로 보인다. 영역본을 보면, "full assurance of hope"(ISV, NRSV, NASB, KJV)과 함께 "to make your hope sure"(NIV), "realization of your hope"(HCSB) "what you hope for will come true"(NLT), "fulfillment of your hope"(NET) 등도 나타난다. 부사 "끝까지"를 "열심"과 연관시키는 게 대세이지만 그렇지 않은 번역도 몇 개 있다(《개역개정》, HCSB, NRSV, NASB).

13. 이미 5:11에서 청각에 관해서 사용했던 형용사 *nōthros*(둔한)가 다시 사용되었다. 여기서는 특정한 감각기관이나 측면에 국한되지 않는다. 문맥에 가장 적절한 번역은 아마 "spiritually dull and indifferent"(NLT)일 것이다. 바로 앞 절에서 "열성, 열심"(*spoudē*)을 독려했기 때문에 그 반대 개념으로 "게으름"을 생각할 수 있다. 우리말 성경이 대부분 그렇게 번역했다. 영역본 중에는 "lazy" 외에도 "sluggish"라는 표현이 보이는데(ESV, NRSV, NASB, NET), 이 단어가 "게으른" 외에 "둔한, 느린"도 의미할 수 있어서 원문의 다의성을 잘 담아 낸다.

284

13 하나님께서는 아브라함에게 약속하실 때, 당신이 그 이름을 걸고 맹세할 만큼 더 위대한 이가 없기 때문에 자신을 두고 맹세하면서

14 "나는 너를 한껏 축복하고[14] 너를 크게 번성하게 해주겠다."[15]

하고 말씀하셨습니다. 15 그렇게 아브라함은 끈기 있게 기다린 끝에 약속된 것을 획득했습니다.[16] 16 사람들은 자기보다 더 위대한 이를 걸고 맹세합니다. 그리고 그 맹세는 모든 논쟁을 그치게 하는 확언이 됩니다.[17] 17 그래서 하나님께서는 약속된 것의 상속자들에게[18] 그분의 계획이 변하지 않는다는 것을 더 명확히 보여 주기를 원하셔서 맹세로써 보증하셨습니다. 18 이 두 가지 행동은[19] 불변성을 전제하기 때문에[20] 하나님은 그 두 가지를 통해서 거짓말하실 수 없습니다. 그 결과 우리가 앞에 놓인 소망을 붙잡기 위해 그분께 피신할 때 강한 권면을 받습니다. 19 이 희망을 우리는 마치 영혼의 닻과 같이 지니고 있어서 안전하고 견고합니다. 그리고 그 희망은 휘장의 내부로 들어갑니다.[21] 20 그곳에는 우리를 대표하는 선구자[22] 예수께서 들어가셨습니다. 그리고 그분은 영원히 멜기세덱과 같은 유형의 대제사장이십니다.[23]

14. 원문 *eulogōn eulogēsō*는 고전 그리스어에는 존재하지 않는 구문이다. 히브리어에서 동작을 강조할 때 사용하는 절대부정사+미완료 구문이 그리스어로 표현된 것. 따라서 "반드시, 확실히"를 넣어 번역하면 된다(《새번역》, 《공동》, 《우리말》, 《쉬운》, 《성경》등과 모든 영역). 유독 《개역개정》과 《바른》은 "반드시 복주고 복주리라"처럼 축자적으로 번역했다.

15. 칠십인역 창세기 22:17의 인용.

16. 명사 *epangelia*는 "약속"만이 아니라 약속된 것의 성취를 의미할 수 있다. 어떤 역본은 전자를(《개역개정》, 《바른》, 《새번역》, HCSB, ESV, NRSV, NASB, KJV, NET), 어떤 역본은 후자를 따라 번역했다(《공동》, 《현대인》, 《현대어》, 《성경》, NIV, ISV, NLT).

17. 원문 *pasēs autois antilogias peras eis bebaiōsin horkos*를 문자적으로 번역하면 '맹세는 그들의 모든 논쟁의 확정을 위한 끝이다'라는 의미이다.

18. 명사 *klēronomos*의 번역으로 "상속자"(heir, 대부분의 우리말과 영역)가 "기업 또는 유업으로 받을 사람"(《개역개정》, 《바른》)보다 간단하고 명확하다. 게다가 "상속자"는 신자들과 하나님의 관계의 속성(부자 관계)까지 드러낼 수가 있다.

19. 명사 *pragmata*는 '일, 행동, 사건, 상황, 개념' 등 그 뜻이 포괄적이지만, 여기서는 앞서 15절 이하에서 다루고 있는 약속과 맹세라는 두 행동, 또는 사건을 가리킨다.

20. 전치사 *dia*는 이유, 원인을 표현한다. 원문을 문자적으로 옮기면 "불변하는 이 두 가지의 것들 때문에"이지만 이어지는 내용을 고려하여 약속과 맹세의 '불변하는 성질'이라고 번역했다.

21. 원문의 분사 *eiserchomenēn*(들어가다)의 주어는 앞 절의 "희망"임이 분명하다. 하지만 추상명사를 주어로 삼아 "희망이 들어간다"로 번역하면 어색하다(《개역개정》, 《바른》, 《현대인》). 그래서 "희망이 우리를 들어가게 한다"로 의역한 역본들이 많다(《새번역》, 《공동》, 《현대어》, 《우리말》, 《쉬운》, 《성경》). 영역본 중에서는 NLT만이 의역을 했고 나머지 역본들은 "enter"의 주어를 "it," 즉 희망으로 간주한다.

22. 명사 *prodromos*는 pro(앞에)와 *dromos*(달리는 사람, 경주자)의 복합어이다. 여러 우리말 성경은 이 명사를 형용사로 옮겼다("앞서 가신 예수," 《개역개정》, 《바른》, 《공동》, 《쉬운》, 《현대인》, NIV, NLT). 이런 번역은 명사의 고유한 기능을 무시한 옮김이다. 가급적 원래의 품사대로 "앞서서 달려가신 분"(《공동》)이나 "선구자"(《성경》)등으로 옮기는 게 좋겠다. 대부분의 영어 성경은 "forerunner"로 옮겼다.

23. 원문에 이 문장은 "예수" 뒤에 붙어 동격을 이루는 명사구이다. 많은 역본들이 이 구를 문장 앞으로 당겨서 "예수"를 수식하는 이유 혹은 자격의 종속절로 만들었다("대제사장이 되어," 《개역개정》, 《성경》, 《공동》). 원문의 어순을 유지하면서 "결과'절로 옮긴 역본들도 있다("들어가서 대제사장이 되셨다," 《바른》, 《새번역》, 《쉬운》, 《우리말》, 《현대인》, 《현대어》). 영역은 모두 후자로 번역했다.

7장

288

1 그런데 이 멜기세덱이라는 이는 "살렘의 왕"이고 "지극히 높으신 하나님의 제사장"으로서 "왕들을 쳐부수고 돌아오는" 아브라함을 만나서 "그에게 축복했습니다".¹ 2 아브라함은 "모든 것의 십분의 일"을 그에게 나누어 주었습니다. 먼저 그의 이름을 번역하면 "정의의 왕"이고² 또한 살렘의 왕, 즉 "평화의 왕"이기도 합니다. 3 "아버지도 없고 어머니도 없고 족보도 없는 이",³ 그에게는 생애의 시작도 끝도 없기에 하나님의 아들과 유사한 상태로 영원히 제사장으로 남아 있습니다.

4 이 사람이 얼마나 위대한지 생각해 보십시오. 족장 아브라함이⁴ 전리품에서⁵ 십분의 일을 그에게 바쳤습니다. 5 레위의 자손들 중 제사장직을 맡은 이들은 율법에 의거해서⁶ 백성, 즉 형제들로부터 십분의 일을 받아야 합니다. 그들도 역시 아브라함의 허리로부터 나왔는데도 그렇습니다. 6 그런데 그들의 족보에 들지도 않은 사람이 아브라함으로부터 십분의 일을 받았고 그 약속의 소유자에게 축복했습니다. 7 따질 필요도 없이, 더 낮은 사람이 더 높은 사람에게 복빎을 받는 법입니다.⁷ 8 뒤의 경우는⁸ 죽게 될 사람들이 십일조를 받았고 앞의 경우는⁸ 살아 있다고 증언된⁹ 사람이 십일조를 받았습니다. 9 달리 표현하면, 십일조를 받는 레위도 아브라함을 통해서 십일조를 바친 셈입니다. 10 왜냐하면 아브라함이 멜기세덱을 만났을 때 그는 아직 그의 조상의 허리에 있었기¹⁰ 때문입니다.

1. 창세기 14:17 이하로부터 직접 인용된 부분들이 포함되어 있어서 큰 따옴표로 표시했다(《성경》, NRSV).

2. 히브리어 멜기세덱의 번역. 앞서 시편 95:7를 인용하면서 본래 히브리어 지명 므리바와 맛사를 음역하지 않고 각각의 의미를 따라 "시험"과 "거역"이라고 번역했던 것과 같은 방식이다(3:8).

3. 접속사 없이 연이어 나오는 세 형용사 apatōr amētōr agenealogētos는 1세기 이전 유대교와 그리스-로마 문헌에서도 발견되며 신적 속성을 표현할 때 사용된 일종의 관용표현이기 때문에 인용부호 안에 넣었다. 이 세 형용사와는 달리, 이어지는 "처음과 끝이 없음"(mēte archēn hēmerōn mēte zōēs telos echōn)은 분사구문이라서 번역문 역시 앞의 세 형용사로부터 분리했다. 여러 역본들은 한 문장 안에 이 다섯 항목을 연이어 나열하기도 했다(《개역개정》,《바른》,《새번역》,《공동》,《현대인》,《성경》).

4. 명사 patriarchēs는 단순한 "조상"이 아니라 구약성경의 신학적 전제가 담긴 단어이다. 신약에서는 다윗을 가리키는 데 한 번(행 2:29), 야곱의 열두 아들을 가리키는 데 두 번(행 7:8, 9) 사용되었다. 구약에서는 이스라엘 지파들의 지도자들을 지칭하거나(열왕기서 5회), 아브라함, 이삭, 야곱(4마카비서 7:19), 또는 야곱의 열두 아들을 가리킨다 (4마카비서 16:25).

5. 명사 akrothinion(〈akros, "꼭대기, 맨 윗부분"+this, thinos, "더미")는 어떤 "물건의 더미 윗부분"을 가리키며, 그리스-로마 문화에서 전리품 중 신에게 바쳐질 가장 좋은 부분을 지칭한다.

6. 《개역개정》은 마치 레위가 아브라함의 허리에서 난 사실이 율법에 의거한 것처럼 번역했다. 원문의 어순으로 보나 문맥으로 보나 율법이 적용되는 대상은 제사장의 십일조 접수 권한이다.

7. 원문의 시제는 '격언적 현재'(gnomic present)이다. 일종의 불변하는 법칙을 표현했지만 유독 《개역개정》,《바른》은 아무런 수사적 장치 없이 평서문으로 옮겼다.

8. 부사 hode("여기")와 ekei("저기")는 각각 "후자"와 "전자"로 옮겨야 하며, 각각 누구를 가리키는지는 문맥상 자명하다.

9. 수동 분사 martyroumenos(〈martyreō, "증언하다, 증거하다")는 그리스어 "누군가에 의해서 그렇다고 말해지다" 혹은 "전해지다"는 의미로 쓰인다. 우리말에 수동태가 어색하다 보니 "증거/증언을 얻다"(《개역개정》,《바른》)처럼 번역하기도 했지만 그렇다고 법률적 의미의 증명 혹은 입증을(《새번역》) 뜻하지는 않는다. 그래서 차라리 《공동》("성서가 증언하는 바와 같이")이나 《쉬운》("성경이 말한 대로")처럼 능동태로 바꾸는 게 낫다. 영어로는 "to be declared"(NIV)나 "to be testified"(NRSV, ESV) 등이 원의미를 잘 표현한다.

10. 명사 osphys를 일부 역본들은 허리 대신 "몸"이라고 의역했는데(《쉬운》,《공동》,《현대인》,《성경》) 불필요한 추론을 낳을 수 있다. 영어 성경 중에도 "loins"로 직역하지 않고 "body"나(NLT, NIV) "inside"(ISV), "within"(HCSB) 등으로 옮긴 역본이 있다.

11 만약 레위의 제사장직, 즉 백성이 그것을 바탕으로 율법을 받은 그 제사장직을 통해서 온전함이 도래했다면,[11] 아론 계열을 따라 부르심을 받지 않고 멜기세덱과 같은 유형의 또 다른 제사장을 세울 필요가 어디 있습니까? 12 그처럼 제사장직이 변했기 때문에 율법에도 변화가 생기기 마련입니다.

13 이러한 내용이 지칭하는 이분은 다른 지파에 속했고, 그 지파에서는 아무도 제물을 바치지 못합니다. 14 다시 말해서 우리 주께서 유다로부터 나신 것이 분명하고 모세는 제사장들에 관하여 말할 때 이 지파를 언급하지 않았습니다. 15 멜기세덱과 흡사한 대제사장이 일어난 사실을 통해 이 점은 더욱 분명해졌습니다.[12] 16 그분은 육체의 계명의 법이 아니라 불멸하는 생명의 능력을 따라서[13] 제사장이 되셨습니다. 17 왜냐하면 "너는 멜기세덱의 계열을 따른 영원한 대제사장이다"라고 성경에 증언되어 있기 때문입니다.

11. 직역하면 "온전함이 있다면" 혹은 "그것(제사장직)이 온전하다면"의 뜻이다. 우리말은 "온전함을 얻을 수 있다면" 혹은 "온전함에 이를 수 있었다면"과 같이 비록 주어를 명시하지는 않았어도 "우리가" 혹은 "사람이"와 같은 주어를 암시하고 있다. 하지만 원문만 보면 명확하지 않다.

12. 《개역개정》은 "더욱 분명해진" 내용이 예수의 유다 지파 소속인 것처럼 번역한다. 하지만 《현대어》가 보충구절을 넣어 설명하듯이("그러니 우리는 하나님의 방법이 바뀌었다는 것을 알 수 있습니다. 이 사실은 …… 더 분명합니다") 멜기세덱과 같은 대제사장직의 출현은 12절의 내용, 즉 율법의 변역을 확증해 주는 증거이다. 어쩌면 성경의 연대기를 기준으로 더 후대에 생겨난 율법보다 멜기세덱의 대제사장직이 우선함을 암시하는지도 모른다.

13. "육체의 계명의 법"은 로마서 7장에서의 "죄와 사망의 법"과 유사한 의미를 가지지 않는다. 제사장직의 자격이 레위 지파의 혈통적(따라서 육체적) 유전에 근거한다는 규정을 지칭하며, 불멸의 생명의 능력은 "영원히 머무는" 멜기세덱 제사장직의 속성을 가리킨다.

18 예전의 계명은 연약하고 무익하기 때문에 폐지되었습니다. 19 사실 율법은 아무것도 온전하게 하지 못했습니다. 그러나 더 나은 희망이 들어왔고[14] 그것을 통하여 우리는 하나님께 다가갑니다. 20 그리고 이 일은 하나님의 맹세 없이 이루어진 것이 아닙니다. 다른 이들은 맹세 없이 제사장이 되었지만 21 그분은 "주께서 맹세하고 후회하지 않을 것이다. '너는 영원히 대제사장이라'" 했듯이 그분께 말씀하신 분의 맹세로 제사장이 되었습니다. 22 예수께서는 이러한 차이만큼 더 나은 언약의 보증인이[15] 되셨습니다. 23 다른 제사장들은 죽음 때문에 직무를 계속할[16] 수가 없어 그 수가 많아졌습니다. 24 그러나 그분은 영원히 계시므로 영구한[17] 대제사장직을 지니십니다. 25 그리하여 그분께서는 자신을 통하여 하나님께 나아가는 사람들을 언제나[18] 구원하실 수 있습니다. 그분께서는 늘 살아 계시어 그들을 위해 중보기도를 하십니다.[19]

26 이런 대제사장이 우리에게 적합합니다. 거룩하고 악이 없고 더러움이 없고 죄인들에게서 분리되어서[20] 하늘보다 더 높은 분이 되셨습니다. 27 그분은 다른 대제사장들처럼 날마다 먼저 자신의 죄를 위해서, 그리고 다음으로 백성의 죄를 위해서 제물을 바칠 필요가 없습니다. 자신을 제물로 바침으로써 단번에 이것을[21] 이루셨기 때문입니다.

28 율법은 연약함을 지닌 사람들을 대제사장으로 세웠지만 율법 후에 하신[22] 맹세의 말씀은 영원하고도[23] 온전하게 되신 아들을 대제사장으로 세웠습니다.

14. 명사 *epeisagōgē*는 "안으로 가지고 들어옴"이며 하나님께서 신자의 내면에 소망을 불어 넣어 주심을 지칭한다. 영어 성경은 대부분 "be introduced" 혹은 "bring in"으로 직역했고, 우리말 성경은 《바른》과 《우리말》이 "들어오다"로 옮겼고, 나머지는 "[희망을] 가지다", "[희망이] 주어지다" 등으로 의역했다.

15. 형용사 *engyos, -ov*이 남성관사와 결합한 남성형이므로 "보증서약, 보증금, 보증"과 같은 추상명사보다는 "보증인, 보증해 주시는 분"처럼 인격적 의미를 더해야 한다.

16. 동사 *paramenō*는 3절의 *diamenō*(항상 머물다)와 친족어이지만 동의어는 아니다. 직역하면 "계속 머문다"는 뜻 정도인데 여기는 제사장으로서 제사장의 직무를 계속하면서 머문다는 의미이므로 "항상 있다"라는 《개역개정》의 번역은 오해의 소지가 있다.

17. 형용사 *aparabatos*는 동사 *parabainō*(위반하다, 넘어가다)에서 파생되어 "소멸할 수 없는, 위반될 수 없는, 불변하는"을 의미한다. 《개역개정》이 이 단어를 "갈리지 않다"라고 번역한 이유는 불분명하다.

18. 부사 *panteles*는 "항상", "영원히", "완전하게" 등을 의미할 수 있으나 이어지는 문맥을 고려해 첫 번째 의미를 택했다.

19. 동사 *entynchanō*는 고전 그리스어에서는 "마주치다, 대면하다"가 주된 의미였으나 신약에서는 "[하나님]과 대면하여 말하다"라는 뜻을 지닌다. 여기에 전치가 *hyper*가 이어지면 중보기도를 뜻한다.

20. 동사 *chorizō*의 수동완료 분사. "분리시키다, 떨어뜨리다, 거리를 두다"의 의미인데 죄인들과의 분리는 성육신 기간이 아니라 승천 이후의 상황에 적용되어야 한다.

21. 대명사 "이것"이 가리키는 것은 "백성의 죄를 위한 제물드림"이다.

22. 만약 이것이 시간적 순서를 표현한다면 시 110:4과 오경의 기록 시점을 염두에 두었을 것이다. 하지만 단순히 시간적 순서가 아니라 율법의 한계와 무능력에 따른 결과임을 표현할 수도 있다.

23. 모든 역본들에서 이 표현을 이어지는 "온전하게 된"을 수식하는 부사로 옮겼지만 히브리서에서 이 부사구는 아들의 독립된 한 속성을 표현하기도 한다.

8장

1 지금 하는 말의 요지는 이것입니다. 우리가 가진 대제사장은 아주 훌륭한[1] 분으로서 하늘에 있는 존엄하신 분의[2] 보좌 오른편에 앉으셨습니다. 2 그분은 거룩한 곳[3], 즉 사람이 아니라 하나님이 설치하신[4] 참 장막에서 예배하는 일을[5] 하고 계십니다. 3 대제사장은 예물과 제물을[6] 바치기 위해 지명됩니다. 그렇다면 그분도 또한 무언가 바칠 것이 있어야 합니다. 4 만약 그분이 땅에 계시다면 제사장이 되지 않으실 겁니다.[7] 왜냐하면 율법에 의거하여 예물을 바치는 사람들이 있기 때문입니다.

1. 원문의 *toioutos*는 단순 지시사가 아니며 "이토록 많은, 큰, 좋은" 등의 의미를 갖는 수사적 지시사이다. 우리말 성경의 "이러한, 그러한" 등은 이 단어의 의미를 충분히 표현하지 못한다. 영어 성경 중 몇은 "such a"로 이 의미를 담아내고 있다.

2. 원문의 *tēs megalosynē*는 "존엄, 위대함"이라는 추상명사이지만 1:3에서와 마찬가지로 하나님 자신을 지칭할 수 있다. 참고로 칠십인역에서 정확히 이런 방식으로 추상명사를 인격화하는 용례는 발견되지 않는다.

3. 문자적으로는 "거룩한 것들" 혹은 "거룩한 자들"이지만 여기서는 성막 전체를 가리키며(9:2, 3, 12, 24, 25; 10:19; 13:11), 그리스어 *kai*로 연결된 "장막"과 동격관계로 이해된다. 우리말 성경에 "성소"라는 표현이 있지만 "지성소"에 비하여 성막 내 특정 공간만을 지칭할 수 있기 때문에 여기서는 사용하지 않았다.

4. 동사 *pēgnymi*는 신약성경 전체에서 이곳에만 사용되었지만 그리스어 구약성경에서는 성막의 설치를 지칭하는 의미로 사용되었다(출 33:1; 38:26; 수 18:1).

5. 앞의 1:7과 1:14에서 논한 대로 명사 *leitourgos*(제사와 관련된 직무를 수행하는 자)에 대응하여 대부분의 영어 성경에서는 명사 *minister*를 사용한 반면 우리말 성경은 그 직무의 특수성이 드러나지 않는 동사 "섬기다"로 옮겼다. 《현대어》만이 "제사장 일을 하다"로 옮겼다.

6. 5:1에서처럼 이 두 용어는 사실상 동의어이다. 굳이 구별하자면 "예물"은 곡식제물(소제), "제물"은 동물제물(희생제물)을 뜻한다 하겠다(Koester, *Hebrews* 285).

7. 이 문장은 그리스어 구문상 "현재 사실의 반대 가정"이다. 즉 현재 그분은 땅에 계시지 않으므로 제사장이 되신다는 사실을 반대로 가정한다. 모든 영어 성경이 이 점을 충실히 살리고 있는 반면 《새번역》, 《현대어》, 《성경》을 제외한 우리말 성경은 이 점을 반영하지 못한 채 "계셨더라면 …… 아니하셨을 것이다"로 옮긴다.

298

5 그들은 천상의 것들의 모사(摹寫)와⁸ 그림자에서 제사장 일을 합니다. 그래서 모세가 하나님의 지시를 받아 장막을 짓고자 할 때, 하나님은

"산에서 네게 보여진 모형에 따라 모든 것을 만들어야 한다."⁹

하고 말씀하셨습니다. 6 반면 이제 그분은 더 좋은 언약의 중보자이신 그 정도만큼¹⁰ 더 탁월한¹¹ 제사 직무를 얻으셨고, 그 언약은 더 좋은 약속들에 근거하여 제정되었습니다.

7 만약 첫 언약이¹² 잘못이 없다면¹³ 둘째 언약의 여지가 필요하지¹⁴ 않을 것입니다. 8 왜냐하면 그분은 그들을 책망하시면서 말씀하셨기 때문입니다.

8. 명사 *hypodeigma*는 뒤에 "모형"으로 번역되는 *typos*와 구별하기 위해 "모사"로 번역했다. 많은 우리 말 성경은 이런 구별을 두지 않거나 "모조품," "모상," 심지어 "본보기"와 같이 오해의 소지가 있는 표현을 사용한다. 《현대인》은 "하늘에 있는 본래의 성전을 본떠서 만든 것"이라고 풀어 번역했다. 영어 성경은 일관되게 "copy"로 번역했다.

9. 칠십인역 출애굽기 25:40의 인용.

10. 접속부사 *hosos*는 상응과 비례를 표현하는데 우리말로는 번역하기가 까다로워 실제 번역에서는 무시되고 있다. 영역은 "inasmuch as", "to that degree" 등으로 표현한다.

11. 7:22에 사용된 *diaphrōteros*는 형용사 *diaphoros*의 비교급으로 "더 구별되는"을 의미한다. 《개역 개정》의 "더 아름다운"보다는 "더 훌륭한," "더 뛰어난" 등이 적절하다. 영어로는 "more excellent", "superior"로 옮긴다.

12. 원문에는 "그 첫째 것"이지만 여성 단수이므로 "언약"(*hē diathēkē*)을 지칭할 것이다.

13. 분명 원문의 구조상 "잘못, 결함, 흠이 없다" 혹은 "책망할 것이 없다"(형용사 *amemptos*)의 주어는 언약이다. 하지만 이어지는 8절을 고려한다면 다른 번역의 가능성이 있다. 형용사 *amemptos*의 동계 어인 동사 *memphomai*("책망하다")가 사용되는데, 하나님이 "그들", 즉 출애굽 공동체를 책망하셨다고 말한다. '첫 언약'이 책망받을 만했듯이 그 언약의 주체인 이스라엘도 책망받았다. 책망이라는 개념을 사이에 두고 '첫 언약'과 그 언약의 당사자인 출애굽 공동체가 한 발씩 걸치고 있는 형국이다.

14. 《개역개정》 등에서 사용한 "요구하다"는 동사 *zēteō*의 의미로 보기 어렵다. 더구나 원문은 수동태인 데 이를 능동태로 바꿈으로써 누가 둘째 언약을 요구하는지 묻게 만든다. 문법적으로 엄밀하게 말하자면 "추구되다"의 주어는 둘째 것(속격)이 아니라 "여지, 필요, 기회, 장소" 등을 뜻하는 *topos*이다. 4절과 마찬가지로 이 문장은 현재 사실의 반대 가정을 표현한다.

"보라, 그날이 온다―주께서 말씀하신다―

그때 나는 이스라엘 집과 유다 집과 새 언약을 맺을 것이다.

9 그것은 내가 그 조상들의 손을 잡고 이집트 땅에서 이끌고 나올 때

그들과 맺었던 언약과는 다르다.

그들이 내 언약 안에 머물러 있지 않았고

그래서 나도 그들을 소홀히 여겼기[15] 때문이다.[16] ―주께서 말씀하신다.

10 그날 이후에 내가 이스라엘 집과 맺을 언약은 이러하다-주께서 말씀하신다―

나는 그들의 생각 속에 나의 법들을 넣어 주고[17]

그들의 마음에 그것들을 새길 것이다.[18]

그리하여 나는 그들에게 하나님이 되고

그들은 나에게 백성이 될 것이다.[19]

11 아무도 자기 이웃에게 가르치거나,

자기 형제에게 말하기를 '주를 알아라'고 하지 않을 것이다.

왜냐하면 그들 중 작은 자부터 큰 자까지 누구나 나를 알게 될 것이기 때문이다.

12 나는 그들의 불의를 너그럽게 보아주고[20]

그들의 죄악들을 더 이상 기억하지 않을 것이기 때문이다."[21]

13 새것을 말할 때 이미[22] 처음 것은 낡아졌습니다. 그리고 낡아지고 오래된 것은 곧 사라집니다.[23]

15. 동사 *meleō*는 "등한히 여기다, 소홀히 하다"를 뜻하며 2:3에서 청중들에게 아들을 통한 구원을 "등한히 여기지" 말 것을 권면할 때 사용된 바 있다. 여기는 광야 세대의 "거하지"(*enemeinan*) 않음과 하나님의 "소홀히 여기심"(*ēmelēsa*) 사이에 내용뿐만 아니라 소리에 있어서도 대조가 이루어진다.

16. 9절 하반절 초두에 있는 접속사 *hoti*는 하반절과 상반절의 논리적 관계를 표현한다. 첫 언약과의 차이점은 그 언약 체결 직후 일어났던 상황과 둘째 언약 체결 이후의 상황을 대비시킴으로써 드러난다.

17. 동사 *didōmi*와 전치사 *eis*를 합하여 "넣어 두다"로 옮겼다.

18. 동사 *epigraphō*를 "새기다"라고 번역하는 것은 지나친 의역이다(《새번역》, 《성경》 등).

19. 비록 대부분의 우리말과 영어 성경은 "그들의 하나님", "내 백성"으로 단순 소유를 표현했으나 여기서는 그리스어 원문의 표현에 가깝게 직역하고자 했다.

20. 형용사 *hileōs*는 "자비롭다, 호의를 보이다, 친절하게 대하다"를 뜻한다. 《개역개정》이나 《새번역》의 "불의를 긍휼히 여긴다"는 원어의 의미뿐만 아니라 우리말 어법에도 어색하다(긍휼히 여김의 대상은 불의가 아니라 불의한 사람이어야 함). NIV 등 몇몇 영어 성경은 "forgive their sins"로 의역했다.

21. 칠십인역 예레미야 31:31-34의 인용.

22. 원문에 "이미"라는 부사 자체는 없지만 동사 *pepalaiōken*의 완료 시제를 표현하기 위해 사용했다.

23. "곧"에 상응하는 부사는 원문에 없지만 형용사 *engys*를 좀더 자연스럽게 옮기기 위해 사용했다.

9장

1 이제 첫 언약에도 예배 규칙과 이 세상에 속한 성소가 있었습니다. 2 거기에는 장막이 세워져 있었고 첫째 장막 안에는 등잔과 상과 차려 놓은 빵이 있었습니다. 그것을 '성소'라 부릅니다. 3 그리고 둘째 휘장 뒤에는 '지성소'라 불리는 장막이 있었습니다. 4 거기에는 금으로 된 분향제단과¹ 온통 금으로 입힌 언약궤가 있었고, 그 안에는 만나가 든 금항아리와 싹이 돋은 아론의 지팡이와 언약의 돌판들이 있었습니다. 5 그리고 그 위에는 영광의 커룹들이 속죄소 위에 드리워 있었습니다. 그것들에 관해 지금은 하나하나 이야기할 수 없습니다.² 6 이처럼 갖추어진 상태에서 제사장들은 첫 번째 장막 안으로 들어가서 늘 예배의 직무를 완수합니다. 7 하지만 두 번째 장막 안으로는 일 년에 한 번 단지 대제사장만이 들어가며, 반드시 피를 가지고서, 자신을 위해서 그리고 백성이 모르고 지은 죄들을³ 위해서 들어갑니다.

1. 칠십인역에서 '분향제단'은 thysiastērion이며, 히브리서 저자는 이를 thymiatērion라고 표기한다. 우리말 성경 중 《개역개정》, 《바른》은 "향로"로, 나머지는 "분향제단"으로 번역했다(영어 성경은 예외 없이 "altar"임). 히브리서의 이 단어는 8:11과 대하 26:19에서 향을 담아 이동할 때 사용하는 '향로'를 지칭했다. 그러나 히브리서와 마찬가지로 필로(Heir 22; Moses 2.94, 101, 105; Special Laws 1.231), 요세푸스(Ant. 3.147, 198; J. W. 5.218) 등은 '분향제단'을 이 단어로 표기했다. 히 9장의 맥락에서 이 단어는 고정된 성막 내 가구들 중 하나를 묘사하고 있으므로 이동식 향로라고 보기 어렵다. 아마 일부 국역이 이를 "향로"로 옮긴 배경에는 구약 여러 곳으로부터 추정된 성막의 구조상 분향제단이 지성소가 아닌 성소에 위치하는 것으로 여겨지기 때문일 것이다. 히브리서 설교자는 "거기" 즉 지성소에 언약궤와 함께 분향제단이 놓여 있다고 말하는데 본래 출 30:6, 40:6, 26 등에 따르면 분향제단의 위치가 "증거궤 위 속죄소 맞은 편 곧 증거궤 앞에 있는 휘장 앞"(유독 《개역개정》은 "휘장 밖"으로 번역)이다. 그 세 구절만 볼 때 "휘장 앞"이 지성소 쪽인지 성소 쪽인지는 분명하지 않다. 한편, 출 30:7-8에 매일 아침과 저녁으로 향을 사르도록 규정되어 있지만 칠십인역 출애굽기 30:7는 "매일 아침마다"가 아니라 "아침 이른 시각에"를 의미할 수 있다. 여기에 더하여 제2성전기의 전승과 랍비 전승에서 분향단은 성소의 다른 기구들과 분리되어 신학적으로 언약궤와 함께 묶여져 취급되곤 한다. 이런 여러 정황을 고려할 때 히브리서 설교자는 자기 나름의 합당한 근거 위에서 분향단을 지성소의 일부로 묘사했을 가능성이 있다. 상세한 논의는 Attridge, Hebrews, 232-37; Koester, Hebrews, 402-3; Cockerill, Hebrews, 375-77 참조.

2. 원문에는 '각 부분에 따라 말하다'(legein kata meros).

3. 복수 속격 명사 agnoēmatōn에는 분명 "알지 못함, 부지불식(不知不識)"을 뜻하는 어근이 들어 있지만 《개역개정》을 포함한 대부분의 우리말 성경은 그러한 어원적 의미를 "허물" 또는 "죄"에 포함시킨 듯하다.

8 그리고 성령은 다음과 같은 사실을[4] 드러냅니다. 첫 번째 장막이 아직 서 있는 동안에는 성소의 길이[5] 나타나지 않았습니다— 9 이것은 현재를 위한[6] 상징[7]입니다. 그에 따르면[8] 예물과 제물이 바쳐지더라도 양심에[9] 관한 한 예배하는 사람을[10] 온전하게 만들지 못합니다. 10 그것은[11] 단지 먹고 마시는 것과 몸을 씻는 여러 가지 의식에 대해 부과된 육체적 법규이며, 언젠가 바르게 고쳐질 것[12]이었습니다.

4. 원문에는 이전 문장과 이 문장을 연결해 주는 아무런 접속사도 없다. 또한 "이것"은 성령의 지시 대상 이며, 그 수단이나 이유가 아니다. 그럼에도 불구하고 대부분의 역본들이 "이로써"라고 번역했다. 그리스어 구문론에서 지시대명사 "이것"은 바로 뒤에 오는 명사절을 받는 경우가 흔하다.

5. 이 속격은 두 가지로 이해할 수 있다. ① 성소로 들어가는 길 그리고 ② 성소 안에 있는 길. 만약 여기 서 '성소'를 지성소로 이해한다면(《새번역》, 《공동》, NIV, HCSB) ①이 적당하고, 성막 전체를 가리킨 다면 ②가 어울린다.

6. 《개역개정》과 《바른》만이 "현재까지의"로 옮겼다. 하지만 전치사 *eis*는 시간을 나타내는 명사와 결합 하여 "~까지"를 의미하는 경우가 없으며 그런 경우 전치사 *mechri*를 사용한다.

7. 명사 *parabolē*는 본래 비유적 이야기 또는 이미지를 뜻한다. 복음서에서 '비유'는 하나의 장르로서 신 앙적 교훈이 담긴 짧은 이야기이다. 여기서는 그와 같은 이야기가 아니라 포괄적인 의미의 수사법이나 '빗대어 이르는 말' 정도의 뜻을 갖는다.

8. 관계대명사이기 때문에 선행사가 있다. 여기서는 "첫 번째 장막" 그리고 그 안에서 진행되는 제사의 식 전체를 가리킨다.

9. 명사 *syneidēsis*는 어원을 따지자면 "모아진 앎, 깨달은 것들의 모음" 정도의 의미이다. 그리스 철학에 서 선과 악을 구별하는 도덕적 자의식을 뜻한다.

10. 명사 *leitourgos*의 번역에 관해서는 앞의 1:7, 14와 8:2의 번역 주를 참조. 문자적으로는 제사의식을 수행하는 자를 가리키지만("의식 집례자", 《새번역》) 내용상 제사의식을 지켜보는 모든 사람을 뜻한 다고 볼 수 있다. 일부 우리말 성경은 "예배하는 사람의 양심을" 온전하게 만들지 못한다고 번역한다. 하지만 분명 *teleioō* 동사의 목적어는 "예배하는 사람들"이지 그들의 "양심"이 아니다.

11. 원문에는 이 문장의 주어가 분명히 나타나 있지 않다. 아마 "첫 번째 장막"으로 상징되는 모세 언약 전체를 지칭할 것이다.

12. 명사 *diorthōsis*는 "곧게 함, 바르게 만듦"을 뜻하는데 일부 우리말 성경은 "개혁"이라고 번역했다. 영 어의 "reformation"을 참고했을 가능성이 있는데 이 영단어는 어원상 "re-form" 즉 "형태를 다시/바 로 잡다"를 뜻하므로 그리스어 단어와도 상통하는 면이 있다. 반면 "개혁"은 히브리서의 저술로부터 약 1,500년 후에 일어난 종교개혁을 연상시키므로 지양하는 게 좋다.

11 그러나 그리스도께서는 이미 이루어진[13] 좋은 것들을 주관하는 대제사장으로 오셨습니다. 그분께서는 더 크고 더 완전한 장막으로 들어가셨는데, 그 장막은 손으로 만들지 않은, 즉 이 피조세계에 속하지 않은 장막이었습니다. 12 염소와 송아지의 피가 아니라 자신의 피를 통해[14] 단 한 번[15] 성소로 들어가시어 영원한 속죄를[16] 얻으셨습니다. 13 만일 염소와 황소의 피, 그리고 암송아지의 재가 부정한 사람들에게 뿌려져서 그들의 육체를 정결게 함으로써 거룩하게 한다면, 14 더욱더 그리스도의 피는 영원하신 영을 통해 흠 없는 존재로 자신을 하나님께 바치셔서 살아 계신 하나님을 예배하도록 우리의 양심을 죽은 행실로부터 정결케 하실 것입니다. 15 이런 이유로 그는 새 언약의 중재자이십니다. 그리하여 부름받은 자들이 첫 번째 언약에 기초한[17] 범죄로부터 놓임을 위해 영원한 상속의 약속을 받게 될 것입니다.

13. 좀더 초기에 필사되었고 더 다양한 지역으로부터 발굴된 사본들이 *genomenōn*, 즉 "이미 일어난, 발생한"을 뜻하는 구절을 가지고 있고 다른 사본들은 *mellontōn*, 즉 "다가올, 장차 일어날"을 뜻하는 구절을 가지고 있다. 영역본 중에는 KJV가, 국역 중에는 《개역개정》, 《우리말》이 후자를 택했다. 둘 다 문맥상 의미가 통할 수 있다. 그리스도의 십자가 사역은 이미 일어난 역사적 사건이므로 "이미 일어난 좋은 일"로 표현될 수 있기 때문이다. 10:1에서는 사본상의 이형이 없이 "장차 일어날 좋은 것들"이다.

14. 전치사 *dia*는 일반적으로 이유, 원인 또는 수단, 방법을 표현한다. 이런 사전적 의미에 충실한 번역이 대부분 영역과 일부 국역에 나타나는 반면, 국역 중 몇몇은(《쉬운》, 《현대인》, 《성경》) 이 전치사를 동사처럼 옮겼다("자신의 피를 가지고"). 또 하나 여기에서 문제가 되는 것은 어순이다. *Dia*를 필두로 한 전치사구에 이어 나오는 것은 주동사 "들어갔다"이다. 즉 예수께서는 자신의 피를 통해 천상의 성소에 들어가셨다. 모든 영어 성경은 이런 원문의 어순을 충실히 따랐지만 우리말 성경 중 일부는 문장 내 어순상 마지막 요소인 분사구를 주동사 앞으로 끌어와서 번역하고 있다. 즉 "자신의 피로써 속죄를 얻었다"와 같은 번역이다(《개역개정》, 《새번역》, 《공동》). 피와 속죄의 인과적 관계를 부정하기 어렵긴 하지만 우선 본문의 어순을 충실히 살려 읽을 필요가 있다.

15. 일부 우리말 성경에 나타나는 "단번에"라는 번역은 사건 발생의 횟수만이 아니라 행동의 신속, 민첩성을 드러내므로 "단 한 번"(once for all)과는 사뭇 다르다.

16. 명사 *lytrōsis*는 본래 그리스-로마 사회에서 노예 시장 또는 감옥에서 매인 사람을 풀어 주는 행위, 지불하는 금액을 지시했다. 영어 성경은 예외 없이 "redemption"으로 옮긴 반면, 우리말 성경은 "속죄"(《개역개정》, 《바른》, 《공동》), "구속"(《우리말》), "구원"(《새번역》, 《현대어》), "해방"(《성경》) 등 다양한 번역을 사용했다. 여기서는 속죄일 제의에서 피의 흘림이나 뿌림으로 발생하는 결과이므로 "속죄"가 가장 어울린다.

17. 전치사 *epi*는 "위에서"(on)이고 첫 언약이 범죄의 근거 혹은 빌미가 되었음을 의미한다. 대부분 역본들이 "아래에서"(under)로 번역하는 데는 아마 첫 언약의 체제 혹은 기간을 뜻한다고 이해했기 때문인 듯하다.

16 한편, 언약이[18] 있는 곳에는 반드시 그것을 제정한 사람의 죽음이 확인되어야 합니다. 17 왜냐하면 언약은 죽음에 기초하여 효력을 발생시키고 그것을 제정한 사람이 살아 있을 때는 결코 효력이 없기 때문입니다. 18 그래서 첫 번째 언약도 피 없이는 시작되지 않았습니다. 19 모세에 의해서 모든 계명이 율법에 따라 모든 백성에게 진술된 후에 송아지와 염소의 피를 물과 주홍 양털과 우슬초[19] 와 함께 책과 모든 백성에게 뿌렸습니다. 20 그리고는

"이것은 언약의 피이며, 그 언약은 하나님께서 여러분께 명령하신 것입니다."[20]라고 말했습니다. 21 그리고 장막과 예배에 사용되는 모든 그릇에 같은 방식으로 피를 뿌렸습니다. 22 또한 거의 모든 것이 율법에 따라 피로써 정결하게 됩니다. 그래서 피를 쏟지[21] 않고서는 죄 용서가 이루어지지 않습니다.

23 그러므로 하늘에 있는 것들의 모상들은 이런 것들로 정결하게 해야 합니다. 하지만 하늘의 것들은 그보다 더 나은 제물로 정결하게 해야 합니다. 24 왜냐하면 그리스도께서 손으로 지은 성소, 즉 참된 것들의 모형에 들어가시지 않고 하늘 자체에 들어가셔서 지금 우리를 위해 하나님의 면전에 나타나시게 되었기 때문입니다. 25 이것은 그분이 자신을 자주 바치기 위해서가 아닙니다. 마치 대제사장이 다른 존재의 피로써 매년 성소에 들어간 것처럼 말입니다. 26 그렇지 않다면 세상의 창조 이래로 그분은 자주 고난을 받아야 했을 것입니다. 하지만 지금 시대의 완결점에 그분은 죄의 제거를 위해 자신을 제물로 바침으로써 단 한 번 나타나셨습니다. 27 한 번 죽음은 사람들에게 정해진 길이고 그다음에는 심판이 있습니다. 마찬가지로 그리스도도 역시 많은 사람들의 죄를 짊어지려고 단 한 번 바쳐졌습니다. 그리고 구원을 위해 자신을 고대하는 사람들에게 죄 없는 모습으로 두 번째로 나타나실 것입니다.

18. 명사 *diathēkē*는 줄곧 언약을 뜻했다. 하지만 16절과 17절에서는 그리스 문화권에서 일반적으로 가지던 의미, 즉 '유언'이라는 의미이므로 대부분의 역본이 그렇게 번역한다. NASB는 여전히 "covenant"로 옮긴다.

19. 주로 돌 틈이나 가옥의 담벽에서 자라는 다년생 식물로(왕상 4:33) 가지가 많고 줄기에 털이 많아 물을 잘 흡수한다. 따라서 정결 의식 때 물이나 피를 적셔 뿌리는 도구로 적당했다(출 12:21-22; 레 14:4-6, 49-52; 민 19:6, 18; 요 19:29). 《교회용어사전》(서울: 생명의말씀사, 2013).

20. 칠십인역 출애굽기 24:8의 인용.

21. 명사 *haimtekchysia*는 명사 "피"와 동사 "쏟다, 붓다"가 결합된 복합명사이다. 대부분 우리말 성경은 "피흘림"으로 옮겼고, 《성경》만이 "피쏟음"으로 번역했다.

10장

1 율법은 다가올 좋은 것들의 그림자를 지니고 있고, 그것들의 형상[1] 자체는 지니고 있지 못합니다. 그래서 성소에 나아오는 이들을 매년 계속해서 바치는 같은 제물들로써 온전하게 할 수 없습니다. 2 그렇지 않다면 예배하는 이들이 한 번 정결해진 다음에는 더 이상 죄의 양심을 가지지 않아[2] 제물을 바치는 일도 중단되지 않았겠습니까? 3 그러나 그 제물로는 매년 죄를 기억함만 있습니다. 4 왜냐하면 황소와 염소의 피는 죄를 없애지 못하기 때문입니다.

5 그러므로 그분이[3] 세상 안으로 오실 때 말씀하셨습니다.

"당신은 제물과 제사를 원하지 않으시고

나를 위해 한 몸을 마련해 두셨습니다.[4]

6 당신은 번제와 속죄제를 좋아하지 않으셨습니다.

7 그래서 나는 말했습니다.

'보십시오, 내가 왔습니다.

두루마리 책에 기록된 대로

하나님, 내가 당신의 뜻을 행하기 위해서입니다.'"[5]

8 그분은 먼저 다음과 같이 말씀하셨습니다.

"당신은 제물과 제사와 번제와 속죄제사를 원하지도 좋아하지도 않으셨습니다."

비록 이것들이 율법에 따라 바쳐졌음에도 말입니다. 9 그리고 나서 말씀하셨습니다.

"보십시오, 내가 왔습니다. 당신의 뜻을 행하기 위해서입니다."

1. 명사 *eidos*는 그리스 철학, 특히 플라톤 철학에서 중요한 개념이다. 단순한 겉모양이나 형식이 아니라, 감각 세계(질료, *hylē*)에 부여되는 영속적이고도 초월적인 원리, 원형을 뜻한다.

2. 9:8에 처음 나왔던 명사 *syneidēsis*는 선과 악을 구별하는 도덕적 자의식을 뜻한다. 일반적으로 "양심"으로 번역할 수 있으나 여기서는 "죄에 대한 인식, 인지" 정도의 의미이다. 일부 역본은 "죄를 깨닫는 일, 죄의식" 또는 "죄짓고자 하는 마음"(《현대어》)으로 옮겼다., 영역은 "consciousness of sin, feeling guilty"로 번역했다.

3. 여기서 삼인칭 남성 대명사가 대신 받는 명사는 분명 '그리스도'이다. 하지만 그리스도가 근접 문맥에 명시적으로 언급되지는 않았다. 많은 역본이 "그" 대신 "그리스도"를 넣어 번역했다.

4. 동사 *katartizō*는 "준비하다"를 뜻하는 *artizō* 앞에 강세 접두어 *kata*가 더해진 형태이다. 사전적 의미로는 "복구하다, 체계를 잡다, 준비하다, 공급하다" 등이 있지만 "준비하다, 마련해 두다"로 대부분 성경이 옮겼다(영역은 "prepare"). 우리말 성경 중 일부는 "저를 인간이 되게 하셨습니다"(《공동》,《현대어》)나 "나에게 입히실 몸을 마련하셨습니다"(《새번역》)처럼 의역했다.

5. 칠십인역 시편 39:7-9(히브리어 본문 40:6-8)의 인용.

첫 번째 것을 폐기한[6] 목적은 두 번째 것을 세우기 위함이 었습니다. 10 그 뜻에 따라 예수 그리스도의 몸이 한 번 바쳐짐으로 써 우리는 거룩하게 되었습니다. 11 그리고 모든 제사장은 날마다 서서 같은 제물들을 여러 번 바치면서 제사를 드립니다. 하지만 그 제물들은 결코 죄를 없애지 못합니다. 12 반면 그분께서는 죄인들 을 위해 하나의[7] 영원한[8] 제물을 바치고 나서 하나님 우편에 영원 히 앉으셨습니다. 13 그의 원수들이 그분의 발판으로 놓여질 때까 지 기다리고 계십니다. 14 왜냐하면 한 번의 제물드림으로 그는 거 룩해진 이들을 영원히 온전케 하시기 때문입니다. 15 성령도 우리 에게 증언하십니다. 즉 먼저 이렇게 말씀하셨습니다.

16 "그날 이후에 내가 그들과 맺을 언약은 이러하다―주 께서 말씀하신다―

나는 그들의 생각 속에 내 법을 넣어 주고,

그들의 마음에 그것들을 새길 것이다.

17 그들의 죄와 불법을 내가 더 이상 기억하지 않을 것이 다."

18 죄와 불법이 용서되었으므로 죄 때문에 바치는 제물은 더 이상 필요 없습니다.

6. 동사 anaireō는 어원상 "위로 취하다"를 의미하고 "사람을 죽이다"는 뜻으로 성경에서 여러 차례 쓰였다(칠십인역 민 11:15; .35:31; 삿 15:17; 사 27:7; 렘 33:15; 45:4; 겔 26:6; 28:9; 눅 23:32; 행 8:1; 13:28; 16:27; 22:20; 23:27; 26:10). 사람이 아닌 대상에 대해 사용된 경우는 신약에는 이곳밖에 없으며, 신 13:16에서는 "취하다", 단 1:16에서는 "제거하다"라는 뜻으로 쓰였다. 영어 성경에는 다양한 표현이 나오지만("take away", KJV, NASB, ISV, HCSB / "do away with", ESV / "set aside", NIV / "abolish", NRSV) 우리말 성경은 대체로 "폐기하다, 폐지하다, 폐하다"로 옮겼다.

7. 원문의 기수사인 "하나"(mia)를 횟수("한 번")로 번역한 역본이 많다. 이전 단락들에서 "한 번"을 뜻하는 haphax가 여러 차례 사용되었기 때문에 그렇게 번역하는 것도 가능하다. 14절과의 관련성도 이 점을 뒷받침한다. 그러나 원문의 문자적 의미로도 저자의 의도가 전달될 수 있기 때문에 여기서는 "하나"로 옮겼다.

8. 원문의 부사구 eis to diēnekes는 여기서 형용사구처럼 쓰인다. 이전의 용례(7:3)에서는 "항상"을 뜻했는데 여기서는 "항상 존재하는, 영원한"으로 옮기는 게 자연스럽다. 14절에도 같은 표현이 쓰였고 여기 12절 "영원한 제물"의 의미를 14절이 설명해 준다.

19 그러므로 형제들이여, 우리는 예수의 피로써 성소에 들어가기 위한 담대함을 가지고 있습니다. 20 그분은 우리에게 새롭고[9] 산 길을[10] 놓아 주셨고 그 길은 휘장, 즉 그의 육체를 통한[11] 길이었습니다. 21 또한 우리는 하나님의 집을 주관하시는[12] 큰 제사장을[13] 가지고 있습니다. 22 그러니[14] 우리가 참된 마음을 가지고 믿음의 확신 안에서 나아갑시다. 우리는 마음에 뿌려져서[15] 악한 양심으로부터 정결케 되었고[16] 정결한 물로 몸이 씻겨졌습니다. 23 희망의 고백을 흔들림 없이 굳게 간직합시다.[17] 약속하신 분이 신실하기 때문입니다.

24 우리가 사랑과 선한 행동을 자극하기 위해[18] 서로에게 관심을 기울입시다. 25 어떤 이들의 관행처럼[19] 우리끼리의 모임을 소홀히 하지 말고 서로 격려합시다. 여러분이 보다시피 그날이 가까워 오고 있으니 더욱 그렇게 합시다.

9. 흥미롭게도 형용사 *prosfatos*는 "최근의, 신선한"이라는 의미에 더하여 "제물이 이제 막 도살된"이라는 의미도 있다.

10. 분사 *zōsan*이 능동태이므로 "산 길, 살아 있는 길"이 적합한 번역이며, "살 길"(《개역개정》, 《새번역》, 《공동》)이나 "생명의 길"(《현대인》, 《현대어》)은 정확하지 않다. 영역본은 모두 "living way"로 옮겼다.

11. 여기서 전치사 *dia*는 물리적인 차원에서 "관통하여, 뚫고서, 가운데로"의 의미로 이해할 수 있다. 《쉬운》이나 《현대인》에 있는 "휘장을 찢어"는 복음서의 기록에(막 15:38과 그 병행구절) 영향을 받은 듯하다.

12. 원문에 동사는 없고 단지 전치사 *epi*가 있을 뿐이다.

13. 《개역개정》을 제외한 대부분 우리말 성경은 "위대한"으로 옮겼다. 영어 성경에는 두 의미를 모두 가진 "great"로 표현되어 있다.

14. 본래 21절에서 시작한 문장의 주절은 여기서부터이고 나머지 21-22절이 분사구문으로서 이유의 종속절이다. 종속절을 독립된 문장으로 만들어서 앞세우는 바람에 본래 주절이었던 문장을 앞 문장에 이어지는 결과절인 것처럼 번역했다.

15. 많은 우리말 성경이 원문에 없는 "그리스도의 피"를 삽입하여 "뿌려짐"의 내용을 분명하게 하고 있다.

16. 원문에는 아무런 동사나 형용사 없이 전치사 *apo*만 있다. "악한 양심으로부터 벗어난"(《개역개정》)보다는 앞에 나온 내용을 고려하여 "정결케 된"으로 옮기는 것이 더 적절하다. 영어 성경은 대부분 "clean from an evil conscience"로 옮겼다. "죄책감에서 벗어난"(《새번역》), "나쁜 마음씨가 없어진"(《공동》)처럼 의역한 성경도 있다.

17. 동사 *katechō*(굳게 붙잡다)의 목적어는 "희망"이 아니라 "고백"이고, 형용사 *aklinē*(주저하지 않는, 흔들림 없는)은 "고백"을 수식한다. 직역하면 "흔들림 없는 희망의 고백을 붙잡다"이겠지만 "희망의 고백을 흔들림 없이 붙잡다"도 의미상 큰 차이는 없다. 《개역개정》("믿는 도리의 소망을 움직이지 말며 굳게 잡고")을 비롯해서 대부분 우리말 성경이 "우리가 고백하는 소망을 붙잡자"라고 옮겨서 원문의 어순을 뒤집은 반면 영어 성경은 대체로 원문의 어순을 유지했다("Let us hold fast the confession of our hope without wavering", ESV).

18. 전치사 *eis*는 주로 목적을 표현하지만 일부 성경이 결과절로 번역했다(《개역개정》, 《새번역》). 또 명사 *paroxysmos*는 "자극"을 뜻하는데 많은 우리말 성경이 "격려"로 옮겼다. 영역은 "motivate"(ISV, NLT), "promote"(HCSB), "spur"(NIV), "stir"(ESV), "stimulate"(NASB), "provoke"(NRSV) 등 다양한 표현을 사용했다.

19. 명사 *ethos*는 개인의 습관보다는 공동체나 민족의 관습, 문화, 정서 등을 뜻하는데 대부분 역본이 "습관", "habit"으로 옮겼다.

26 왜냐하면 우리가 진리에 대한 앎을 받아들이고 나서[20] 일부러 지속적으로 죄를 짓는다면[21] 더 이상 속죄를 위한 제물이 없기 때문입니다.[22] 27 다만 심판에 대한 어떤 두려운 전망, 그리고 대적자들을 태우게 될 불의 맹렬함이 남아 있을 뿐입니다. 28 모세의 율법을 무시한[23] 사람은 둘 혹은 세 사람의 증언에 따라 가차 없이 처형됩니다.[24] 29 그렇다면 하나님의 아들을 짓밟고 자기를 거룩하게 해준 언약의 피를 속되게[25] 여기고 은혜의 영을 모욕한 사람은 얼마나 더 나쁜 벌을 받아야 마땅하겠습니까?

30 "복수는 내가 할 일, 내가 보복하리라."[26]

그리고

"주께서 그의 백성을 심판하실 것이다."[27]

하고 말씀하신 분을 우리는 알고 있습니다. 31 살아 계신 하나님의 손 안에 떨어지는 것은[28] 무서운 일입니다.

20. 대부분의 역본이 문자적으로 "진리의 지식을 받았다"로 번역했다. 하지만 그런 문자적 번역보다는 "after we have learned the full truth"(ISV)나 "진리를 깨닫고서도" 또는 "알고서도"(《성경》,《쉬운》,《현대인》,《현대어》) 등이 좀더 자연스럽다.

21. 분사구문은 조건문으로 옮길 수 있으며, 특히 현재시제는 반복적, 계속적 동작을 표현할 수 있다 ("continue to sin", "keep on sinning", NASB, NIV, ESV, NLT).

22. 접속사 *gar*를 꼭 번역할 필요는 없지만 여기서는 인과관계를 분명히 밝힐 필요가 있다.

23. 동사 *atheteō*는 신약성경에서 14회 사용되었고, 용례마다 조금씩 다른 의미를 표현한다. 우선 *tithēmi*의 반의어로서 "폐지하다, 무너뜨리다"를 뜻하며, "거부하다, 거역하다", "효력을 잃게 하다, 무시하다"를 의미할 수도 있다.《개역개정》은 "폐하다"로,《바른》,《현대어》,《우리말》은 "거역하다"와 "거부하다"로,《새번역》과《쉬운》,《현대인》은 "어기다"로 옮겼다. 나는 28절과 29절의 병행관계를 염두에 두면서 "무시하다"로 옮겼다(《공동개정》,《성경》, KJV, HCSB).

24. 이 현재시제는 현재의 시간을 지칭하는 게 아니고 일반적, 보편적 상황을 묘사하고 있다.《개역개정》을 비롯한 여러 우리말 성경처럼 과거시제로 번역하면 원문의 의미가 왜곡된다.

25. 칠십인역에서 *koinos*는 "거룩함"의 반대 개념으로서 "일상적인 생활에 속한, 평범한, 통속적인, 속된"으로 해석될 수 있다. "더러운"(《성경》)은 레위기적 제의적 정결 개념을 제대로 담지 못한다. "대수롭지 않은"(《새번역》), "별것 아닌"(《공동개정》)이 더 적절한 번역이라 여겨진다.

26. 칠십인역 신명기 32:35의 인용

27. 칠십인역 신명기 32:36; 시편 135:14의 인용.

28. 동사 *piptō*(떨어지다, 넘어지다)를 영어 성경은 모두 "fall"이라는 사전적 의미로 번역한 반면,《개역개정》을 비롯한 몇몇 우리말 성경은 "빠져 들다"로 의역했다.

32 예전에 여러분이 빛의 비춤을 받고 고통스러웠던 많은 경합을[29] 견디었던 그때를 기억해 보십시오. 33 어떤 때에는 공공연하게 모욕과 환난을 당했고, 어떤 때에는 그런 처지에 놓인 사람들과 함께하기도 했습니다. 34 여러분은 감옥에 갇힌 이들과 함께 아파했고,[30] 기꺼이 여러분의 재산을 빼앗기기도 했습니다. 그 이유는 그보다 더 좋고 길이 남는 재산을 갖고 있음을 여러분이 알았기 때문입니다.[31]

35 그러므로 여러분의 그 확신을[32] 내던지지 마십시오. 그것에는 큰 보상이 따릅니다. 36 하나님의 뜻을 행함으로 약속된 것을[33] 얻으려면 인내가 필요합니다.

37 왜냐하면 "조금만 더 있으면",[34]

"오실 이가 도착할 것이며, 그분은 지체하지 않을 것"[35]이기 때문입니다.

38 "하지만 나의 의인은 믿음으로[36] 살 것이다.

만약 그가 뒤로 물러난다면 내 마음이 그를 기뻐하지 않는다."[37]

39 우리는 뒤로 물러나 멸망할 사람이 아니라 믿어서 생명을 얻을[38] 사람입니다.

29. 명사 *athlēsis*가 운동경기에서의 경합을 뜻한다는 사실은 그로부터 파생된 영어 단어(athlete, athletic)만 봐도 명백하고, 고대 문헌, 비문에서의 용례도 이 점을 확증한다. 이 단어가 이곳을 제외하면 신약성경은 물론 구약성경이나 여타 유대 문헌에서 사용된 적이 없기 때문에 히브리서의 문맥만으로 이 단어의 의미를 결정할 수는 없다. 그럼에도 대부분 역본이 "싸움", "도전"(conflict, struggle)으로 옮겼다. NIV만이 "contest"라는 표현으로 그리스어의 의미를 살렸다. 비록 33절 이하에서 설교자는 신자들이 당했던 각종 사회적, 경제적 핍박이나 불이익을 언급하고 있지만 그러한 고난을 감수하며 견디는 신자의 덕목을 운동경기에서의 경험에 빗대기 위해 일부러 *athlēsis*라는 단어를 사용했다고 보아야 한다. 따라서 단어의 비유적 의미보다는 원래의 의미를 십분 살려 번역하는 게 낫다.

30. 동사 *sympatheō*는 "함께 느끼다, 겪다, 고통받다" 등을 뜻한다. 《쉬운》은 한 걸음 더 나아가 "갇힌 자들을 도와주었다"로 번역한다.

31. 원문에 이유를 표현하는 접속사는 없지만 분사구문이 있으므로 이렇게 옮길 수 있다.

32. 명사 *parrēsia*는 신약성경 다른 곳에서 "거침없이 말함, 그렇게 말하는 용기"를 의미하는 경우가 많다. 여기서는 논쟁이나 복음전도의 상황에서 담대하게 선포하는 행위라기보다 신자 내면의 상태를 가리킨다. 《개역개정》은 "담대함"으로, 《새번역》은 "확신"으로 옮겼고, 《공동》은 "신념," 《쉬운》은 "용기"로 번역했다. 영어 성경은 대부분 "confidence" 혹은 "confident trust in the Lord(NLT)"로 표현했다.

33. 비록 명사 *epangelia*만 나타나지만 단순히 "약속"이 아니라 "약속의 내용"을 지칭한다. 영어 성경은 대부분 "what was promised"로 옮겼지만 KJV는 "the promise"라고 했고 《개역개정》과 《바른》, 《우리말》도 "약속"으로만 옮겼다.

34. 칠십인역 이사야 26:20 일부 인용.

35. 칠십인역 하박국 2:3 일부 인용

36. 명사 *pistis*의 기본적인 의미는 "믿음"이지만 "신뢰"(《현대어》)나 "신실함"(NLT)으로 옮기기도 한다.

37. 칠십인역 하박국 2:4의 인용.

38. 전치사구 *eis peripoiēsin psychēs*를 문자적으로 번역하면 "목숨의 보전에 이르다"이다. 《개역개정》, 《바른》, 《쉬운》, 《현대인》, 《현대어》 등은 "구원에 이르다"로 옮겼다.

11장

1 믿음은 바라는 것들을 확신함,[1] 그리고 보이지 않는 것들을 확증함입니다.[2] 2 옛 사람들이 이것으로써 인정받았기[3] 때문입니다.

3 믿음으로써[4] 우리는 세상이 하나님의 말씀으로 마련되었음을,[5] 나타난 것이 보이는 것으로부터 나오지 않았음을 깨닫습니다.[6] 4 믿음으로써 아벨은 가인보다 나은 제물을 하나님께 바쳤습니다. 그는 그것을 통해[7] 의롭다고 인정받았는데 하나님께서 그의 헌물에 대해 인정하신 것입니다. 그리고 그는 죽었지만 그것을 통해 아직도 말을 하고 있습니다. 5 믿음으로써 에녹은 죽음을 보지 않고 옮겨졌습니다. "하나님께서 그를 옮기셨으므로 그는 보이지 않았습니다."[8] 그는 하늘로 옮겨지기 전에 "하나님을 기쁘게 했다"고 인정을 받았습니다. 6 믿음이 없이는 하나님을 기쁘게 할 수 없습니다. 왜냐하면 하나님께 나아가는 사람은 그분께서 계시다는 것, 그리고 그분께서 당신을 찾는 사람에게 보응해 주심을 마땅히 믿어야 합니다. 7 믿음으로써 노아는 아직 보이지 않는 일들에 관하여 지시를 받고 경외하는 자세로 방주를 만들어 그의 가족을 구원했습니다.[9] 그것을 통해[10] 그는 세상을 심판하고 믿음에 따른 의로움의[11] 상속자가 되었습니다.

1. 명사 휘포스타시스(*hypostasis*)의 어원적 의미는 "아래에 서 있는 것"인데 이것으로부터 다양한 사전적 의미들이 나왔다. "기초, 토대, 실체, 실상, 본질" 외에도 "실현, 계획, 착수, 상황, 마음의 상태" 등을 뜻할 수 있다. 또, 소유권의 토대가 되는 등록증이나 권리증서를 뜻하기도 한다. 국역은 "실상"(《개역개정》, 《바른》) 외에도 "실체," (《우리말》), "실물"(《현대인》), "보증"(《공동》, 《성경》) 등으로 옮겼고 영역은 "assurance" 말고도 "reality"(HCSB)나 "substance"(KJV)라고 표현되었다.

2. "확증함"으로 번역한 "엘렝코스"(*elenchos*)는 "시험하다, 검증하다, 검토한 후 비판하다" 등을 의미하는 동사(*elenchō*)에서 유래했기 때문에 "검증, 검토"하는 행위를 뜻하기도 하고 그 결과물로서 "증거, 증명"을 의미할 수도 있다. 영역본에는 "proof"(HCSB), "evidence"(KJV)만이 아니라 "conviction"(ESV, NRSV, NASB)으로 옮겨지기도 했다.

3. 동사 *martyreō*는 "증언하다, 증거하다"를 뜻하지만 여기서처럼 수동태일 때는 "인정받다, 공공연하게 밝혀지다, 확인되다"로 옮겨야 자연스럽다. 영어 성경은 대부분 "won/received/gained approval"(ISV, NRSV, NASB), "received their commendation"(ESV)처럼 칭찬이나 좋은 평판을 받음을 의미하는 번역을 했고, 《개역개정》과 《바른》("증거를 얻었다")을 제외한 대부분 우리말 성경도 "인정을 받았다"로 옮겼다.

4. 수단, 방법을 표현하는 여격의 의미가 좀더 분명하게 드러나도록 번역했다.

5. 동사 *katartizō*의 일차적 의미는 "순서, 질서를 바로잡다, 정렬시키다, 준비하다"이다. 거기에서 파생하여 "정렬하여 만들다"를 뜻하기도 한다.

6. 구문상 우리가 믿음으로 "깨닫는"(*noeō*) 내용은 두 가지이다. 여러 역본들은 이 점을 분명히 표현하지 않고 두 번째 문장을 첫 문장으로부터 독립시키곤 한다.

7. 《공동》과 《성경》은 여기에 나오는 관계대명사의 선행사를 "제물"이 아닌 "믿음"이라고 본다. 이 절 말미의 대명사도 마찬가지다. 영역본 중에는 유독 NIV가 "믿음"을 그 선행사라고 판단했다. 하지만 "제물"(*thysia*) 역시 여성 단수 명사인 만큼 배제할 수는 없으며, 오히려 "믿음"보다 관계대명사와의 거리가 더 가까우므로 그것이 선행사일 가능성이 높다.

8. 칠십인역 창세기 5:24의 인용.

9. 원문의 'eis + 부정사' 구문은 영어로 매끄럽게 번역된다. 'to 부정사' 구문이 목적과 결과 둘 다를 표현해 주기 때문이다. 우리말에서는 그런 중의적 구문이 없기 때문에 둘 중 한 의미를 택해야 한다. 여기서는 문맥상 '결과' 구문이 '목적' 구문보다 더 자연스럽다.

10. 4하반절에서처럼 여기 쓰인 관계대명사 hēs의 선행사로 두 가지가 가능하다. 하나는 첫 단어 "믿음"(*pistis*)이고 다른 가능성은 바로 앞의 "구원"(*sōtēria*)이다. 둘 다 문맥과 어울리지만 대부분의 역본은 전자를 취했다.

11. 《바른》의 번역("믿음으로 의의 상속자가 되었다")은 원문의 구문과 어긋난다. "믿음에 따른"은 "되다"를 수식하지 않고 "의로움"을 수식한다.

8 믿음으로써 아브라함은 장차 상속 재산으로 받게 될 곳을 향해 떠나라고 부름받았을 때 순종했습니다.[12] 그는 어디로 가야 할지 모른 채 떠났습니다. 9 믿음으로써 그는 약속의 땅에 마치 외국에서 살듯이 얹혀 살았습니다.[13] 그는 같은 약속의 공동상속자들인 이삭과 야곱과 함께 천막을 치고 머물렀습니다. 10 왜냐하면 그는 기초를 갖춘 성읍,[14] 즉 하나님께서 그것의 건축자와 창조자가[15] 되신 그 성읍을 기대했기[16] 때문입니다. 11 비록 그는 늙고, 그의 아내 사라 역시 단산했지만, 믿음으로써 그는 생식의 능력을 얻었습니다.[17] 이것은 그가 약속하신 분을 신실하신 분으로 여겼기 때문입니다. 12 그러므로 한 사람에게서, 그것도 죽은 사람이나 다름없는 사람에게서 "하늘의 별처럼 수가 많고 바닷가의 모래처럼 셀 수 없는" 자손이 태어났습니다.

12. 아브라함은 "부름받고 순종해서 떠났다"라기보다 "떠나라고 부름받고 나서 순종했다". 대부분 우리말 성경은 전자의 취지로 번역했고 대부분 영어 성경은 후자와 같이 옮겼다. 여기에 사용된 그리스어 부정사의 기능(목적)에는 후자가 더 어울리며, 창 12:1에도 "떠남을 위해 부름받음"이 기술되어 있다.

13. 주동사인 *paroikeō* 자체에 "나그네로 살다, 엎혀 살다"의 의미가 있다. 우리말 성경이 대부분 사용하고 있는 "거류하다, 우거하다" 등은 '일시적이자 잠정적 체류'라는 원문 동사의 의미를 잘 표현하지 못한다.

14. 원문에 '터, 기초'를 뜻하는 명사 *themelios* 앞에 아무런 꾸밈 말이 없지만, 몇몇 우리말 성경에는 형용사 "튼튼한"이 가미되었다.

15. 명사 *technitēs*는 '기술자, 장인, 공인' 등을 뜻한다. 여러 우리말 성경에 나타나는 "설계자" 혹은 "계획자"는 정확하지 않다. 뒤이어 나오는 "건축자"(*dēmiourgos*)와 대조하려는 의도일 수 있지만 비슷한 의미를 가진 두 단어를 연이어 사용했을 수도 있다. *Dēmiourgos*는 그리스 철학에서 "조물주"를 가리키는 전문용어이다. 문제는 우리말로 옮기면서 여러 성경이 *dēmiourgos*를 동사로 바꾸어 미래시제로 만든 점이다("만드실 성전"). 이 번역은 천상의 도성이 아직 완성되지 않았음을 암시한다.

16. 동사 *ekdechōmai*는 어원적으로는 '이어지는 것을 받아들이다'의 뜻이며 '기다리다, 기대하다'를 뜻한다.

17. "생식의 능력을 얻다"는 원문의 의미상 여성이 주체가 될 수 없는 표현이다. 또한 일부 사본상의 증거는 사라를 주어가 아닌 대상을 표현하는 여격으로 표시한다. 12절에 언급된 "거의 죽은 것과 같은 상태" 역시 사라가 아닌 아브라함을 묘사하므로 11절의 주어를 아브라함으로 보는 것이 자연스럽다.

13 이들은 모두 믿음을 따라 죽었습니다. 약속된 것을 받지 못했지만 멀리서 그것을 보고 반겼습니다. 그리고 자신들은 땅에서 외국인이며 난민일[18] 따름이라고 고백했습니다.[19] 14 이렇게 말함으로써 그들은 자신들이 본향을 추구하고 있음을 분명히 드러냈습니다. 15 그들이 만약 떠나온 본향을[20] 염두에 두었다면 돌아갈 기회가 있었을 것입니다. 16 하지만 그때 그들은 더 나은 본향, 즉 하늘 본향을 갈망하고 있었습니다. 그래서 하나님께서는 그들의 하나님이라고 불리는 것을 부끄러워하지 않으시고 그들을 위해 한 성읍을 마련해 주셨습니다.

17 믿음으로써 아브라함은 시험받았을 때 이삭을 바쳤습니다. 약속을 받았는데도 그는 독생자를 바치려 한 것입니다.[21] 18 그에게 하나님은 말씀했습니다.

"이삭을 통해 너의 씨라고 불리울 것이다."[22]

19 그는 하나님께서 죽은 자들로부터도 일으키실 수 있다고 간주했습니다. 그러한 믿음에 따르면, 아브라함은 이삭을 죽음으로부터 되돌려 받은 셈입니다. 20 믿음으로써 이삭은 장래 일을 두고 야곱과 에서에게 축복했습니다. 21 믿음으로써 야곱은 죽을 때 요셉의 각 아들에게 축복하고 "지팡이 끝에 몸을 기대어 경배했습니다."[23] 22 믿음으로써 요셉은 임종 시에 이스라엘 자손들의 탈출을 기억했고[24] 자기의 유골에 관해서 지시했습니다.

18. 대부분 우리말 성경이 "나그네"로 번역한 명사 *parepidēmos*는 어원적으로 '집에 얹혀 잠시 기거하는 사람'이다. 우리말 '나그네'가 낭만적 느낌을 준다면 일부 영어 성경이 옮기듯("exile," ESV / "refugees," GNT) 어쩔 수 없이 타인, 타국에 기거하게 된 떠돌이를 의미한다. 6:18에서 그리스도인들을 "피하여 가는 자들"이라고 묘사한 것과도 통한다.

19. 칠십인역 창세기 23:4에서 사라의 매장지를 구매하면서 아브라함이 했던 고백이다.

20. 지시대명사 *ekeinēs*는 분명 앞 문장의 명사 *patris*를 받는다. 본향이라는 같은 이름일지라도 그 내용은 대비를 이룬다. "본향보다 더 좋은 것은 없다"고 호메로스는 말했다(《오뒷세이아》 9.34).

21. 앞 문장의 "바쳤다"와 두 번째의 "바치려 했다"는 원문에서 시제의 차이가 있다(아오리스트와 미완료).

22. 칠십인역 창세기 21:12. 칠십인역은 히브리어 문장을 직역했다. 정확한 번역은 아마 《개역개정》의 창세기 21:12일 것이다. "이삭에게서 나는 자라야 네 씨라 부를 것임이니라."

23. 칠십인역 창세기 47:31의 인용. 히브리어 원문에는 "지팡이 끝" 대신 "침상 머리맡"으로 되어 있다. 창 47:31의 현대어 역본 중에는 NIV만이 칠십인역을 따라 "as he leaned on the top of his staff"로 옮겼다.

24. 대부분의 역본은 동사 *mnēmoneuō*를 "언급하다"로 번역했지만 고전 그리스어 용례에 나타나지 않는 뜻이다.

23 믿음으로써 모세는²⁵ 그가 태어났을 때 그 아기의 풍모를²⁶ 본 그의 부모들에 의해 석 달간 숨겨졌습니다. 그들은 왕의 명령을 두려워하지 않은 것입니다. 24 믿음으로써 모세는 장성했을 때 바로의 딸의 아들이라고 불리기를 거부했습니다. 25 그는 죄의 일시적인 향락을 누리기보다는 차라리 하나님의 백성과 함께 학대받는²⁷ 쪽을 선택한 것입니다. 26 그는 그리스도의 치욕을²⁸ 이집트의 보물보다 더 큰 재산으로 여겼습니다. 왜냐하면 그는 보상을 바라보고 있었기 때문입니다. 27 믿음으로써 그는 왕의 분노를 두려워하지 않고 이집트를 떠났습니다. 보이지 않는 분을 보고 있는 사람처럼²⁹ 굳건히 견뎠기 때문입니다. 28 믿음으로써 모세는 유월절을 제정하고 피를 뿌림으로써 처음 난 것들의³⁰ 파괴자가 그들을 건드리지 못하게 했습니다. 29 믿음으로써 그들은 홍해를 마른 땅처럼 건넜습니다. 이집트인들은 그렇게 해보다가³¹ 물에 삼켜졌습니다. 30 믿음으로써 칠 일간 돌자 여리고 성벽이 무너졌습니다. 31 믿음으로써 창녀 라합은 정탐꾼들을 평안히 맞아들였기에 불순종한 자들과 함께 망하지 않았습니다.

25. 많은 역본이 "모세의 부모"를 주어로 내세웠는데 왕의 명령에 맞서 아기를 숨긴 행동 주체였기 때문일 것이다. 그럼에도 부모의 믿음 있는 행동이 모세의 믿음과 모종의 관련이 있음을 암시하는 듯 원문은 모세를 주어로 내세웠다.

26. 형용사 *asteios*는 '도시'를 뜻하는 명사 *asteia*에서 파생하여서 '도시적인, 세련된'을 뜻했고, '잘 생긴, 멋진'이라는 의미를 지녔다(《새번역》, 《성경》). 수려한 외모만이 아니라 비범하고 특출한 풍모를 지칭할 수 있으므로 "남다른"(《우리말》), "비범한"(《현대어》)도 좋은 번역이다.

27. 동사 *synkakoucheomai*는 '학대하다' 외에 단순히 '고통받다'를 의미하기도 한다.

28. 원문(*ton oneidismon tou Christou*)은 단순한 속격 구문이다. 그러나 대부분의 우리말 성경과 일부 영어 성경(NIV, NRSV, NLT, HCSB)은 "그리스도를 위하여 받는 고난"이라고 번역했다. 하지만 다른 해석의 여지를 남겨 두려면 직역하는 편이 나을 것이다. 명사 *oneidismos*는 저주나 욕설, 모욕적인 언사 등을 뜻하지만 칠십인역에서는 이스라엘을 적대시한 민족들의 선전포고를 뜻하기도 한다(삼상 17:10; 습 2:8). 이집트에서의 노예생활 자체를 지칭할 때도 이 단어가 쓰였고(수 5:9; 느 1:3), 유대인들이 안식일 때문에 이방인들에게 받았던 조롱을 표현할 때도 쓰였다(1마카비서 1:39).

29. 일부 영어 성경은(NIV, NLT) 접속사 *hōs*를 양태가 아닌 이유로 옮겼다. "보이지 않는 분을 보았기 때문에."

30. 같은 단어가 1:6에서 남성형으로 쓰였는데, 여기서는 중성 복수형이다(*ta prōtotoka*). 따라서 《개역개정》, 《공동》, 《쉬운》, 《현대어》처럼 "맏아들", "장자"로 번역하는 것은 곤란하다. 《새번역》과 《성경》은 "맏아들과 맏배"라고 옮겼고, 영어 성경은 대부분 "the firstborn"으로 옮겨 사람과 동물을 포괄했다. 출애굽기 14장에 따르면 첫 유월절에 처음 난 사람뿐 아니라 육축까지도 죽임을 당했다. 1:6의 번역주 참조.

31. 동사 *peirazō*의 사전적 의미에는 '시험하다, 검사하다(test, examine)'뿐 아니라 '해보다, 시도하다(attempt, try)'도 있으므로 전자를 기계적으로 적용하기보다(《개역개정》, 《바른》) 문맥에 부합하도록 자연스럽게 옮겼다(《새번역》, 《공동》, 《우리말》, 《성경》, 대부분의 영어 성경).

32 내가 무슨 말을 더하겠습니까? 기드온, 바락, 삼손, 입다, 다윗과 사무엘 그리고 예언자들에 대해 말하려면 시간이 모자랄 것입니다. 33 믿음으로써 그들은 여러 나라들을 정복했고, 정의를 실천했으며, 약속된 것들을 얻었고 사자들의 입을 막았으며 34 맹렬한 불을 껐고 칼날을 피했으며 연약함으로부터[32] 강해졌고 전쟁에서 용맹해졌으며 외국 군대를 물리쳤습니다.

35 어떤 여인들은 죽었던 식구들을[33] 부활을 통해 받았고, 다른 이들은 더 나은 부활을 얻으려고 풀려나기를[34] 바라지 않고 고문을 받았습니다. 36 또 어떤 이들은 조롱과 채찍질, 결박과 투옥의 시험까지도 당했습니다. 37 또 돌에 맞아 죽기도 하고 톱으로 잘리기도 하고 칼에 맞아 죽기도 했습니다. 그들은 궁핍과 고난과 학대를 겪으며 양가죽이나 염소 가죽만 두른 채 돌아다녔고— 38 세상은 그들을 받을 만한 가치가 없었습니다[35] —광야와 산과 동굴과 땅굴을 헤매고 다녔습니다.

39 이 사람들은 모두 믿음을 통해 인정을 받았지만[36] 약속된 것을 얻지는 못했습니다. 40 하나님께서 우리를 위해 더 좋은 것을 내다보셨기[37] 때문에 우리 없이 그들은 온전케 될 수 없습니다.

32. 전치사 *en*이 아니라 *apo*이므로 "연약함 중에서"보다는(양보) "연약함으로부터"가(원인, 기원, 출처) 더 적절하다.

33. 원문은 '그들의 것들 혹은 사람들'을 뜻하지만 그리스어에서 속격 인칭대명사는 종종 가족관계를 지칭한다.

34. 일부 우리말 성경은 "풀려나다" 앞에 "구차히, 구태여" 등의 부사를 첨언하는데 원문에는 상응하는 단어가 없다.

35. 형용사 *axios*는 '~할 가치가 있다, ~에 합당하다'를 뜻하며 그것의 속격 목적어는 앞 문장에 묘사된 "그들"이다. 형용사 "worthy"가 이것에 상응하며 우리말 번역은 크게 세 가지로 나타난다. "세상이 감당치 못한다"(《개역개정》, 《바른》). / "세상은 이런 사람들을 받아들일 만한 곳이 못되었다"(《새번역》). / "이런 사람들에게는 이 세상이 살 만한 곳이 되지 못했습니다"(《공동》). 세 번째 번역이 원문의 의미를 가장 잘 반영한다고 생각된다. 반면 "세상은 그들에게 아무 가치가 없었습니다"(《현대인》, 《쉬운》, 《성경》)는 원문의 구문에 잘 들어맞지 않는다. 아울러 일부 역본은 이 문장과 이어지는 문장 사이에 인과접속사 "그래서"를 넣지만 원문에는 상응하는 낱말이 없고 분사구문이 이어질 뿐이다.

36. 앞서 여러 번 나왔다시피 동사 *martyreō*의 수동태를 "증거를 받다" 또는 "증언되다"로 번역하는 경우 의미가 흐려진다. 영어로는 "be approved, commended, obtain a good reputation" 등으로 옮겼다.

37. 동사 *problepō*를 어원적 의미로 보면 '미리 보다, 내다 보다'이다. 그럼에도 대부분의 역본이 "예비하다, 마련하다, provide, plan" 등으로 번역했다. 창 22:14(여호와께서 보셨다)이 이 단어의 의미와 관련될지 모른다.

12장

1 바로 그런 이유로[1] 우리에게 이렇게 많은 증인들이 구름처럼[2] 에워싸고 있으니 우리도 온갖 짐과 우리를 쉽게 덫에 빠뜨리는[3] 죄를 떨쳐버리고 인내하면서 우리 앞에 있는 시합[4]에서 달립시다. 2 또한 믿음의 선도자이자[5] 완결자이신 예수를 주목합시다. 그는 그의 앞에 있는 기쁨을 위해 수치를 아랑곳하지 않으면서 십자가를 견뎠습니다. 그리고 하나님의 보좌 오른쪽에 앉으셨습니다. 3 죄인들이 그분 자신을 향해 행했던 그러한 적대 행위를[6] 견디신 분을 생각해 보십시오. 그러면[7] 여러분은 낙심하여 지치지[8] 않게 될 것입니다.

1. 부사 *toigaroun*은 일반적으로 "그러므로"를 뜻하는 *oun*보다 강한 의미를 지닌다.

2. 원문의 주어는 '증인들의 구름'(*nefos martyrōn*)이다.

3. 형용사 *euperistatos*는 '쉽게 엉키게 하는, 매이게 하는, 꾀는, 달라붙는' 등의 의미를 가진다.

4. 명사 *agōn*은 어원상 운동 경기에 모여든 군중을 뜻하지만 이내 운동 경기 자체를 의미하게 되었다.

5. 2:10의 번역 주에서 설명했듯이 명사 *archēgos*는 ① 인도자, 영도자, ② 선발대, 맨 앞서 가는 사람, ③ 창시자, 맨 처음 행한 사람 등을 뜻한다. 여기서는 이어지는 "종결자, 완결자"와 대구를 이룬다. 《성경》은 "영도자", 《공동》은 "근원", 《쉬운》은 "시작"으로 옮겼고, 《개역개정》은 같은 단어를 2:10에서 "창시자"라고 번역했는데 여기서는 "주"로 옮겼다. 영어 성경도 "pioneer, founder, source, author" 등 다양한 표현을 사용했다.

6. 본래 명사 *antilogia*는 '반론, 비방' 등 언어와 관련되지만 적대적 태도나 행위를 의미할 수 있다.

7. 접속사 *hina*는 목적절을 이끌기도 하고 결과절을 이끌기도 하지만 여기서는 결과절로 번역했다.

8. 낙심함(*ekluomai*)과 지침(*kamnō*)의 순서를 정반대로 두거나 나란히 나열한 역본이 있다("지쳐서 낙심한다", "지치고 낙심한다"). 하지만 전자가 분사이고 후자가 직설법이므로 "낙심하여 지친다"가 자연스럽다.

4 여러분은 아직 피 흘릴 정도까지 죄와 맞서 싸우고 있지는 않습니다. 5 여러분은 그분이 아들들에게 하듯 여러분에게 했던 권면을 잊었습니다.

"내 아들아, 주의 훈육을[9] 하찮게 여기지 말고 그분께 책망을 받아도 낙심하지 말아라. 6 주께서는 사랑하시는 이를 훈육하고 자녀로 인정하시는 모든 이를 채찍질하신다."[10]

7 하나님께서 여러분을 자녀들처럼 대하셔서 내리는 훈육이라 여기고 견뎌내십시오. 아버지가 훈육하지 않는 자녀가 어디 있겠습니까? 8 여러분 모두가 훈육에 동참하지 않는다면 여러분은 사생아이지 자녀가 아닙니다. 9 게다가 우리 육신의 아버지를 훈육자로 두고 있고 우리는 그분을 공경했습니다. 하물며 영들의 아버지께는 더욱 순복하여 우리가 살도록 해야 하지 않겠습니까? 10 육신의 아버지들은 자기들의 생각대로 우리를 잠깐 훈육하지만 그분께서는 우리에게 유익하도록 훈육하셔서 우리가 당신의 거룩함에 동참할 수 있게 해주십니다. 11 모든 훈육이 당장은 기쁨이 아니라 슬픔으로 여겨집니다. 그러나 그것으로 단련된[11] 이들에게 나중에는[12] 평화로 가득한 열매를 의로움으로부터[13] 가져다 줍니다.

9. 명사 *paideia*는 "징계"(《개역개정》,《새번역》,《현대어》)보다 "훈육, 훈계"(《바른》)라는 일반적 의미로 번역하는 게 좋다. "연단"(《우리말》)도 가능하다. 친족어인 동사 *paideuō*도 마찬가지이다.

10. 칠십인역 잠언 3:11-12의 인용. 히브리어 원문과의 차이점에 대해서는 Cockerill, *Hebrews*, 622. n. 33을 참조.

11. 동사 *gymnazō*([레슬링을 비롯한 여러 종목의 체육활동을 위해] 옷을 벗고 훈련하다)의 완료수동 분사. 영어 성경은 대부분 "train"의 수동태로 옮긴 반면, 우리말 성경에는 "연단," "단련," "훈련" 세 가지 표현이 나타난다. 첫 번째 것은 일반적으로 체육활동 묘사에 사용되지 않기 때문에 원문의 의미를 흐린다.

12. 《성경》의 번역을 따름. 《개역개정》과 《바른》,《쉬운》,《현대인》 등은 부사 "후에"가 무엇을 수식하는지 명확하지 않다. "*men to paron*(당장은) …… *hysteron de*(나중에는)"의 대구를 적절히 한다. 대구를 충실하게 따른다면 이 부사는 "단련되다"가 아닌 "가져다 주다"를 수식해야 한다.

13. 형용사 "평화로 가득한"(*eirēnikon*)은 "열매"를 바로 뒤에서 수식한다. 하지만 속격 명사 *dikaiosynēs*는 그 둘로부터 뚝 떨어져서 문장 맨끝에 와 있다. 이 둘은 병렬된 명사가 아니기 때문에 대부분 우리말 번역("의와 평화의 열매")은 부드럽게 들리지만 원문을 충실히 반영한 번역은 아니다. 그리스어 구문에서 속격은 '소유나 내용', '성질', '부분' 외에도 '출처', '기원'을 표현하는데 여기서 속격 *dikaiosynēs*가 그런 기능을 한다. 《쉬운》("우리에게 평안이 있을 것입니다. 왜냐하면 우리가 올바른 길 안에서 살아가게 되었기 때문입니다")과 Message("it pays off handsomely, for it's the well-trained who find themselves mature in their relationship with God")가 그런 관점을 반영했다. 《공동》은 정반대로 '의로움'을 결과로 보고 다음과 같이 옮겼다. "마침내 평화의 열매를 맺어 올바르게 살아가게 될 것입니다."

12 그러므로 "맥 풀린 손과[14] 힘빠진 무릎을 바로 세워"[15] 13 "똑바로 걸으십시오".[16] 그러면 절름거리는 다리가 접질리지 않고[17] 오히려 낫게 될 것입니다.[18]

14 모든 사람과 함께 평화와 거룩함을 추구하십시오.[19] 15 여러분 중 아무도 하나님의 은혜로부터 뒤쳐지지 않도록 조심하십시오. 또 쓴 열매를 맺는 뿌리가[20] 생겨서 문제를 일으키고[21] 그것 때문에 많은 사람이 더럽혀지지 않도록 조심하십시오. 16 아무도 에서처럼 음란하거나 세속적인[22] 사람이 되지 않도록 하십시오. 그는 음식 한 그릇에 맏아들의 권리를 팔아 넘겼습니다. 17 에서가 나중에 아버지의 축복을 상속받기를 원했지만 거절당했다는 사실을 여러분은 알고 있습니다. 비록 그가 눈물로써 회개할 기회를 구했지만 그것을 얻지 못했습니다.

18 여러분은 만져지는 곳, 불이 타오르고 어둠과 음침함과 폭풍이 있는 곳에 나아온 것이 아닙니다. 19 나팔이 울리고 말소리가 들리는 곳도 아닙니다. 그 말소리를 들은 이들은 더 이상 자기들에게 말씀이 내리지 않게 해 달라고 빌었습니다. 20 왜냐하면 다음과 같은 경고를 견디지 못했기 때문입니다.

"짐승이라도 산에 닿으면 돌로 침을 당할 것이다."[23]

14. 분사 *pareimenas*는 동사 *paraiēmi*의 완료형이므로 '피곤한 결과 늘어진, 약해진'을 의미한다. 이어지는 완료분사 *paralelumena*도 마찬가지이다.

15. 칠십인역 이사야 35:3-4의 인용.

16. 칠십인역 잠언 4:26의 인용. 문자적으로는 '발을 위해 곧은 길을 만든다', '발로써 곧은 길을 가다'이다. 여기서는 후자에 가깝게 번역했다.

17. 동사 *ektrepomai*는 '굽다, 경로를 이탈하다'를 뜻하며 의학용어로 쓰이면 삠 혹은 관절 이탈을 뜻한다. 여러 주석가들이 의학적 관점에서 이 구절을 이해한 반면, 소수 학자들은 이 동사에 경주의 심상이 작동하고 있다고 보아 "경로에서 벗어남"으로 옮긴다. Cockerill, *Hebrews*, 630, n. 73.

18. 접속사 *hina*가 이끄는 절은 목적과 결과를 모두 표현할 수 있다. 여기서는 후자를 택했다.

19. 《새번역》, 《공동》, 《쉬운》, 《성경》 등과 대부분 영역본에서 "모든 사람과 함께"를 평화와 관련된 부사로 번역했지만 사실 원문의 문장 구조는 '화평과 거룩함을 추구하는 행위에 있어서 모두 함께하라'는 의미에 가깝다.

20. 직역하면 "쏨의 뿌리"이고 영역은 대개 "root of bitterness"로 옮겼다. 속격 명사를 형용사처럼 간주할 수 있기 때문에 우리말 성경이 대부분 채택한 "쓴 뿌리"도 가능한 번역이다. 하지만 이 구절 전체가 칠십인역 신명기 29:18로부터 따왔음을 고려할 때 신명기의 원문맥에서 이 표현은 "쓰고 독한 열매를 맺는 뿌리"를 뜻한다. 뿌리 자체가 쓰다기보다는 쓴 무엇인가를 생산해 내는 근원을 가리키는 것이다. 이어지는 신 29:19에 따르면 29:18의 "쓰다"는 이방 신들을 섬기고 속으로 자신을 축복하는 교만, 주변이 다 망하더라도 자신에게는 평안이 있을 것이라고 최면을 거는 허영심을 가리킨다.

21. 동사 *enochleō*는 어원적으로는 '군중 가운데 있다'는 의미이다. '소란을 일으키다, 신경질나게 하다'를 뜻하기 때문에 원래 문맥인 신 29:18의 맥락을 고려한다면 사악하면서도 뻔뻔스러워서 공동체 전체를 불안하게 만든다는 뜻이다.

22. Message는 이 두 형용사를 합해서 다음과 같이 번역했다. "Trading away God's lifelong gift in order to satisfy a short-term appetite." 그 외 영어 성경은 형용사 *bebēlos*를 "godless, immoral, profane" 등으로 옮겼고, 우리말 성경은 "속된, 불경스러운, 망령된" 등으로 번역했다. 칠십인역과 제2성전기 유대 문헌에서 이 형용사는 거룩하라는 하나님의 요구를 능멸하는 교만한 상태를 표현했다. Johnson, *Hebrews*, 324.

23. 칠십인역 출애굽기 19:12-13의 인용.

21 그 광경이 그토록 무서웠기 때문에 모세는 "내가 두렵다"[24]고 말하며 몸을 떨었습니다. 22 여러분은 시온산에 나아왔습니다. 이곳은 살아 계신 하나님의 도성, 천상의 예루살렘입니다. 거기에 무수한 천사들이 있고, 23 하늘에 등록된 처음 난 자들로[25] 이루어진 축제 집회와 총회가[26] 열리며 모든 이의 심판자 하나님과 온전하게 된 의인들의 영들이 있습니다. 24 새 언약의 중개자 예수께서 계시고, 아벨보다 더 나은 것을 말하는 뿌려진 피도 그곳에 있습니다.

25 말씀하는 분을 거부하지 않도록 주의하십시오. 땅에서 경고한[27] 이를 거부하고서 피할 수 없었다면 하물며 하늘로부터 경고하시는 분에게 등을 돌리는 사람이겠습니까? 26 그때에는 그분의 음성이 땅을 흔들었지만 이제는

"내가 땅만 아니라 하늘까지 한 번 더 뒤흔들 것이다."[28]

하고 약속하십니다. 27 "한 번 더"라는 말은 흔들리는 것들 즉 만들어진 것들이 제거되고[29] 흔들리지 않는 것들만 남게 될 것임을 가리킵니다. 28 우리는 흔들리지 않는 나라를 받게 되었으니[30] 감사를 드립시다.[31] 그리고 경건함과 경외심을[32] 가지고 하나님의 마음에 드는[33] 예배를 드립시다.[34] 29 하나님은 다 태워 버리는[35] 불이십니다.

24. 칠십인역 신명기 9:19의 인용.

25. 명사 *prōtotokos*에 대해서는 1:6의 번역주를 참조할 것. 대부분 우리말 성경은 1:6에서와 같이 "장자", "맏아들"로 번역했고 영어 성경은 "the eldest sons"가 아니라 "the firstborn"(집합명사로 단수이지만 집합 전체를 지칭함)을 사용했다.

26. 명사 *panēgyris*는 '축제에 모여든 군중'을 뜻하고 *ekklēsia*는 그리스 도시에서 시민들이 정치적 토론과 의결을 위해 모인 '총회' 혹은 '집회'를 의미한다. 칠십인역에서 *panēgyris*는 하나님 백성이 예배하러 집결한 모임을 가리켰고(겔 46:11; 암 5:21; 호 2:14; 9:5), *ekklēsia*는 출애굽한 이스라엘 민족 전체를 지칭할 때 쓰였다(신 4:10; 9:10; 18:16). 이 둘의 문화적 맥락과 차이를 무시하고 동의어로 취급하거나 *ekklēsia*를 '교회'로 옮기는 것은 정확한 번역이 아니다.

   한편 22하반절~23상반절 부분은 역본에 따라 크게 세 가지로 번역이 갈린다. ① "천만 천사들의 축제 집회와 장자들의 총회"(《새번역》, 《쉬운》, 《우리말》, 《현대어》, 《성경》, ISV, HCSB, ESV, NIV, NRSV, Message). ② "천만 천사들, 축제 집회 그리고 장자들의 총회"(《공동》). ③ "천만 천사들 그리고 장자들의 축제 집회와 총회"(《개역개정》, 《바른》, 《현대인》, NASB, KJV). 어순과 접속사의 위치, 특히 표준비평원문(NTG, GNT)의 구두점을 어떻게 고려하느냐에 따라 위의 세 번역이 나올 수 있다. 나는 표준비평원문과 바이스(H-F. Weiss, *Der Brief an die Hebräer*, [KEK 13; Götingen: Vandenhoeck & Ruprecht, 1991], 678-80)의 해석을 따라 "축제 집회"는 제의적 성격의 모임을, "총회"는 정치적 성격의 모임을 상징한다고 보고 위와 같이 번역했다. 다른 의견에 대해서는 양용의, 《히브리서 어떻게 읽을 것인가》, 416과 Cockerill, *Hebrews*, 654를 참조하라.

27. 동사 *chrēmatizō*는 일반적인 경고가 아니라 신탁, 즉 하나님의 뜻을 전하는 활동을 뜻한다.

28. 칠십인역 학개 2:6의 변형된 인용. 원문은 이러하다. "그러므로 주 전능자께서 말씀하신다. 내가 한 번 더 하늘과 땅과 바다와 마른 대지를 흔들 것이다." 히브리서 설교자는 뒤의 두 단어를 생략하면서 "하늘과 땅"을 "땅만 아니라 하늘도 역시"로 바꾸었다. 한편 히브리어 본문은 "한 번 더"로 번역된 그리스어 표현 대신 "조금 있으면"이라는 부사구를 담고 있다.

29. 명사 *metathesis*는 동사 *metatithēmi*의 친족어로서 '위치를 바꿈, 바꾸어 놓음, 자리 바꿈, 치환'을 뜻하고 원래 있던 자리에서 다른 곳으로 옮겨진다는 의미에서 '제거'를 뜻할 수 있다.

30. 현재분사 *paralambanontes*를 상태동사처럼 취급하여 "받았은즉, 받았으니, 차지했으니"로 번역할 수 있다(《개역개정》, 《바른》, 《공동》 등). 하지만 미래 혹은 시작의 의미를 가미하여 "받으니"(《새번역》), "받으려 하고 있으니"(《성경》), "받게 되었으니"(《현대어》)로 옮기는 편이 낫다. 영어 성경은 대부분 현재 진행형("we are receiving")으로 가까운 미래를 표현한다. NASB는 현재형으로 번역했다.

31. 《개역개정》("은혜를 받자")를 제외한 대부분의 우리말 성경은 관용적 용례를 따라 *exō charin*을 "감사드리다"로 옮겼다. 이 번역과 관련한 논의는 Cockerill, *Hebrews*, 671, n. 47 참조.

32. 명사 *deos*는 '두려움, 공포'가 주 의미이지만 파생 의미로 '경외심'을 뜻하기도 한다.

33. 부사 *euarestōs*는 하나님을 목적어로 취하므로 "하나님께 기쁨이 되는, 하나님이 기뻐하시는"도 가능한 번역이다.

34. 동사 *latreuō*의 번역은 "섬기다"(《개역개정》, 《바른》, 《새번역》, 《우리말》, 《현대인》, 《현대어》, HCSB, KJV)와 "예배하다"(《공동》, 《쉬운》, 《성경》, 대부분 영역)로 나뉜다. 앞서 1:7, 14의 번역주에서 논의했던 것처럼 이 단어에는 제의적 맥락이 포함되기 때문에 후자가 낫다.

35. 동사 *katakaiō*에 붙은 강세접두사 *kata*를 살려 "다 태워버리다"로 옮겼다.

13장

1 형제사랑이 지속되어야 합니다.¹ 2 낯선 이들을² 대접하는 일을 소홀히 하지 마십시오. 이 일 때문에 어떤 이들은 모르는 사이에 천사들을 대접하기도 했습니다. 3 감옥에 갇힌 이들을 여러분 자신이 갇힌 것처럼 기억해 주고, 학대받는³ 이들을 여러분 자신이 몸으로 겪는 것처럼⁴ 기억해 주십시오. 4 결혼이 모든 면에서⁵ 존중되어야 하고 부부의 잠자리는⁶ 더럽혀지지 말아야 합니다.⁷ 음행하는 자와 간음하는 자를 하나님께서 심판하실 것입니다. 5 생활 태도에 있어서⁸ 돈을 사랑하지 말아야 하며 지금 가진 것으로 만족해야 합니다. 왜냐하면 그분께서

"나는 너를 결코 떠나지도 않고 버리지도 않겠다."⁹

라고 말씀하셨기 때문입니다.¹⁰ 6 그래서 우리는 다음과 같이 확신 있게 말합니다.

"주님이 나를 돕는 분이시니 나는 두려워하지 않으리라.
사람이 나에게 무엇을 할 수 있겠는가?"¹¹

1. 우리말에는 삼인칭 명령형이 없으므로 자연스럽게 번역을 위해 이인칭 명령형으로 바꾸기도 한다. "형제를 꾸준히 사랑하십시오"(《공동》,《성경》등).

2. 명사 philoxenia는 phileō(사랑하다)와 xenos(외국인, 낯선 사람)가 결합된 복합어이므로 '낯선 이를 친하게 대함'을 뜻한다. '낯선 이들'의 지시 대상은 여러 지역을 두루 다니며 복음을 가르치는 순회 전도자 혹은 일반적으로 궁핍하고 불우한 사람들을 가리킬 것이다.

3. 원문의 수동태 분사 kakouchoumenōn(〈kakoucheō〉)을 우리말은 대부분 "학대받다"로, 영어 성경은 "be mistreated"로 번역했다. 우리말 '학대'는 '몹시 괴롭히거나 가혹하게 대우함'이라고 정의되고 '불공정 또는 부당 이득 이익, 신체 또는 언어적 학대, 상해, 성폭행, 부정 행위, 불법 행위 또는 사용자 정의, 범죄, 기타 구두 침해' 등 여러 형태가 있다. 본문에서는 몸과 관련되므로 신체적 상해를 가져오는 어떤 행위나 조치를 뜻한다. 한편 11:25에서 설교자는 모세가 하나님의 백성과 "함께 학대받았다"(synkakoucheisthai)로 묘사했었다.

4. 원문은 "여러분도 몸 안에 있으므로" 또는 "여러분도 몸 안에 있듯이"의 뜻이다. 영어 성경은 문자적으로 번역하여 "since you yourselves also are in the body"(NASB)라고 한 반면, 여러 우리말 성경은 "여러분도 몸을 가졌으니"라는 타동사 구문으로 바꾸어 번역했다.

5. 전치사구 en pasin은 '모든 사람 중에서'뿐 아니라 '모든 면에서, 온전히, 항상' 등의 의미도 가질 수 있다. 우리말 성경은 하나같이 전자를 택했지만 영어 성경 중에는 후자처럼 번역한 역본도 있다. "in every way"(ISV), "in all"(KJV). 여기서는 "형제사랑"(1절)의 실제적인 항목을 다루는 맥락이기 때문에 "모든 사람"은 어울리지 않는다.

6. 명사 koitē는 '침소, 침대'를 뜻하지만 문맥상, 다른 말씀에서의 용례상 부부의 잠자리를 지시하는 게 분명하다(렘 15:21-26; 지혜서 3:13, 16).《개역개정》과 같은 문자적 번역("침소를 더럽히지 않게 하라")은 오히려 의미가 모호하다.

7. 원문에는 동사가 없다. 하지만 명사와 형용사로만 이루어진 그리스어 문장에서는 eimi 동사가 생략된 걸로 보아야 한다. 여기서는 앞 단락에 이어 계속되는 권면이므로 구문상 삼인칭 명령법 형태인 esto를 상정할 수밖에 없다. 직역하면 "결혼이 모든 면에서 존중받는 상태이도록 하라"와 "부부의 잠자리가 더럽지 않도록 하라"이다. 그러나 우리말에는 삼인칭 명령구문이 존재하지 않아서 직역하면 어색하다.

8. 대부분 우리말 성경이 원문의 주어인 ho tropos를 누락했다. 이 단어는 '습관, 생활방식, 인생관, 성격' 등을 뜻하며 매우 의미가 깊다. 돈을 사랑하지 않는 태도를 일시적 행동이 아니라 삶에 영구히 내면화하라는 권면이다.

9. 칠십인역 신명기 31:6, 8; 창세기 28:15; 여호수아 1:5로부터의 절충 인용. 하지만 어느 것과도 정확히 일치하지는 않는다.

10. 인과접속사 gar를 충분히 살려야 앞의 권면에 대한 실질적 근거가 분명히 표현된다.

11. 칠십인역 시편 118:6의 인용.

7 하나님의 말씀을 일러 주던 여러분의 지도자들을[12] 기억하십시오. 그들의 생활 방식의 결말을[13] 살펴보고 그들의 믿음을 본받으십시오. 8 예수 그리스도는 어제와 오늘, 같은 분이시며 또 영원히 그러하십니다. 9 갖가지 이상한 가르침에 끌려가지 마십시오. 음식으로써가[14] 아니라 은총으로써 마음을 굳게 하는 게[15] 좋기 때문입니다.[16] 음식으로써 행하는 이들은 아무런 유익을 얻지 못합니다. 10 우리에게 한 제단이 있는데 장막에서 예배하는 이들은 이 제단으로부터 나오는 것을 먹을 권리가 없습니다.[17] 11 오히려 대제사장은 짐승의 피를 속죄 제물로서 성소 안에 가져갑니다. 12 그래서 예수께서도 자기의 피로 그 백성을 거룩하게 하려고 성문 밖에서 고난을 받으셨습니다. 13 그러니 우리가 진영 바깥 그분께 나아가 그분의 치욕을 당합시다.[18] 14 우리는 여기에 영구적인 도성을 갖고 있지 않고 다가올 도성을 추구하기 때문입니다. 15 그분을 통해 항상 찬양의 제물, 다시 말해서 그분의 이름을 인정하는[19] 입술의 열매를 드립시다. 16 선행과 나눔을[20] 소홀히 하지 마십시오. 이것이 하나님 마음에 드는 제물[21]입니다.

12. 그리스어 문헌에서 '관사+분사'로 이루어진 *hoi hēgoumenoi*는 일반명사처럼 굳어진 채로 쓰인다 ("지도자들"). 그러나 《개역개정》 등 일부 우리말 성경은 이 분사의 원동사의 의미를 분리했을 뿐 아니라 이어지는 관계대명사 *hoitines*가 이끄는 절을 독립 절인 것처럼 번역했다("하나님의 말씀을 너희에게 일러주고 너희를 인도하던 자들"). 그리스어 구문을 충실히 반영하지 못하는 번역이다.

13. 명사 *anastrophē*는 '오랜 기간 살며 어떤 원칙에 따라 형성된 행위, 행동'을 뜻한다. '생활 방식, 일정한 유형의 행실'로 볼 수도 있다. 《새번역》, 《공동》, 《성경》의 번역("그들이 어떻게 살다가 죽었는지")은 의역이지만 원문의 의미를 정확하게 전달한다.

14. 원문에는 "음식"을 뜻하는 명사 *brōmasin*(복수, 여격)만이 사용되었지만 의미상 "음식에 관한 규정"으로 옮기는 것이 적절하다.

15. 여기서 "마음의 굳음"을 강퍅함이나 완고함 같은 부정적 상태로 이해해서는 안된다. 동사 *bebaioō*는 '확고하게 하다, 단단하게 하다'이므로 '마음'과 결합할 때 긍정적인 의미를 표현한다.

16. 형용사 *kalos*는 모양이나 형태에 있어서 '아름다움'을, 효용면에서 "좋음, 탁월함, 훌륭함"을, 도덕적 의미에서 "고상함, 명예로움, 덕스러움"을 의미한다. "마음을 굳게 하는 것이 아름답다"는 우리말 표현은 어색하다(《개역개정》, 《바른》). "좋다'라는 번역으로도 충분하다.

17. 《새번역》("그런데 유대교의 성전에서 섬기는 사람들은 우리의 이 제단에 놓은 제물을 먹을 권리가 없습니다")은 원문을 의역하여 유대교를 정죄하고 심판하는 선언이 되었다. 비슷한 관점이 《현대어》, GNT, Message에도 발견된다.

18. 동사 *ferō*는 '짊어지다, 들어 옮기다, 운반하다'라는 구체적 의미뿐 아니라 '겪다, 당하다'라는 추상적 의미도 가지고 있다. 목적어인 "치욕"(*oneidismon*)과 잘 어울리는 것은 후자이다. 이 명사의 의미는 11:26 번역 주를 참조하라.

19. 동사 *homologeō*는 *homo*(같은)과 *logeō*(말하다)의 복합어이다. '같은 것을 말하다'에서 '동의하다, 일치하다'가 파생하고 다시 '인정하다, 고백하다'라는 의미까지 확대되었다. 여기서는 목적어가 "그분의 이름"이기 때문에 앞의 두 의미보다 마지막 의미가 더 적절하다(3:1의 명사형 *homologia*에 대한 번역 주 참조).

20. 명사 *koinōnia*는 어떤 것을 나누어 주거나, 공유하는 행위를 가리킬 수도 있고 어떤 일에 동참하여 사귀는 행동을 지칭할 수도 있다. 《공동》은 후자의 뜻을 살려서 "서로 사귀고 돕는 일"로 옮겼지만 내부분 우리말 성경은 "나누어 주기, 나눔, 베푸는 일" 등으로 옮겼다. *Koinōnia* 앞에 나오는 *eupoiia*(좋은 일, 선행)와 의미상 연결짓다 보니 "선행"의 대표적 행위로서 "나눔"을 상정했을 것이다. 하지만 *koinōnia* 자체의 의미만으로는 "나눔"과 아울러 "사귐, 교제"도 얼마든지 가능한 번역이다.

21. 명사 *thysia*는 15절에서도 언급했다. "제사"와 "제물" 둘 다 가능한 번역이지만 15절은 관사 없는 단수형으로 쓰였고, 여기서는 복수형으로 쓰였기 때문에 추상적 개념이 아니라 구체적으로 셀 수 있는 물체를 가리킬 가능성이 높다.

17 여러분의 지도자들을 신뢰하고[22] 복종하십시오. 그들은 직접 하나님께 아뢰야 할[23] 사람인 것처럼 여러분의 영혼을 위해 깨어 지켜보고[24] 있습니다. 그래서 그들이 기쁘게 이 일을 하고 한숨을 내쉬면서[25] 하지 않게 하십시오. 그것은 여러분에게 유익을 주지 않습니다.

18 우리를 위해 기도해 주십시오. 우리는 선한 양심을 지녔다고 확신하며, 모든 일에 있어서 존중받을 만한 방식으로[26] 처신하기를 원하기 때문입니다. 19 특히 내가 여러분에게로 속히 복귀하도록 기도를 부탁합니다.[27]

22. 동사 *peithesthe*는 *peithō*(설득시키다)의 아오리스트 수동태이다. 수동태일 때 개념, 사실 등을 목적어로 가지면 "확신하다"라는 뜻이지만(ISV) 본문처럼 사람을 목적어로 가지면(여격) "믿다, 신뢰하다"를 뜻한다(마 27:43; 눅 18:9; 고후 1:9; 히 2:13). 《바른》은 이렇게 옮겼다. 《개역개정》과 《쉬운》이 택한 "순종하다"는 이어 나오는 *hypeikete*(복종하다)와 의미가 겹치므로 동어반복이다. 대부분 영어 성경도 "obey"와 "submit to"를 사용했지만 이 두 동사는 우리말 "순종"과 "복종"과 달리 동어반복으로 들리지 않는다. 그 외 다수 역본의 "따르다, ~의 말을 따르다, 잘 듣다" 등은 *peithō*가 수동태가 될 때 능동태일 때와는 다른 의미를 지닌다는 사실을 놓치고 있다.

23. 동사 *apodidōmi*(주다, 되돌려주다, 갚다, 보상하다)가 명사 *logos*를 목적어로 취할 때, 회계, 재정 업무의 일환으로 '[청구서 혹은 계산서에 따라 채무를] 청산하다'를 뜻하거나 보다 일반적으로 '[행위나 상황에 대한 보고, 설명, 목록을] 제출하다'를 뜻할 수도 있다. 이 두 해석 중 하나 혹은 그 둘을 결합한 표현이 대부분 우리말 성경에 나타난다("하나님께 셈을 해드리다, 청산하다, [자기가 한 일을] 보고드리다"). 명사 'account'(진술, 설명 / 계좌, 금전보고서, 회계장부)가 이중 의미를 띠고 있기 때문에 영어로는 "give an account"를 써서 앞의 두 해석을 모두 담을 수 있다. 여기서는 문맥상 지도자가 목회적 책임에 대해 최후 심판대 앞에서 하나님께 아뢸 것이라는 믿음이 나타나 있다.

24. 동사 *agrupneō*는 '잠들지 않고 지키다'라는 의미이므로 《공동》과 《성경》의 "돌보다"는 원의미를 약화시킨 번역이다.

25. 동사 *stenazō*는 '탄식, 신음하다'를 뜻한다. 우리말 역본들이처럼 옮겼듯 부정어와 함께 "근심으로, 슬픔으로, 탄식하면서 하지 않다" 혹은 "괴로움 없이"로 번역할 수 있다. 영어 성경은 "not with groan, grief, sighing"로 표현했다.

26. 부사 *kalōs*는 '잘, 좋게, 적절하게, 올바르게, 탁월하게, 유익한 방식으로, 칭찬할 만한 방식으로' 등을 뜻한다. 그중 첫째, 둘째 의미는 모호하므로 구체적인 뜻을 갖도록 번역했다. 《개역개정》, 《쉬운》은 "선하게"로 옮겼는데 직전에 나온 "선한(*kalēn*) 양심"이라는 표현과 상응시키는 의도로 보인다. 《공동》은 "정직하게"로 옮겼고, 나머지 역본은 '바르게' 또는 '올바르게'로 옮겼다. 영어 성경은 대부분 "honorably"를 택했고, "rightly"(NET)와 "honestly"(KJV)도 발견된다.

27. 동사 *parakalō*는 일반적으로 '권면하다'를 뜻하지만 여기서는 '요청하다, 부탁하다'가 문맥상 적합하다.

20 평화의 하나님께서는 양 떼의 위대한 목자, 즉 우리 주 예수를 영원한 언약의 피로써 죽음으로부터 이끌어 올리셨습니다. 21 나는 그분이 모든 선한 것들로써[28] 여러분을 갖추어 주셔서 그분의 뜻을 행하게 하시기를 기원합니다. 예수 그리스도, 영원히 영광을 받으실 그분을 통해 하나님은 당신 마음에 드는 일을 여러분 안에 행하실 것입니다.[29]

22 형제들이여, 이렇게 짧게 써 보냈으니[30] 이 권면의[31] 말을 부디 받아들이기를[32] 부탁합니다.[33] 23 우리의 형제 디모데가 풀려났다는 사실을 여러분에게 알립니다.[34] 만약 그가 빨리 오면 나는 그와 함께 여러분을 볼 것입니다.

24 여러분의 모든 지도자들, 그리고 모든 성도에게 안부를 전해 주십시오.[35] 이탈리아에서 온 이들이[36] 여러분에게 안부를 전합니다. 25 은혜가 여러분 모두와 함께하기를 기원합니다.

28. 전치사구 *en panti agathō*는 관점, 대상보다는("모든 선한 일에") 수단으로 보는 것이 자연스럽다 ("모든 선한 것들로써"). 전자처럼 번역한 성경은 《개역개정》, 《새번역》, NRSV, NASB, KJV이다. 반면 《공동》, 《성경》, 《현대어》, 《현대인》, 《우리말》, 《쉬운》, 《바른》, ESV, NIV, HCSB, NLT등 다수 역본들이 수단의 의미로 번역했다.

29. 분사 *poiōn*(〈*poieō*)는 전체 문장의 주어인 "하나님"에게 연결된다. 주문장이 기원문이므로 분사구문도 조화를 이루도록 옮겼다.

30. 원문에 있는 접속사 *gar*를 살려서 논리적 관계가 명확하게 드러나도록 했다.

31. 명사 *paraklēsis*를 "권고, 격려, 당부"로 번역한 역본도 있지만 "권면"(알아듣도록 권하고 격려하여 힘쓰게 함)과 의미상 큰 차이는 없다. 영어 성경은 대부분 "exhortation"으로 옮겼다.

32. 동사 *anechō*는 '참다, 견디다'를 뜻한다.

33. 여기에 쓰인 동사 *parakaleō*는 앞서 나온 "권면"과 같은 어근에서 나왔지만 여기서는 "권하다"보다는 요청, 부탁의 의미가 자연스럽다.

34. 동사 *ginōskete*는 이인칭 명령법 또는 직설법이므로 "여러분은 아십시오", "여러분은 알고 있습니다"로 옮길 수 있다. 여기서는 전자를 택해서 우리말 어법에 어울리게 번역했다.

35. 원문에는 이인칭 복수 명령법 동사 *aspasasthe*("여러분은 문안하십시오")이지만 문맥상 저자가 "모든 지도자들과 모든 성도", 즉 독자에게 문안한다는 뜻을 표현한다.

36. '관사+전치사구'(*hoi apo tēs Italias*)로 이루어진 이 명사구를 어떻게 번역하느냐에 따라 편지의 저자 혹은 독자의 지리적 위치가 달라진다. 첫 번째 가능성은 저자와 저자의 일행을 가리키는 경우이다("이탈리아에서 온/이탈리아 출신의 우리"). 이 경우 독자는 이탈리아 바깥 지역에 있고 그들의 관점에서 볼 때 저자와 그가 속한 공동체는 "이탈리아 출신 사람들"이 될 것이다. 《현대어》("여기 나와 같이 있는 이달리야에서 온 그리스도인들")와 Message("Everyone here in Italy")가 이런 취지로 번역했다.

반대로 이 구절이 저자 자신은 아니지만 저자와 현재 함께 있는 이탈리아 출신의 사람들을 가리킬 수도 있다. 그럴 경우 이탈리아에 있는 독자들에게 동향 사람들(지금 저자와 함께 있는)이 안부를 전하는 상황이다. 신약의 다른 서신들을 놓고 볼 때 두 해석 모두 전적으로 배제하기 어렵다. 저자가 이 편지를 쓰고 있는 시점에서 자기와 함께 이탈리아에 있는 사람들을 표현하고 싶었다면 "이탈리아에 있는 이들"(*hoi en tē Italia*)이 더 적절한 표현이었을 것이다(고전 16:19; 벧전 5:13 참조).

참고문헌

【우리말 저서와 번역서 위주로 정리했다.】

이형일,《메시야에서 선재적 아들로》, 서울: 새물결플러스, 2015.

양용의,《히브리서 어떻게 읽을 것인가》, 서울: 성서유니온, 2014; 개정판 2016.

이홍기 역주,《한국 천주교회 200주년 신약성서 히브리서》, 왜관: 분도출판 사, 1991.

이필찬,《히브리서》, 서울: 이레서원, 2004.

류호준,《우리와 같은 그분이 있기에 – 히브리서 주석》, 서울: 크리스챤다이 제스트, 1998.

박수암,《신약주석 히브리서》, 서울: 대한기독교서회, 1994.

박형용, 한국성경주석총서《히브리서》, 서울: 햇불, 2003.

이풍인,《히브리서 강해 – 은혜와 책임》, 서울: 킹덤북스, 2016.

장동수,《바울서신과 히브리서》, 대전: 침례신학대학교출판부, 2016.

목회와 신학 편집부 편, 두란노 HOW 주석 시리즈 47《히브리서 어떻게 설 교할 것인가》, 서울: 두란노아카데미, 2007.

Attridge, Harold W. *The Epistle to the Hebrews*. Hermeneia. Philadelphia: Fortress, 1989.

Bauckham, R. "The Divinity of Jesus Christ in the Epistle to the Hebrews." Pages in *The Epistle to the Hebrews and Christian Theology*. Edited by R. Bauckham et al. Grand Rapids: Eerdmans, 2009.

Brown, Raymond. *The Message of Hebrews*. Bible Speaks Today. Downers Grove: IVP Academic, 1984;《히브리서 강해: 만유 위 의 그리스도》, 김현회 옮김, 서울: 한국기독학생회출판부, 2000.

Bruce, F. F. *The Epistle to the Hebrews*. Rev. ed. NICNT. Grand Rapds: Eerdmans, 1990.

Carson, D. A. and G. K. Beale. *Commentary on the New Testament Use of the Old Testament*. Grand Rapids: Baker Academic, 2007;《일반서신 요한계시록: 구약성경의 인용 암시 반영에 대한 탐구》, 신약의 구약사용 주석 시리즈 전5권 중 제5권, 김주원 외 옮김 , 서울: CLC, 2012.

Cockerill, Gareth L. *The Epistle to the Hebrews*. NICNT. Grand Rapds: Eerdmans, 2012.

358

deSilva, David. *Perseverance in Gratitude: A Socio-Rhetorical Commentary on the Epistle "to the Hebrews".* Grand Rapids: Eerdmans, 2000.

Ellingworth, Paul. *The Epistle to the Hebrews: A Commentary on the Greek Text.* NIGTC. Grand Rapids: Eerdmans, 1993.

France. Richard T. "Hebrews." Pages 17-195 in *Expositors Bible Commentary* 13. Revised Edition. Edited by T. Longman III and D. E. Garland. Grand Rapids: Zondervan, 2006.

Guthrie, Donald G. *The Letter to the Hebrews.* TNTC 15. Grand Rapids: Eerdmans, 1989;《히브리서》, 김병모 옮김, 서울: 기독교문서선교회, 2015.

Guthrie, George H. *Hebrews.* NIVAC. Grand Rapids: Eerdmans, 1998;《NIV 적용주석 히브리서》, 서울: 솔로몬, 2015.

Hagner, Donald A. *Hebrews.* NIBCNT 14. Peabody: Hendrickson, 1990;《히브리서의 신학적 강해》, 이창국 옮김, 고양: 크리스챤, 2002.

Harrington, Daniel J. *What Are They Saying About the Letter to the Hebrews.* Mahweh: Paulist Press, 2005;《최근 히브리서 연구 동향》, 김병모 옮김, 서울: CLC, 2013.

Hughes, Philip E. *A Commentary on the Epistle to the Hebrews.* Grand Rapids: Eerdmans, 1977;《히브리서》, 상, 하, 이남종 옮김 , 고양: 크리스챤, 2001.

Johnson, Luke Timothy. *Hebrews: A Commentary.* NTL. Louisville: WJK, 2006.

Koester, Craig R. *Hebrews: A New Testament Translation with Introduction and Commentary.* AB 36. New Haven: Yale University Press, 2001.

Laansma, Jon C. and Daniel J. Treier. *Christology, Hermeneutics, and Hebrews: Profiles from the History of Interpretation.* LNTS 423. London: T&T Clark, 2012.

Lane, William L. *Hebrews.* 2 vols. WBC 47a-47b. Dallas: Word Books, 1991;《히브리서》상, 하, 채천석 옮김, 서울: 솔로몬, 2007.

Lincoln, Andrew. *Hebrews: A Guide*. London: T&T Clark, 1988.

Lindars, Barnabas. *The Theology of the Letter to the Hebrews*. Cambridge: Cambridge University Press, 1991; 《히브리서 신학》, 장동수 옮김, 서울: 한들출판사, 2002.

Long, Thomas G. *Hebrews: Interpretation*. *A Bible Commentary for Teaching and Preaching*. Louisville: WJK, 1997; 현대성서주석 《히브리서》, 김운용 옮김, 서울: 한국장로교출판사, 2006.

Michel, Otto. *Der Brief an die Hebräer*. 12th ed. KEK 13. Göttingen: Vandenhoeck & Ruprecht, 1966; 《히브리서》, 강원돈 옮김, 서울: 한국신학연구소, 1987.

Michell, Alan C. *Hebrews*. SP 13. Collegeville: Liturgical Press, 2009.

O'Brien, Peter. *The Letter to the Hebrews*. PNTC. Grand Rapids: Eerdmans, 2010.

Philips, Richard. *Hebrews*. Reformed Expositry Commentary. P&R Publishing, 2006; 《히브리서》, 전광규 옮김, 개혁주의성경주석. 서울: 부흥과개혁사, 2010.

Schreiner, Thomas R. *Commentary on Hebrews*. BTCP. Nashville: B&H Publishing, 2015; 《토마스 슈라이너 히브리서 주석》, 장호준 옮김, 서울: 복있는 사람, 2016.

Witherington III, Ben. *Letters and Homilies for Jewish Christians: A Socio-Rhetorical Commentary on Hebrews, James, and Jude*. Downers Grove: IVP Academic, 2007.

Wright, N. T. *Hebrews for Everyone*. The New Testament for Everyone. Louisville: WJK, 2004; 《모든 사람을 위한 히브리서》, 이철민 옮김, 서울: IVP, 2015.

주제어 색인

그리스도인을 위한 통독 주석 시리즈

히브리서

Hebrews
Commentary Series for
Christian to Read through

2016.12. 6. 초판1쇄 인쇄
2016.12.13. 초판1쇄 발행

지은이 조재천
펴낸이 정애주
국효숙 김기민 김의연 김준표 김진원 박세정
송승호 오민택 오형탁 윤진숙 이한별 임승철
임진아 정성혜 조주영 차길환 한미영 허은
펴낸곳 주식회사 홍성사
등록번호 제1-499호 1977.8.1.
주소 (04084) 서울시 마포구 양화진4길 3
전화 02) 333-5161
팩스 02) 333-5165
홈페이지 www.hsbooks.com
이메일 hsbooks@hsbooks.com
페이스북 facebook.com/hongsungsa
양화진책방 02) 333-5163

ⓒ 조재천, 2016

ISBN 978-89-365-1195-1 (03230)